Amerika und Europa
Mars und Venus?

Das Bild Amerikas in Europa

Genshagener Gespräche
Band VI

*Herausgegeben vom
Berlin-Brandenburgischen Institut
für Deutsch-Französische Zusammenarbeit
in Europa*

GENSHAGENER GESPRÄCHE

INHALT

5

INHALT

6

Vorwort

Amerikaner und Europäer kommen voneinander nicht los. Ob sie, wie im Irak-Krieg, über den richtigen Weg zur Lösung der Probleme im Mittleren Osten streiten, oder, wie heute, nach zukunftsfähigen Antworten auf die Herausforderungen des internationalen Terrorismus suchen, sie hängen wie Kletten aneinander. Die neue und die alte Welt lassen sich nicht einfach voneinander trennen.

Dennoch stehen sich die beiden Welten jenseits und diesseits des Atlantiks mehr denn je als »neue« und »alte« gegenüber, und auch die Europäer selbst finden sich neuerdings als »neue« und »alte« wieder, zumal in der interessenpolitisch bedingten Sicht des amerikanischen Verteidigungsministers Rumsfeld, der die USA-freundlichen Staaten Europas von den USA-kritischen trennen und gegeneinander ausspielen möchte. Schließlich kennt auch Amerika von seiner geschichtlichen Entwicklung her »neue« und »alte« Staaten.

Man kommt also nicht ohne Differenzierungen aus. Auch wenn es in der politischen Auseinandersetzung verlockend ist, vereinfachende Zuordnungen vorzunehmen, so ist es langfristig nicht ohne Wirklichkeitsverlust möglich, nur mit groben Schemata zu arbeiten. Etikettierungen Amerikas als »Mars« und Europas als »Venus«, wie sie der Publizist Robert Kagan vorgenommen hat, sind vielleicht amüsant in intellektuellen Gedankenspielen, aber unbrauchbar oder gar irreführend in der Wahrnehmung der realen Welt.

Deswegen widmet sich der hier vorliegende Band nicht den offensichtlichen Gegebenheiten der amerikanisch-europäischen Beziehungen, sondern den komplizierteren Bereichen der Wahrnehmung der Vereinigten Staaten durch Europäer. Er vereinigt Beiträge, vornehmlich von Franzosen und Deutschen, die auf eine Tagung des BBI in Genshagen zurückgehen, die im Januar 2003, also kurz vor Ausbruch des Irak-Krieges, stattgefunden hat. Sie sagen ebensoviel über die damaligen Empfindlichkeiten wie über das historisch begründete Selbstverständnis der Europäer aus.

Die Beiträge sind unterschiedlicher Natur. Neben wissenschaftlichen Analysen finden sich publizistische Essays, die mehr auf Beobachtungen als auf Studien beruhen. Und, wie immer in Genshagen, gehören die Autoren verschiedenen Disziplinen an.

Eine Einführung in die Thematik des Bandes bildet der Beitrag von John Bendix, der Robert Kagans zwiespältige Unterscheidung zwischen amerikanischem Mars und europäischer Venus anhand der antiken Mythologie hinterfragt.

Sodann erörtert Philippe Roger den frühen Amerikadiskurs der Aufklärungszeit, der sich gegen die Kolonisierung Amerikas richtete, sich dabei aber auf eine Herabsetzung des amerikanischen Kontinents, seiner Menschen und natürlichen Ressourcen stützte. Anschließend setzt sich Hartmut Kaelble mit den europäischen Amerikabildern und Selbstbildern Europas seit dem 19. Jahrhundert auseinander. Er zeigt, wie in der Darstellung der USA mehr die europäischen Wünsche und Ängste als die amerikanische Wirklichkeit thematisiert wurde. Auf explizit antiamerikanische Sichtweisen gehen drei weitere Beiträge ein. Der von Inge Marszolek spürt den Ambivalenzen des nationalsozialistischen Amerikabildes nach; der von Thomas Haury zeigt am Beispiel der SED-Propaganda vor 1953 in der DDR, wie weite Teile der negativen Amerikadiskurse aus dem »Dritten Reich« auch in der Nachkriegszeit reaktiviert werden konnten; und der von Pierre Guerlain bietet eine Einschätzung der amerikakritischen Stimmung im heutigen Frankreich, die er vom Antiamerikanismus scharf abgrenzt.

Georg Iggers erinnert daran, dass es Amerikakritik auch in Amerika gibt. Claus Leggewie fragt nach der merkwürdigen Koexistenz von wachsender Kritik an der amerikanischen Politik einerseits und dem hohen Ansehen der amerikanischen Kultur in der Welt andererseits. Hannes Böhringer behandelt die im Film dargestellten amerikanischen Mythen. Und Pierre Rigoulot beschäftigt sich mit den antiamerikanischen Stereotypen im Frankreich der Nachkriegszeit.

Ein anderes Licht wirft der Beitrag von Joachim Riecker auf die europäische Wahrnehmung der USA. Er bezeichnet diese imperiale Macht als das neue Rom der Gegenwart, dem die Europäer als machtlose Griechen gegenüberstehen. Auch der nationalbewusste französische Republikaner Jean-Pierre Chevènement stellt die Machtlosigkeit der Europäer heute heraus und fordert die USA auf, von ihrer unilateralen Politik abzugehen und sich auf die universalen Werte der Aufklärung zurückzubesinnen. Schließlich fragt Berndt Ostendorf nach dem Zusammenhang von antiaufklärerischen Tendenzen und Antiamerikanismus und erörtert dabei Aspekte des rechtsradikalen Antisemitismus.

Den Abschluss des Bandes bildet ein Beitrag aus polnischer Feder: Adam Krzemiński analysiert das polnische Amerikabild und gibt Gründe für das von der französischen und deutschen Politik abweichende Verhalten Polens. Damit wird noch einmal ins Bewusstsein gehoben, dass die Handlungsspielräume der Politiker auch von Bestandteilen des historischen Gedächtnisses der Nationen begrenzt werden, also der Reflexion von Kennern der Kultur und der Geschichte bedürfen.

Für die Fertigstellung des Bandes ist zwei Mitarbeitern zu danken: Matthias Drebber, der die Kontakte mit den Autoren gepflegt, die fremdsprachigen Texte mit Sorgfalt übersetzt und bearbeitet hat, sowie Juliane Haubold, die die deutschen Beiträge mit Umsicht gegengelesen hat. Auch Markus Ciupke vom Wallstein-Verlag ist für seine sorgfältige Lektorierung des Bandes zu danken.

Rudolf von Thadden   *Alexandre Escudier*

John Bendix

Mars und Venus

Dem konservativen Kolumnisten Robert Kagan zufolge haben Europäer und Amerikaner nicht mehr dasselbe Weltbild, denn Europa hat sich zu einer »eigenständigen Welt mit eigenen Gesetzen und Regeln und grenzüberschreitender Zusammenarbeit« entwickelt. Europa praktiziert, so Kagan, keine Machtpolitik mehr, sondern hat diese überschritten und ist zu einem kantianischen »posthistorischen Paradies des Friedens und des relativen Wohlstands gelangt« – dank der Amerikaner, die Europa zuerst von ihrem »deutschen Problem« befreiten und dann jahrzehntelang für Sicherheit vor der sowjetischen Bedrohung während des Kalten Kriegs sorgten. Europa konnte es sich, kurz gesagt, seit 1945 leisten, sich mit sich selbst zu beschäftigen.

Die Vereinigten Staaten waren in der Tat lange bestrebt gewesen, Europas globalen Einfluss einzudämmen, wie sich bei ihren Bemühungen zeigte, nach dem Ersten Weltkrieg einen Völkerbund einzurichten. Präsident Wilson zeigte sich – wie auch mehrere seiner Nachfolger – als wankelmütiger, wenn nicht widerwilliger Internationalist, der deutlich der Position nahe stand, die Präsident Washington 1796 in seiner Abschiedsrede formuliert hatte: »Unsere wahre Politik besteht darin, von dauerhaften Bündnissen mit irgendwelchen ausländischen Mächten abzusehen.« George Washingtons andere Warnung, nach der es »keinen größeren Irrtum geben kann, als wirkliche Gunsterweisungen zwischen Nationen zu erwarten oder auf sie zu bauen«, mag als eines der dauerhaften Leitmotive amerikanischer Außenpolitik gelten. Doch das amerikanische Paradox, das verbunden mit einem missionarischen Eifer – wenn auch unter anderen ideologischen Voraussetzungen – auch anderen Nationen in der Vergangenheit nicht unbekannt war, bestand darin, trotz dieses Isolationismus ein Grundanliegen zu verfolgen: die Verbreitung der liberalen Demokratie nach dem Modell amerikanischer Regierungen. »Jede Nation soll wissen«, sagte Präsident Kennedy in seiner Antrittsrede von 1961, »gleichgültig ob sie uns wohlgesonnen ist oder nicht, dass wir jeden Preis zahlen, jede Bürde auf uns nehmen, keine Mühsal scheuen, jeden Freund unterstützen, uns jedem Gegner entgegenstellen werden, um das Überleben und den Erfolg der Freiheit zu sichern.«

Viele Amerikaner haben Schwierigkeiten damit, dass die Welt ein gesetzloser Ort zu sein scheint, wo Frieden und Gerechtigkeit Mangelware sind, wo internationalen Regeln und Gesetzen nicht getraut werden kann und der Erfolg der Freiheit äußerst unsicher ist. Nach Kagan hängt aus amerikanischer Sicht die erreichbare Sicherheit »einzig vom Besitz und Gebrauch militärischer Macht ab«, so dass die Vereinigten Staaten, selbst wenn Europa den Frieden erreicht zu haben scheint, »in die Geschichte verstrickt bleiben und in einer anarchischen Welt Hobbes'schen Zuschnitts Macht ausüben müssen«. Damit meint er wohl die düstere Welt des »Leviathan«, eine Welt, in der jeder gegen jeden Krieg führt und die sich durch »dauernde Angst und ständige Gefahr eines gewaltsamen Todes auszeichnet und in der das Leben der Menschen einsam, armselig, garstig, brutal und kurz ist.« Präsident Kennedy drückte in seiner Antrittsrede auch anti-hobbesianische Gefühle aus, als er sagte, die Menschheit müsse den Krieg beenden oder der Krieg werde die Menschheit beenden. Doch man wird kaum sagen können, dass solcher Idealismus die amerikanische Außenpolitik seit 1945 bestimmt hat.

Kagan ist sensibel dafür, dass sich der deutsche Löwe am Ende an das französische Lamm kuschelt und dafür, dass Europa heute daran arbeitet, Machtausübung durch Diplomatie zu ersetzen, anstatt ein Gleichgewicht der Kräfte durch Waffenstärke zu schaffen. Doch betont er, dass bei aller politischen Toleranz, bei aller wirtschaftlichen Annäherung die EU militärisch schwach und außenpolitisch stark gespalten bleibt. Aus der europäischen Aversion gegen den Gewaltgebrauch spricht also Schwäche, obwohl die (noch schwachen) USA diese Haltung einst selbst einnahmen. »Die Europäer zogen in den Ersten Weltkrieg, glaubten an Macht und Kriegsruhm, während die Amerikaner über Schlichtungsabkommen verhandelten. Heute haben sich die Rollen umgekehrt«, schreibt Kagan.

Bei allem Scharfsinn zeichnet Kagan ein Bild diametraler Gegensätzlichkeiten nahe der Karikatur. Die Europäer verhandeln und handeln in einer grauen Welt; die Amerikaner gebrauchen Zwang und Nötigung in einer schwarz-weißen Welt. Die Europäer wollen ihren ewigen Frieden exportieren; die Amerikaner ihr Geheimrezept für das Glück der Menschheit. Die Europäer sehen »Probleme« wie Migration, Armut, ethnische Konflikte oder Umweltverschmutzung; die Amerikaner sehen »Bedrohungen« wie Terroristen, Schurkenstaaten oder Massenvernichtungswaffen. Die Europäer wissen, was es bedeutet, mit Gefahr und in unmittelbarer Nähe des Bösen zu leben; die Amerikaner leben weit von der Gefahr und vom Bösen entfernt, verlangen aber perfekte Sicherheit und umfassenden Schutz. Die Europäer blicken hoffnungsvoll auf Maastricht in den frühen 90er Jahren; die Amerikaner haben als abschreckendes Beispiel die Appeasementpolitik im München der 30er Jahre vor Augen. In einem Wildwest-Szenario wären die Europäer die »Saloonkeepers« und die Amerikaner die »Sheriffs«. In internationalen strategischen Fragen stammen die Europäer von der Venus und die Amerikaner vom Mars.

Zweifellos dachte Kagan an die Göttin der Liebe und der Schönheit, die irgendwie dem Kriegsgott gegenübersteht. Doch die mythologischen Anspielungen können auch ganz anders gewendet und ausgelegt werden: Denn Venus und Mars waren in der römischen Mythologie nicht nur ein Liebespaar. Mars war ursprünglich der Gott des Frühlings, der Natur und der Fruchtbarkeit, Venus die Schutzherrin der Gärten und Weinberge. In dieser Lesart sind Europa und Amerika – in einem fruchtbaren Bündnis – eng miteinander vereint.

Mars und Venus wurden im alten Rom beide instrumentalisiert – man denke etwa an Mars Gradivus (»der Schlachtenlenker«), wo die römische Armee sich vor Kriegen versammelte, an den Tempel des Mars Ultor (»der Rächer«) im Forum Augustus (gar nicht zu reden vom »Marsfeld« vor den Stadtmauern). Oder man vergegenwärtige sich, dass Julius Caesar und Kaiser Augustus von Venus abstammen wollten und dass der Diktator Sulla Venus zu seiner Schutzheiligen erklärte. Schließlich erlaubt die römische Mythologie – besonders durch die Gleichsetzung von Mars mit dem griechischen Gott Ares und von Venus mit Aphrodite – noch ganz andere Schlussfolgerungen.

Ares war der Kriegsgott – mit dem Geier als seinem Vogel – und wurde zugleich als mordlustig und feige angesehen. Die Götter spotteten über ihn, als er (von Helios) mit Aphrodite im Bett überrascht wurde, die eigentlich mit dem lahmen Gott und Schmied Hephaistos verheiratet war. Daraus kann man schließen, dass der Krieg lange mit Niederträchtigkeit in Verbindung gebracht wurde oder dass zumindest Waffen- und Charakterstärke nicht gleichgesetzt wurden. In einer Version der griechischen Sage hat Aphrodite drei Kinder mit Ares – Deimos (Furcht, das Gegenstück zum römischen Timor), Phobos (Angst, Fuga bei den Römern) und Harmonia (Harmonie, die mit Cadmus das Königshaus von Theben begann und mit diesem zu den elysischen Gefilden aufstieg). Wendet man die Analogie an, kann also die Vereinigung von Europa als Venus und Amerika als Mars ebenso zu Furcht und Angst führen wie zu paradiesischer Harmonie – eine Betrachtung, die man sich angesichts der gegenwärtigen Irak-Krise zu Herzen nehmen sollte.

Der kleine mythologische Exkurs soll Kagans Behauptung entkräften, dass »die Amerikaner vom Mars und die Europäer von der Venus stammen, einander kaum einig sind und sich immer weniger verstehen.« Denn Kagan selbst weiß sehr gut, dass Hobbes und Kant beide Kinder Europas sind – wenn auch aus recht unterschiedlichen Nationen und Epochen. In diesem Sinne geht es heute weniger um Macht (und das Ob und Wie der Machtausübung), sondern um Unwägbarkeiten der unterschiedlichen Wahrnehmungen. Die Unterschiede zwischen dem alten Europa und seinen ihm entfremdeten Kindern in der Neuen Welt haben schon seit langem Bestand, und die Analogie sollte sich nicht auf die alten Götter und ihre angebliche Unvereinbarkeit kaprizieren. Stattdessen sollte sie in einer anderen Hinsicht betrachtet werden, nämlich auf die Schwierigkeiten bezogen, die Männer und Frauen dabei haben, sich zu verstehen – wie in John Grays Bestseller *Men are from Mars, Women are from Venus: A Practical Guide for Improving Communication* oder wie in Deborah Tannens Buch: *You Just Don't Understand: Women and Men in Conversation.*

Es gibt ein interessantes Beispiel für diese Wahrnehmungsunterschiede, das kürzlich von den Titelseiten des SPIEGEL und von TIME Europe zum gleichen Thema illustriert wurde. Die TIME-Titelseite trug den Titel: »Solving the Mysteries of DNA. The 50th Anniversary: Reliving Watson and Crick's historic discovery.« Das Titelbild zeigt einen nackten weißen Mann und eine nackte (indische?) Frau, die beide händchenhaltend dem Betrachter entgegensehen. Beide sind sie in eine jeweils eigene goldene Doppelhelix gehüllt, die sich über ihren Köpfen zu helixförmigen Bäumen und Blättern formt. Der Titel nimmt Bezug auf die Vergangenheit, auf Adam und Eva im (multikulturellen) Garten Eden, und beider Genitalien werden diskret von den goldenen Bändern verhüllt. Die Enträtselung biologischer Geheimnisse scheint immer noch der gesellschaftlichen Scham ob der Entblößung des Körpers Raum zu lassen.

Die SPIEGEL-Titelseite dagegen trug den Titel: »Das Geheimnis des Lebens: Fünfzig Jahre DNA-Entschlüsselung«. Die Illustration zeigt einen nackten weißen Mann und eine nackte blonde (deutsche?) Frau, halb einander zugewendet, wobei die Hand des Mannes auf dem Rücken der Frau liegt und beide in einer Petrischale stehen und von einer einzigen durchscheinenden Doppelhelix (aus Plastik, aus Glas?) umhüllt werden, welche aus der Petrischale herauswächst und am Oberrand der Seite verschwindet. Die Helix verhüllt nichts von der Frau, während der Mann einen diskreten Zweig vor seine Genitalien hält. Beide starren auf den Apfel, den die Frau in ihrer rechten Hand vor dem Mann hochhält und auf dem man, waagerecht und in schmalen Linien verlaufend, die vertrauten ATGC-Verschlüsselungen ausmachen kann. Das Titelbild bezieht sich auf den wissenschaftlichen Fortschritt von der Vergangenheit zur Gegenwart; es zeigt Adam und Eva mit dem Apfel der Erkenntnis nicht im Garten Eden, sondern im Zusammenhang des Laboratoriums. Und ihre Nacktheit deutet an, dass es – abgesehen vielleicht von der männlichen Scham – nichts zu verbergen gibt.

Auf dem TIME-Titelbild sind der Mann und die Frau miteinander verbunden, kommunizieren aber nicht miteinander, sprachlos dastehend, als nahezu gefühlskalte Zeugen der Vergangenheit und des religiösen Glaubens. Auf dem SPIEGEL-Titel sind der Mann und die Frau physisch miteinander verbunden und kommunizieren miteinander über wissenschaftliche Entdeckungen. Der Apfel wird nicht in den relgiösen, mysteriösen Kontext des Sündenfalls gestellt, sondern eher mit der Frage verbunden, wodurch Erkenntnis und Klarheit zum Verständnis der Geheimnisse des Lebens gelangen. Kagan sagt, dass wir Amerikaner und Europäer uns unseren Unterschieden offen stellen sollten. Doch sollte dies nicht im Sinne des Thukydides geschehen, bei dem die Starken tun, was sie können, und die Schwachen, was sie müssen. Es sollte vielmehr im Sinne einer Vereinigung von Mars und Venus geschehen, oder, um es mit Deborah Tannen etwas zeitgemäßer auszudrücken, in der Gewissheit, dass die Männer auf immer dazu bestimmt sind, *reports* zu geben, während die Domäne der Frauen die *rapports* sind – und das Hochhalten des Apfels der Erkenntnis zur allgemeinen Einsichtnahme.

Aus dem Englischen von Matthias Drebber

PHILIPP ROGER

Aufklärer gegen Amerika

Zur Vorgeschichte des europäischen Antiamerikanismus

Der französische Antiamerikanismus beginnt nicht erst im letzten Drittel des 19. Jahrhunderts; er hat eine längere Geschichte[1] und eine verkannte, vergessene, unter den aufeinanderfolgenden Schichten der kollektiven Vorstellung vergrabene Vorgeschichte. Diese fällt in die zweite Hälfte des 18. Jahrhunderts, geht also der Entstehung der englischen Kolonien als unabhängige Nation lange voraus und stellt die erste Schicht einer allmählichen Sedimentation dar. Viele der negativen Bilder, die später mit den Vereinigten Staaten verbunden werden, erscheinen zu dieser Zeit zum ersten Mal. Zwar wird die ganze Neue Welt in diesem seltsamen, von Europa angezettelten Streit verunglimpft, doch werden die entstehenden Vereinigten Staaten das Erbe antreten, und Jefferson selbst wird sich dieser Herausforderung stellen.

Dieser seltsamen Episode haben die Historiker bislang wenig Aufmerksamkeit geschenkt – mit der rühmlichen Ausnahme Antonello Gerbis, eines im lateinamerikanischen Exil lebenden Schülers von Benedetto Croce, der als erster die Einzelstücke des »Streits um die Neue Welt«,[2] wie er es nennt, zusammengefügt hat. Besonders in Frankreich hat eine vom mythologischen Glanz La Fayettes und Rochambeaus geblendete und vom Konkurrenzverhältnis der beiden »transatlantischen« Revolutionen besessene Geschichtsschreibung fast gänzlich diesen Hintergrund übersehen, der seit der Mitte des Jahrhunderts der Aufklärung besteht. Doch dieser Hintergrund wird alle späteren Debatten über die politischen Chancen der aufständischen Kolonien, über die Relevanz und auch die Praktikabilität der zu gründenden Institutionen prägen. Die republikanische Mythographie der Dritten Republik, die in der Zeit des Ersten Welt-

---

1   Philipp Roger, *L'Ennemi Américain. Généalogie de l'antiamericanisme français,* Paris, Ed. du Seuil 2002.

2   Antonello Gerbi war schon Autor von drei (in Bari und Mailand veröffentlichten) Werken über das Jahrhundert der Aufklärung, als er Mussolinis Italien verließ, um sich 1938 in Südamerika niederzulassen. Dort veröffentlichte er *Viejas Polemices sobre el Nuevo Mondo* (Lima 1943). 1946 erschien eine stark erweiterte Neuauflage. Schließlich erschien 1955 die italienische Ausgabe (*La Disputa del Nuovo Mondo. Storia di una polemica, 1750-1900,* Mailand/Neapel, Riccardo Ricciardi Editore), die doppelt so dick war wie ihre Vorgängerin.

kriegs durch das Bangen um den erhofften Kriegseintritt der Amerikaner verstärkt wurde, hat den Franzosen, als Vorzeichen oder Frühsymptom mitten in der absoluten Monarchie, das Bild eines heldenhaften und großzügigen Militärbündnisses, einer Brüderschaft der Ideale überliefert. Der Erfolg eines Mythos misst sich daran, wie gut seine Entstehung vergessen wurde. In dieser Hinsicht ist der »Mythos Lafayette« ein voller Erfolg, was sich daran zeigt, dass ein so besonnener Polemiker wie Etiemble, in den 60er Jahren ein scharfer Kritiker des *franglais*, nicht davor zurückschreckte, ihn als einen »Hollywood-Mythos«[3] zu bezeichnen. Dieser Mythos hat jedenfalls sehr wirksam ein weniger leuchtendes Vorher verdunkelt: das unheilvolle Porträt Amerikas, das einige Größen der französischen Aufklärung zeichneten. Mit der gleichen Wirksamkeit hat er ein wenig idyllisches Nachher in Vergessenheit geraten lassen: das sofortige Zerwürfnis der beiden Republiken nach 1792 und, nach 1794, den »Verrat« der amerikanischen Schwester durch die Unterzeichnung eines Geheimvertrages mit dem britischen Erzfeind. So erkannte weit später, nämlich 1927, André Tardieu, der Staatsmann seiner Zeit, der am wenigsten blind war für die harte Realität des französisch-amerikanischen Verhältnisses: »Diese beiden in Sympathie miteinander verbundenen Staaten haben nie zusammengearbeitet, ohne dass es zu sofortigen Brüchen gekommen wäre.« Und der »Freund Amerikas« fügte hinzu: »In allen anderen Situationen gibt es nur eine Erklärung für ein konfliktfreies Nebeneinander der beiden: die Beziehungslosigkeit.«[4]

Lassen wir die Aktualität des neuen transatlantischen Streits beiseite und gehen wir zu den Anfängen zurück. In seiner Thematik, seinem Diskurs, seiner Logik mag uns der prototypische Antiamerikanismus der Aufklärung fremdartig oder auch fremd erscheinen. Wenigstens seine politische Geographie kommt uns *hic et nunc* bekannt vor, denn der Antiamerikanismus der Aufklärung entsteht, wächst und floriert zwischen Paris und Berlin. Es wäre übertrieben, darin ein Symbol zu sehen. Doch es ist unstrittig, dass die verfrühte und systematische Diffamierung der Neuen Welt sich schon damals an der deutsch-französischen bzw. preußisch-französischen Achse entlang organisierte. Ein Grund mehr, hier im Schloss Genshagen die Erinnerung daran aufzufrischen.

*

3   Réné Etiemble, *Parlez-vous franglais?*, Paris: Gallimard, 1964, S. 291.
4   André Tardieu, *Devant l'obstacle. L'Amérique et nous,* Paris: Ed. Emile Paul Frères, 1927, S. 60.

Ab 1750 wurde in einer neuen Weise über die Neue Welt gesprochen. Die Diskurse wiederholen sich, antworten aufeinander, ergänzen sich. Gelegentlich widersprechen sie sich in dieser oder jener These oder Einzelbeobachtung. Aber in der Ablehnung der Neuen Welt sind sie sich deutlich einig. Ihr gemeinsames Ziel ist die Revision zu naiver, zu frommer und zu positiver Bilder dieses enttäuschenden Kontinents. Dieser »Streit« war in den Jahren von 1770 bis 1780 in vollem Gange und entwickelte sich zu einer französisch-amerikanischen Polemik. Franzosen und Amerikaner, die Verbündeten in den Kämpfen des Unabhängigkeitskriegs, führten gelehrten Streit über die Luftfeuchtigkeit in Virginia, die Nitrathaltigkeit des Bodens in Pennsylvania, die Weizenerträge in Connecticut und die Geburtenrate unter den Siedlern in ganz Amerika. Der Gegenstand des Streites ist kein geringer, denn es geht darum, ob dieses Land seine Versprechungen hält oder ob im Gegenteil die Natur »sich in einer ganzen Hemisphäre vergriffen hat«.[5] Es geht darum, die Apologeten Amerikas zu widerlegen und zu zeigen, dass Amerika in Wirklichkeit ein enttäuschender Kontinent ist. Alles in allem begann – halb als wissenschaftliche Kontroverse, halb als Krieg der Bilder – ein Kreuzzug gegen den Betrug der Amerika-Verherrlichung. Zur Verfolgung dieses Ziels legten unsere *hommes de lettres*, die ersten Vorläufer späterer amerikafeindlicher Intellektueller, eine erstaunliche Hartnäckigkeit und eine unerwartete Vehemenz an den Tag. Nennen wir diese lange intellektuelle Episode: das Zeitalter verwirrender Diffamierung. Und heben wir, weil wir nicht detailliert auf die Texte und das Labyrinth der Argumente eingehen können, die hervorstechenden Züge des Prozesses gegen Amerika hervor, der um 1750 begann und seinen Höhepunkt in den 70er Jahren des 18. Jahrhunderts erreichte.

Die erste Überraschung ist der Ursprung dieses Prozesses. Wider alles Erwarten, jedenfalls dem Klischee widersprechend, das mit dem 18. Jahrhundert gern die Neue Welt und neue Ideen verbindet, entstand und florierte der Antiamerikanismus auf dem Feld der Philosophie. Er stand nicht nur in der Zeitgenossenschaft der Aufklärung in ihrer lebendigsten Blüte; er wurde auch von Männern geprägt, die unleugbar mit dem Programm und dem Fortschritt der Aufklärung verbunden waren. Er war nicht Sache einiger weniger verhärmter, marginaler, abseits stehender Geister. Von einem Pariser Epizentrum ausgehend, rief er einen Disput hervor, der sich auf ganz Europa ausdehnte, um am Ende des Jahrhunderts in den Vereinigten Saaten selbst Widerhall zu finden. Er mobilisierte die be-

---

5 J.-B. Delislies de Sales, *De la Philosophie de la Nature*, London 1777, Bd. 4, S. 247. Die Erstausgabe erschien 1770 (Bd. 1-3) und 1774 (Bd. 4-6).

rühmtesten Gelehrten und Philosophen gegen die Neue Welt: Buffon, Voltaire, Raynal. Zwar sind die Geister, die es sich zur Aufgabe machten, ein verblendetes oder missbrauchtes Europa zu warnen und die Makel der Neuen Welt aufzuzeigen, keineswegs alle Berühmtheiten. Doch alle, von den großen Männern zu den kleinen Philosophastern marschierten unter dem gleichen Banner. »Es war eine philosophische Anstrengung, die die Entdeckung Amerikas ermöglichte«, schrieb Voltaire in seinem *Essai sur les moeurs.*[6] Zweieinhalb Jahrhunderte nach Kolumbus wurde Amerika durch eine andere – Voltaire nicht einmal fremde – Anstrengung der Philosophie wiederentdeckt oder eher mit einem Gefühl zwischen Verwirrung und Enttäuschung wiederbesucht.

Das zweite Merkmal dieses Antiamerikanismus besteht darin, dass er sich als streng wissenschaftlich, genauer noch: »naturwissenschaftlich« verstand. Politisch und moralisch, dann auch logisch und chronologisch, wurde er erst im Nachhinein. Erst mit der Entstehung der amerikanischen Nation wurde, in den 80er Jahren des 18. Jahrhunderts, das Gravitationszentrum der antiamerikanischen Kontroverse in die Richtung der politischen Philosophie verrückt, ohne dass sich dadurch die Schärfe der Polemik im mindesten verringerte. Im Gegenteil: Sie wurde vielmehr noch belebt durch den Einzug der amerikanischen Pamphletisten in die Arena, die fest entschlossen waren, sich Gerechtigkeit wider die französischen »Verleumdungen« zu erkämpfen. Unter der Ägide Jeffersons war ihnen mehr daran gelegen, die Qualitäten der Natur ihres Landes aufzuzeigen als dessen neue politische Institutionen zu verteidigen. Seit seinen Anfängen und bis hin zu seinen politisiertesten Ausläufern griff der antiamerikanische Diskurs also auf die verschiedenen Wissensbereiche zurück, die unter dem Begriff »Naturgeschichte« zusammengefasst werden: von der Geologie zur Zoologie, von der Botanik zur Anthropologie. Für diese Orientierung fungierte Buffon als Initiator und als Garant. Ihm folgend begaben sich alle Amerika-Verächter unter die Ägide der Naturgeschichte, jener Disziplin, »von der wir uns niemals entfernen, ohne es zu bereuen«, wie es der systematischste der frühen Antiamerikaner, der Wahlberliner Cornelius de Pauw sagte.[7] Die Naturgeschichte war dabei für die Antiamerikaner mehr als ein Bezugssystem. Sie diente ihnen bei ihren Vorstößen als Rückzugsbasis, als befestigtes Lager. »Wenn man ein Buch über eine Wissenschaft angreift«, schrieb de Pauw weiter, »muss

---

6 Voltaire, *Essai sur les mœurs*, éd. René Pomeau, Paris, Classiques Garnier, Bordas, 1990, Bd. II, S. 340.

7 Cornelius De Pauw, *Recherches philosophiques sur les Américains*, Editions Jean-Michel Place, 1990 [Neudruck der Ausgabe Berlin, 1774], Bd. II, S. 191.

man sich der Argumente aus dieser Wissenschaft und nicht aus einer anderen bedienen.«[8] Es darf also kein amerikanischer Gladiator die Arena betreten, der kein Naturforscher ist …

Das dritte Merkmal ist, dass sich die spekulative und verallgemeinernde Diffamierung auf Kosten der Vielfalt der Bilder vollzieht. Es wurde schon angesprochen, dass der seltsame intellektuelle Zweikampf ein Vierteljahrhundert vor der Unabhängigkeit sich nicht speziell auf die englischen Kolonien bezog; er hatte vielmehr den ganzen Kontinent im Visier. Das ist für sich genommen schon etwas Neues. Die Beschreibungen Amerikas, seit den ersten Entdeckererzählungen bis hin zu den Berichten von Missionaren wie Lafitau und Charlevoix, stellten große Komplexe nebeneinander, die sich im Klima, in den Sitten und den – eingeborenen und kolonialen – Einrichtungen deutlich unterschieden. Das westliche »Indien« schien sich mit seinen gewaltigen Kontrasten kaum für Verallgemeinerungen zu eignen. Seine Bewohner erschienen den Beobachtern (einschließlich derer, die ihnen eine gemeinsame Abstammung zuschrieben) so unterschiedlich wie ihre Lebensumgebungen. Bis ins 18. Jahrhundert hinein hielt man daran fest, nicht nur ihre verschiedenen Gebräuche herauszustellen, sondern auch die typologische Unterschiedlichkeit ihres äußeren Erscheinungsbildes. Die hartnäckige Legende eines bärtigen indianischen Stammes geht wohl auf diese a priori vorausgesetzte Unterschiedlichkeit zurück. Ganz sicher gilt dies für den lange aufrechterhaltenen Glauben an die Existenz patagonischer Riesen: die letzten »Wunder« eines bald entzauberten Universums, das letzte Fleckchen Erde für ein paar grandiose Monster, die von einer ungläubigen oder unwilligen Naturgeschichte ausgerottet wurden. Unerschöpfliche Fremdheit der Orte, Verstreutheit der Menschen, schillernde Gebräuche – das war die europäische Sicht des postkolonialen Amerika nach der Zerstörung der letzten Großreiche Mexiko und Peru. Ganz anders war dies nun in den neuen Beschreibungen, die auf einer Homogenität des Kontinents bestehen – ohne freilich ganz auf die Erwähnung pittoresker Besonderheiten zu verzichten, von denen man die schockierendsten im Gedächtnis behält, um der Beweisführung Würze zu geben.

Das vierte und letzte Merkmal besteht darin, dass für die Aufklärer der Antiamerikanismus ein Antikolonialismus ist. Die Herabwürdigung des Landes und die Verunglimpfung seiner Bewohner sind zwei Arten zu retten, was zu retten ist, um von der Kolonialisierung abzuschrecken.

8 De Pauw, *Défense des Recherches philosophiques sur les Américains* [1770], o.a. Ausgabe, Bd. II, S. 137.

»Lassen wir diese Wilden doch in Ruhe dahinvegetieren«, argumentierte De Pauw, »bedauern wir sie, wenn ihre Schmerzen größer sind als unsere. Und wenn wir nichts zu ihrem Glück tun können, vergrößern wir nicht noch ihr Elend.«[9] Das von der Natur schon vorbelastete Amerika wurde durch die Eroberung verwüstet. Es ist ein weitläufiger Friedhof für Menschen, Sprachen und Gebräuche, das Drama einer vollendeten »Ausrottung« – aufgeführt in einer Theaterruine. Die Amerika-Verächter waren keineswegs unempfindlich für diese tragische Dimension des amerikanischen Schicksals, ganz im Gegenteil: De Pauw und Raynal (oder Diderot unter dem Namen Raynal) gehörten zu den schärfsten Kritikern der europäischen Verbrechen. Doch ihr Hass auf die Henker führte sie nicht zur Idealisierung der Opfer. Die zerstörten Zivilisationen der Neuen Welt erweckten ihr Bedauern – ein Bedauern ohne Mitgefühl. Für Cornelius De Pauw, der damit die Abschreckungspolitik Friedrichs II. übernimmt, war es wie für die Redakteure der *Histoire des deux Indes* – in Anlehnung an Montesqieu – das Wichtigste, seine Landsleute von den amerikanischen Ufern fernzuhalten, indem er die unheilvollen biologischen und moralischen Folgen der Verpflanzung über den Atlantik beschreibt. Ein doppelter philosophischer Kreuzzug also, denn es ging darum, die Eingeborenen zu verschonen und zugleich das Ausbluten der Metropolen zu verhindern. Doch dieser Kreuzzug wird als eine Art klinische Diagnose verbrämt. Wenn »das Gesetz des Klimas verlangt, dass jedes Volk und jede Tier- und Pflanzenart in seinem Geburtsland aufwächst und stirbt«,[10] welches Unglück droht dann jenen, die dieses Gesetz brechen, und welches Unglück droht erst ihrer Nachkommenschaft!

Was hatten sie der neuen Welt vorzuwerfen, diese unerwarteten Verächter, die sich einer nach dem anderen erheben, um ihrer Enttäuschung Ausdruck zu geben, ihren Abscheu herauszuschreien, einen ganzen Kontinent zu verfluchen, seine Flora und Fauna, seine Eingeborenen und seine Siedler in wahllosem Furor? Vieles, aber an erster Stelle war die Neue Welt für sie eine minderwertige Welt: ein verkrüppeltes Universum, wo das Lebendige vegetiert, wo die Menschen verkümmern, wo die Arten schrumpfen. Eine merkwürdige Vision, eine seltsame Gewissheit – aber seltsamer noch war das Echo, das sie in Frankreich fand und die Art, mit der sie sich bis zum Ende des Jahrhunderts durchsetzen sollte.

9   De Pauw, *Recherches ...*, »Dissertation préliminaire«, a.a.O., Bd. I, S. V.
10   Guillaume Thomas Raynal, *Histoire philosophique et politique des établissements et du commerce des Européens dans les Deux Indes*, Genf, 1781, Bd. IX, Kap. XXVII, S. 133.

Ein Mann spielte eine entscheidende Rolle bei der Schaffung dieser Bilder: Buffon. Er schlug die Bresche, in die viele dann eindrangen. Er brachte etwas in Gang und verbürgte sich dann dafür. Die Autorität des Gelehrten und das Prestige des Genies sprachen für ihn. Der Respekt, der ihn umgab, grenzte an Ehrfurcht. Maler stellten die Natur dar und enthüllten alle ihre Geheimnisse. Ein Kult entstand, nicht weniger glühend als der Kult um Voltaire oder Rousseau. Man reiste nach Montbard, um den großen Mann einmal zu sehen. Es war nicht leicht, einer solchen Reputation etwas entgegenzusetzen. Als Jefferson ihn 1784 widerlegte, achtete er darauf, in der englischen wie in der französischen Ausgabe, mit Lobreden und Ehrerbietungen für den »*celebrated Zoologist*« nicht zu sparen. Die Öffentlichkeit, erklärte er, sei von »seiner brillanten Feder verführt« worden. Jefferson selbst betonte, er sehe sich gezwungen, Buffon zu widersprechen, aber nicht ohne »alle Bekundungen der Ehre und Wertschätzung, die ihm gebühren.«[11] Der Virginier zog die Krallen ein. Es hätte ihm bei den Franzosen nichts genützt, an dem »Naturkenner« Buffon zu kratzen. Privat schonte er ihn weniger: Am Rand seines eigenen Exemplars der *Notes on the State of Virginia* steht die wütende handschriftliche Anmerkung: »Kein Autor beweist besser als Buffon die Macht der Eloquenz und die Ungewissheit von Theorien.«[12] Jefferson und seine Zeitgenossen hatten keinen Zweifel daran, dass Buffon die entscheidende Rolle bei der naturwissenschaftlichen Verankerung des Antiamerikanismus spielte. Das beweist das lange Kapitel in den *Notes on the State of Virginia*, das sich Punkt für Punkt der Widerlegung Buffons widmet. Was schrieb Buffon so Bemerkenswertes über den amerikanischen Kontinent? Etwas, das uns heute befremdlich erscheint, da wir befangen sind von den Bildern der amerikanischen Größe, ja Maßlosigkeit: Auf diesem neuen Kontinent sei alles klein, viel kleiner als in der Alten Welt. Die Artenvielfalt sei geringer. Die Tiere seien schmächtiger. Der Mensch selbst sei dort kleinwüchsig, sähe man einmal von der Ausnahme der berühmten patagonischen Riesen ab, deren Existenz äußerst zweifelhaft sei.

Im Laufe mehrerer aufeinanderfolgender Studien (*Variétés dans l'espèce humaine* (1749), *Animaux de l'ancien continent, Animaux du nouveau monde, Animaux communs aux deux continents* (1761), *De la dégénération des animaux* (1766)) hackte Buffon immer wieder auf der gleichen These herum: Auf diesem großen Kontinent schrumpft das Leben. Die Lektion

11 Thomas Jefferson, *Notes on the State of Virginia*, Penguin Classics, edited with an introduction and notes by Frank Shuffelton, London 1999, S. 68.
12 Ebd., S. 308, note III.

in Naturgeschichte, die Buffon unermüdlich, von Kapitel zu Kapitel, von Abhandlung zu Abhandlung wiederholte, ist denkbar einfach: »Wir haben oben gesagt, dass im Allgemeinen alle Tiere der Neuen Welt viel kleiner sind als auf dem alten Kontinent.«[13] Aber was besagt dies eigentlich genau? Es besagt zum Beispiel, dass der Tapir deutlich weniger beeindruckend ist als der Elefant, das Rhinozeros oder das Nilpferd; dass das Lama kleiner ist als das Kamel; dass das Vikunja ein verkleinertes Modell des Schafs ist; und dass sich dem unvoreingenommenen Betrachter das Pekari als geschrumpftes Schwein darstellt. Buffon stellte dabei nicht etwa jedesmal gleiche Abstammungen zusammen. Das Pekari gehört unstrittig zur selben Gattung wie seine Entsprechung, das Schwein. Der Tapir aber gehört weder zur Familie der Nilpferde noch der Nashörner noch der Elefanten. Und das Lama und das Vikunja unterhalten, damit einer dritten Hypothese zuzuordnen, undurchsichtige Beziehungen zu ihren Entsprechungen in der Alten Welt. Die einen wie die anderen haben also, so führte Buffon aus, nicht so klare »Unterscheidungsmerkmale«, die sie der »alten Verwandtschaft« mit ihren Artgenossen in der Alten Welt zuordnen lassen. Er war sogar zu dem Zugeständnis bereit, dass sie »Nachbarn sind und keine Verwandten.«[14] Das Vikunja wäre also der Nachbar, nicht aber der amerikanische Cousin unseres Schafs? Besonders einleuchtend ist das nicht.

Um den Begriff der Verwandtschaft bei Buffon zu verstehen, muss man weiter in sein System eindringen. Der vergleichenden Vorgehensweise, die darin besteht, ein Tier aus der Neuen Welt als »Repräsentanten« eines anderen in der Alten Welt zu erkennen, um dann eine allgemeine Aufstellung dieser manchmal ungewöhnlichen Entsprechungen zu machen, gehen zwei Postulate voraus. Das erste geht von einer gemeinsamen Herkunft aller Lebewesen aus: »Was ihre ursprüngliche Herkunft betrifft«, schrieb Buffon über die Indianer, »zweifle ich – unabhängig von theologischen Gründen – nicht daran, dass sie die gleiche ist wie die unsere«,[15] und das galt für ihn für alle Kreaturen. Das zweite besteht in der Behauptung, dass jede Art der Migration, von Tieren wie von Menschen, zu Mutationen führt, die unweigerlich mit einer Schwächung der Lebenskraft, mit »Entartung« einhergehen. Dies ist das Thema der *Dégénération des ani-*

---

13 Georges-Louis de Buffon, *Dégénération des animaux, Œuvres complètes*, Paris, Diom-Lambert, dann Paris, J. Poulain & Cie, dann Imprimerie et Librairie Générale de France, 1859, Bd. VIII, S. 240.

14 Ebd., S. 241.

15 Buffon, *Variétés dans l'espèce humaine, O.C.*, a.a.O., S. 451.

maux von 1766, das von allen Protagonisten des Streits um Amerika aufgenommen wird. Das entwurzelte, das denaturierte Tier ...

Ebenso steht es um den Menschen. Für Buffon ging bekanntlich die Hautfarbe der Schwarzen auf das Klima zurück, und er malte sich Experimente *in vivo* aus, mit denen bestimmt werden soll, »wieviel Zeit es brauchte«, um nach Dänemark »transportierten« Schwarzen die »Rückkehr zur Natur des Menschen« zu ermöglichen, das heißt zur ursprünglich weißen, in der Sonne Afrikas schwarz gewordenen Farbe ihrer Haut. Menschen, Tiere und Pflanzen leben unter dem Gesetz der »Entstellung«, so das Schlüsselwort der Buffonschen Interpretation. In dem Text *Dégénération des animaux* findet es sich vom ersten Satz an. »Seit der Mensch begann, unter fremde Himmel zu ziehen und sich in jedem Klima auszubreiten, hat seine Natur Entstellungen erleiden müssen.«[16] Entstellung, Entfremdung: Die zugrundeliegende Norm ist entschieden eurozentristisch.

Doch es sind weniger die Methoden, sondern die »Ergebnisse«, die die unzähligen Leser Buffons prägten und die besonders die Amerika-Verächter mit Leidenschaft erfüllten. Es ging darum, die massenhaft nachzuweisende Disproportionalität der Arten zu illustrieren, besser noch zu *messen* – und dies immer zum Nachteil des neuen Kontinents. Nachhaltig geschwächt trat Amerika aus diesem großen Defilé der disproportionalen Tiere hervor. Der von Buffon behauptete Umstand einer »Degeneration der Tiere in Amerika« drückte dem damals stark zunehmenden Gerede über die naturgegebene amerikanische Unterlegenheit den Stempel der Wissenschaftlichkeit auf. Ein wertvolles Gütezeichen, eine unverhoffte Rechfertigung. Das Schrumpfen alles Lebendigen auf dem amerikanischen Kontinent bedurfte dieser Bürgschaft, damit zweieinhalb Jahrhunderte wohlgesinnter, enthusiastischer oder einfach leichtgläubiger Berichterstattung umgestoßen werden konnten.

Buffons Analyse war also ein Muster: Der ganze Antiamerikanismus der 70er Jahre des 18.Jahrhunderts geht auf sie zurück. Denn sie stellte nicht nur die amerikanische Unzulänglichkeit fest, was mit messerscharfer Brillanz auf den ersten Seiten der *Recherches philosophiques sur les Américains* (1768) von De Pauw wieder aufgegriffen wurde; sie formte die Zukunft Amerikas nach dem rhetorischen Schema des Verfalls. Die Neue Welt sei keineswegs die beste aller Welten. Ein feindliches Klima machte diesen Kontinent zu einem Reich der Kälte oder der Feuchtigkeit oder gleich zu beidem. Ein steriles Reich, jedenfalls nicht sehr fruchtbar. Oft

---

16 Buffon, *Dégénération des animaux ...*, a.a.O. S. 217.

öde, immer unterbevölkert. Alle Naturreiche fänden sich dort »entstellt« vor – ohne Ausnahme des Menschen, dessen Humanität dort recht problematisch ist. In Amerika lebe man nicht, man »vegetiere«. So sprach sachkundig der erste antiamerikanische Diskurs. Er sprach, aber er malte auch. 1768 findet Amerika seinen Goya: Es ist Cornélius De Pauw.

De Pauw wurde in Holland geboren. Er lebte am Hof Friedrichs II. und schrieb auf Französisch. Als er seine *Recherches philosophiques sur les Américains* veröffentlichte, war er keine 30 Jahre alt. Über Nacht wurde sein Name im denkenden Europa bekannt: Um sein Buch wurde viel Aufhebens gemacht; man sprach darüber, machte sich die Mühe, es zu widerlegen. In Berlin sah sich De Pauw den Angriffen des französischen Benediktiners Antoine-Joseph Pernety ausgesetzt. Vorstöße nach den Regeln der Kunst, *Défense* De Pauws, Gegenangriff Pernetys hielten Stadt, Hof und Akademie zwei Jahre lang in Atem. Eine provinzielle Streiterei, eine Rangelei um Einfluss unter den Zöglingen der philosophischen Menagerie Friedrichs II.? Sicher. Doch der Einfluss der *Recherches* war sehr wohl jenseits der kleinen Berliner Welt zu spüren.

De Pauw war hyperaktiv in seiner Negativität. Er riss das ganze Gebäude der gesammelten – liebevollen oder enthusiastischen – Berichte über Amerika ein. Mit einem Rundumschlag verwarf er falsche Gelehrte, dubiose Missionare und miese Schreiberlinge. Fast sämtliche Reisenden sind ihm suspekt:

> Als Grundregel lässt sich sagen, dass von hundert Reisenden sechzig ohne Eigennutz und aus Einfältigkeit lügen, dreißig aus Eigeninteresse oder, wenn man so will, aus Gerissenheit und schließlich zehn, die die Wahrheit sagen und Menschen sind.[17]

Und selbst die Auskünfte dieser zehn Aufrechten gilt es noch sorgfältig zu sortieren … Leidenschaftlich und unermüdlich zog De Pauw vom Leder. Er trampelte auf der Tradition des »edlen Wilden« herum, die vielen Philosophen noch teuer war und derer sich die sentimentale Literatur anzunehmen begann. Er malte ein Bild von ergreifender Schwärze, von unheilbarer Schrecknis. Denn mochte die Eroberung schrecklich gewesen sein – das amerikanische Übel war schlimmer. Der Tod landet nicht erst mit den europäischen Invasoren in einem bis auf die Zähne gerüsteten Amerika – er stieg aus der Erde selbst auf, drang faulig und verpestet aus ihr hervor. Die Schlächter waren niederträchtig, und De Pauw ging hart mit ihnen ins Gericht. Doch Amerika war verflucht, und er brandmarkte es.

17 De Pauw, *Défense des Recherches* …, a.a.O., Bd. 2, S. 320.

»Ich werde an den Anfang dieses Werks einige treffende und entscheidende Beobachtungen stellen«, schrieb De Pauw. Treffend wie Kanonenkugeln sind sie in der Tat. Die erste Salve wurde, zu Ehren Buffons, auf die Fauna abgeschossen.

Zum Zeitpunkt der Entdeckung Amerikas war das Klima dort sehr schlecht für die Vierbeiner, die um ein Sechsfaches kleiner waren als ihre Verwandten auf dem alten Kontinent.

Eine zweite, schonungslos auf die Zweibeiner gerichtete Salve folgte auf dem Fuße:

Dieses Klima war vor allem schädlich für die Menschen, die abgestumpft, reizbar und auf erstaunliche Weise in allen Teilen ihres Organismus verbraucht waren.

Die dritte Salve schließlich galt der gesamten Natur, dieser »sterilen und unermesslichen Ödnis«. Zum Beweis:

Die ersten französischen Siedler, die in diese unglückselige Welt geschickt wurden, fraßen sich am Ende gegenseitig auf.

Wir sind auf Seite drei – von 772 in der Erstausgabe. Was für ein Einstieg! Mit dieser ungewöhnlichen Exposition schlug De Pauw zwei Fliegen mit einer Klappe. Er bewies die bittere Tristesse eines Landes, in dem man nicht überleben kann, und er suggerierte die schreckliche Veränderung, die Amerika bei seinen Eindringlingen bewirkte, welche so sicher in Kannibalen verwandelt wurden, wie die Besucher der Kalypso in Schweine. Eigentlich schlug De Pauw sogar drei Fliegen mit einer Klappe. Denn dieser fabulöse Anfang kann auch als Allegorie des Schicksals der Kolonialmächte gelesen werden: Das gegenseitige Sich-Auffressen der Europäer symbolisiert die Verschlingung ihrer Lebenskräfte in dem menschlichen Abgrund Amerika. Noch heute, behauptete De Pauw, sind mehrere Kolonien »vollkommen außerstande, sich aus ihrer eigenen Produktion zu ernähren.« Weit entfernt davon, die Menschen zu ernähren, verschlingt Amerika sie. De Pauw wusste sich hier im Einklang mit dem ganzen philosophischen Jahrhundert, von Montesquieu zu Diderot. Er verkündete sogleich, dass die Schicksale der Eingeborenen und der Kolonialherren zusammen auf das Unglück zulaufen. Er verbreiterte den traditionellen Farbdruck der Amerika zugefügten historischen Übel zu einem Fresko ewigen und naturgegebenen Unglücks, auf dem der Europäer zur Verderbnis der Eingeborenen erscheint – aber auch zu seiner eigenen. De Pauw war Katastrophen-, nicht Schlachtenmaler und interessierte sich weniger für die Massengräber der Eroberung als für die Verrottung eines siechen Kontinents, der seine eingebildeten Bezwinger ins Grab bringen wird.

Dann konnte er zum Wichtigsten kommen: zur Erde und ihrem Klima. Er nahm den Faden des Siechtums auf, der ihn vom Salz zum Saft, von der Lake zum Gift führte. Jetzt kam die Naturwissenschaft an die Reihe.

Zuerst das Salz, das überall ist. Aus allgegenwärtigen Gewässern, aus unendlichen Mooren tritt es in die Atmosphäre und fällt als unheilvolle Ablagerung auf die Vegetation zurück. Die amerikanischen Gewässer, die »verderbt, bösartig, ja tödlich« sind und der »Gärung« ausgesetzt, dünsten unter der Sonneneinstrahlung ein Meeressalz aus, »das sich dann auf jedem Blatt, das in dieser Lake getränkt ist, kristallisiert.«[18] Die amerikanische Natur war nach De Pauw nichts wirklich Lebendiges, sondern eine Konserve, eine riesige Sauerkrautbüchse. Unter dichten Salzschwaden erstickt die Vegetation; sie ist nicht mehr »lieblich und krautig« wie in Europa und überlebt nur in der »hölzernen Form des Gestrüpps«. Denn zu allem Übel kommen zu den Auswirkungen des Salzes die Auswirkungen des »Erdnitrats«, das diese kümmerliche Produktion von innen austrocknet.

Als de Sadesche »Rabenmutter« wird die amerikanische Natur immer hinterhältiger und immer perfider. Das führt sogar so weit, dass aus besagtem Nitrat der Salpeter gewonnen wird, den die Spanier für ihre Schießpulvervorräte brauchen – Pulver, das der Unterdrückung der Mexikaner dient. Diese werden so von ihrer eigenen Erde verraten. Denn diese schlechte Erde ist auch eine böse Erde. Dass sie ihre Eindringlinge wiederbewaffnet ist noch ihr geringstes Vergehen. Seit Urzeiten versucht sie, Menschen zu töten. Sie setzt all ihre anämische Energie ein, um den Kontinent zu entvölkern – was ihr nicht schlecht gelingt. (De Pauw bestand wie seine Vorgänger auf der Menschenleere des amerikanischen Lebensraums.)

Amerika war also nicht nur abstoßend und steril; es war auch vergiftet. Sein »stinkendes Sumpfland« lässt »mehr giftige Bäume vegetieren als im ganzen Rest des bekannten Universums wachsen.«[19] Und De Pauw, der sich auf das »Ätzende« der stärkehaltigen amerikanischen Hauptnahrungsmittel berief, stellte das schrille Paradox einer Menschheit auf, die dank eines Giftes überlebt – *alimentum in veneno*. »Das Hauptnahrungsmittel der Amerikaner«, schrieb er unter Hinweis auf die Zeit der ersten Kontakte, »war eine giftige Pflanze, die man nur durch Geschicklichkeit

---

18 De Pauw, *Recherches* ..., éd. cit.; Bd. I, S. 3.
19 Ebd., S. 3.

essbar machen konnte.« Die *Geschicklichkeit* besteht schlicht darin, sie zu kochen, doch durch dieses Wort suggerierte De Pauw den Zweikampf einer grässlichen Natur und einer hilflosen Menschheit. Der Tod lauert zwischen dem Rohen und dem Gekochten. Yucca und Maniok sind im Naturzustand unheilvoller Fraß:

> Ich spreche von so vielen Sorten *Jucas* und *Manihots,* die fast alle tödlich sind, wenn man sie roh und aus der Erde kommend isst. Und doch war es bei den Indern dieses *Manihot,* das den ihnen unbekannten Roggen und Weizen ersetzte.

Verblüffendes Amerika, das vorgibt, seine Kinder zu ernähren, um sie besser umbringen zu können! So schreibt De Pauw:

> Man muss zugeben, dass die Geschichte des alten Kontinents uns kein ähnliches Beispiel zeigt. Und was auch immer es hier an Unglück geben mag: Man sieht doch kein ganzes Volk, das gezwungen wäre, seine Hauptnahrung aus einem giftigen Gewächs zu gewinnen.

Es erstaunt nun kaum noch, dass dieses Land mit all seinen Giften auch Europa vergiftet hat. Zwar nicht mit Maniok, nicht mit Yucca, sondern durch Überschwemmung mit den »giftigen Keimen« der venerischen Krankheit. De Pauw empfand natürlich alle Hypothesen als »lächerlich«, nach denen die Syphilis woanders als in Amerika entstanden sein soll (etwa in Afrika): »Die venerische Pest ist in Amerika entstanden.« Das sei »unwiderlegbar«[20] bewiesen. Alles andere hätte auch erstaunt. Und hat nicht diese nagende Krankheit, die an den Quellen, an der menschlichen Fortpflanzung ihren Angriffspunkt hat, die gleichen Ursachen wie die »Schwäche« der Amerikaner, denen es allen »an jener körperlichen Lebenskraft gebricht, die aus der Spannung und der Widerstandskraft von Muskeln und Nerven erwächst«?[21] De Pauw neigte zu dieser Auffassung: Es handelt sich wieder um die Überschwemmung des Kontinents, um die »große Feuchtigkeit der Atmosphäre«, um die »unglaubliche Menge fauliger Gewässer auf der Erdoberfläche«, die »die Konstitution der Bewohner verschmutzt und verdorben hat«.[22] In dem Ort des Grauens, der Amerika heißt, ist die Menschheit zum Scheitern und zur Lähmung geboren.

Denn das Hauptopfer dieser »unglücklichen Welt« war der Mensch selbst. An erster Stelle natürlich der Wilde, dem De Pauw – vor Joseph de

20 Ebd., S. 19.
21 Ebd., S. 31.
22 Ebd., S. 20.

Maistre und aus anderen Gründen als dieser – die totale Zerrüttung bescheinigte. »Vom abgestumpften Geist der Amerikaner«: Dieser Titel des vierten Teils der *Recherches* eröffnet ein Kapitel, das der Autor selbst als entscheidend bezeichnete. In direkter Folge der über seinem Kopf durch eine schreckliche Natur zusammengekommenen Benachteiligungen ist der Amerikaner körperlich und geistig schwach und debil. »Eine tumbe Einfältigkeit kennzeichnet den Charakter aller Amerikaner«, weiß De Pauw, der ihnen »Intelligenz und Vervollkommnungsfähigkeit gleichermaßen«[23] abspricht. Doch weit davon entfernt, den Grund dafür in einer außergewöhnlichen »Pflichtvergessenheit« zu suchen, in einer von ihren Vorfahren begangenen unerhörten Sünde, wie es der Autor der *Soirées de Saint-Pétersbourg* tut, findet De Pauw den Grund im schlechten Blutkreislauf, der zu »Verständnisschwäche«[24] führe. Die Gedanken der Indianer seien »schlecht eingeprägt« aufgrund von konstitutionsbedingten »zähen und groben Stimmungen«. Ihre Grundbefindlichkeit ist die Gefühllosigkeit. »Ihre Gefühllosigkeit ist ein Laster ihrer verdorbenen Konstitution: Sie sind von einer unverzeihlichen Faulheit, sie erfinden nichts, unternehmen nichts und weiten ihr Begriffsfeld kaum über das hinaus, was sie sehen. Sie sind zaghaft, feige, nervös, ohne geistige Erhabenheit. Die Mutlosigkeit und das Fehlen jeder Eigenschaft des *animal raisonnable* macht sie nutzlos für sich selbst und für die Gesellschaft.« Diesen Wesen, die »eher vegetieren als leben«, ist De Pauw »nicht geneigt, eine Seele zuzusprechen.«[25]

Seit dem ersten Beitrag von Buffon von 1749 ist diese Argumentation also immer mehr verschärft worden. In *Variétés dans l'espèce humaine* lag der Akzent vor allem auf der Unbildsamkeit, die dem amerikanischen Eingeborenen eigne. De Pauw zeichnete das Bild eines Wesens zwischen Menschlichkeit und Nicht-Menschlichkeit, das physiologisch von dem »verborgenen Makel« zerrüttet wird, den ihm die amerikanische Natur zugefügt hat. Daher rührt die körperliche und geistige Schwäche, daher rühren aber auch noch ganz andere schwere Mängel: Die Impotenz des Mannes ist wahrscheinlich, sicher ist eine verminderte sexuelle Begierde (»aliénation pour le sexe«). Die Standfestigkeit gegen Folterungen, ein Haupttopos zur Begründung der Vornehmheit des »edlen Wilden«, wird verkehrt in einen weiteren Beweis einer Atrophie ihres Nervensystems.

23 De Pauw, *Recherches* …, a.a.O., Bd. I, S. 108.

24 Ebd., S. 109.

25 Ebd., S. 160. Er zeichnete hier das Porträt der Ureinwohner Kaliforniens, fügt aber genauer hinzu, dieses stimme mit »jenem überein, das wir von allen Amerikanern gezeichnet haben.«

Nicht auf erhabenem Heldentum beruht ihre Widerstandsfähigkeit am Marterpfahl, sondern einfach auf einer nervlichen Mangelerscheinung.

So sah das Porträt des degenerierten Amerikaners aus, das zwischen 1750 und 1770 immer wieder neu aufgelegt wurde. Ist es nur das Porträt des Wilden? Keineswegs, antworteten Buffon, De Pauw und Raynal: Es ist potenziell das Bild aller »Bewohner« der »unglücklichen Welt«. Hier waren sich die drei zwar weniger einig und in ihrem Urteil zögerlicher. Doch die große Linie ist klar: Alles läuft auf den Schluss hinaus, dass die schrecklichen Einflüsse einer schrecklichen Natur die umgesiedelten Europäer ebensowenig verschonen, wie sie die unfruchtbar gewordenen Hühner oder die nicht mehr zum Bellen fähigen Hunde verschont haben. Seine *Défense des Recherches Philosophiques sur les Américains* erlaubte es De Pauw, einige Pinselstriche zu einem bereits recht düsteren Bild hinzuzufügen. Vor allem aber erweiterte er die von Buffon aufgestellte Regel der Denaturierung und Entartung und wandte sie ohne Wenn und Aber auch auf den Kreolen an, den verpflanzten Europäer. Eine entscheidende Entwicklung, denn von nun an waren in diesem naturgeschichtlich inspirierten antiamerikanischen Diskurs die Schicksale des Indianers und des Kreolen miteinander verbunden. »Im nördlichen Amerika«, schrieb De Pauw, diesmal unter Berufung auf den schwedischen Naturforscher Peter Kalm, dessen Naturgeschichte Pennsylvanias gerade ins Französische übertragen worden war, »degenerieren die Europäer zusehends, und ihre Konstitution verschlechtert sich von Generation zu Generation«.[26] Die »Degeneration der in Amerika ansässigen Europäer« ist ein unanzweifelbares Faktum. Und so wie die über den Atlantik gebrachten Hühner oft dreißig Jahre lang, über vier, fünf Generationen nicht brüten, so hatte man sich darauf einzustellen, dass die Kreolen von der gleichen »Liebeslauheit« geschlagen sind wie die Eingeborenen.[27] De Pauw bestätigte hier nachdrücklich die Hypothese, die er in den *Recherches* vorangetrieben hatte:

> Sämtliche Tiere, die aus der Alten in die Neue Welt gebracht wurden, haben ohne eine einzige Ausnahme eine fühlbare Verschlechterung erlitten – Verschlechterung der Kraft oder des Instinktes.

26 Die *Reisen nach Nordamerika* von Peter Kalm erschienen auf Schwedisch zwischen 1753 und 1761; sie wurden 1761 teilweise ins Französische übersetzt und unter dem Titel *Histoire Naturelle & Politique de la Pensilvanie (Paris, 1768)* von Rousselot de Surgy »adaptiert«; zitiert nach: De Pauw, *Défense des Recherches …, Recherches*, a.a.O., Bd. 2, S. 136.
27 Ebd., S. 206, 145.

Den Menschen konnte es nicht anders gehen, und »durch wiederholte Beobachtung dieses Umstandes«, durch den Vergleich der seit einiger Zeit eingebürgerten Kreolen mit den gerade gelandeten Europäern, »sind wir zu der Überzeugung gelangt, dass diese Degeneration, die wir für möglich hielten, eine tatsächliche ist.«[28]

In der Entwicklung der Texte, von Buffon zu De Pauw, hat sich die Last erschwert, die die Naturgeschichte dem Leben in Amerika aufbürdet. Die »Degeneration« der Ureinwohner wurde als erwiesen angesehen, und die Degeneration der europäischen Siedler schien zumindest wahrscheinlich. Im selben Zeitraum, den 70er Jahren des 18. Jahrhunderts, fand diese Beschreibung auch Verbreitung über den Bereich der – wissenschaftlichen oder vulgarisierten – Naturgeschichte hinaus. Sie übersprang die Gattungsgrenzen und setzte sich überall durch. Dieser Erfolg war für die *Colonists* alarmierend, mussten sie doch mitansehen, wie das Krankheitsbild der amerikanischen Minderwertigkeit und ihres eigenen unabwendbaren Verfalls zu wissenschaftlichen Ehren kam – und dies in so weit verbreiteten Werken wie *L'Histoire des deux Indes*.

Nun war in *L'Histoire des deux Indes* nicht die Naturgeschichte Amerikas das vorrangige Thema, sondern die »europäische Besiedelung« der Welt. Das Werk bezeichnete sich selbst als »ökonomisch, philosophisch und politisch.« Mehrere Autoren waren – unter der Signatur des Abbé Raynal – an ihm beteiligt, es wurde bei Neuauflagen immer wieder verändert und zeichnete sich durch die Unbeständigkeit, manchmal Widersprüchlichkeit der Standpunkte aus. Doch die Beschreibung des amerikanischen Kontinents verdankte sich in hohem Maße den Erklärungsmustern Buffons, dessen Theorie der Verschlechterung und der Degeneration fast wortwörtlich übernommen wurde. Das Gleiche gilt für das »mefitische« Klischee De Pauws, der sich in seinem Antikolonialismus mit Raynal einig war. Die Auswirkungen dieser Schulung sind besonders bemerkbar in der Ausgabe von 1770, in der die Hypothese der Degeneration der Menschen aufgegriffen wird. Hier geht Raynal sogar noch weiter, indem er von den englischen *settlers* spricht, bei denen die Auszehrung »sichtbar«[29] sei: Die Angloamerikaner sind geistig und körperlich geschwächt. Trotz ihrer Frühreife und Lebendigkeit im jugendlichen Alter sind sie unfähig zu längeren Reflexionen, wodurch es sich erklärt, dass es auf amerikanischem Boden noch nie eine wissenschaftliche oder künstlerische Geistesgröße gegeben hat. Noch 1780 stellte Raynal die alimentäre Eigenstän-

---

28 De Pauw, Recherches …, a.a.O., Bd. II, S. 118.
29 Raynal, *Histoire des Deux Indes* …, Amsterdam 1770, Bd. VI, S. 376.

digkeit der Ex-Kolonien in Abrede. Er glaubte nicht, dass der amerikanische Boden Nahrungsquelle für viele Menschen sein könne. »Sollte zehn Millionen Menschen eine sichere Lebensgrundlage beschieden sein, wäre das schon viel.«[30] Sein Skeptizismus ist das – für die neue Nation schädliche – Ergebnis der von Buffon begonnenen wissenschaftlichen Verunglimpfung und der naturkundlichen Schmähung, die die Philosophie seit dreißig Jahren wiederholte.

Die genannten Kapitel sind es, die die Vertreter der aufständischen Kolonien gern aus der *Histore des Deux Indes* streichen wollten. Wenigstens gelang es ihnen, eine Neufassung durchzusetzen. So ist es Jefferson, der früh die Gefahren dieses Diskurses erkannte, wovon sein Entschluss zeugt, in seinen *Notes on the State of Virginia* nicht auf politische Angriffe (wie die Polemik Mablys) zu antworten, sondern auf die naturkundlich verbrämte Verunglimpfung. Während sich der treue Mazzei, Florentiner aus New-Haven und in Paris einer der besten Fürsprecher der unabhängigen Vereinigten Staaten, der »beiden Abbés« (Raynal und Mably) annahm, packte Jefferson das Übel an der Wurzel. Die politische Verteidigung der Vereinigten Staaten vor der französischen Öffentlichkeit konnte nur dadurch erfolgen, dass zunächst die physische und ökonomische Lebensfähigkeit bewiesen wurde. Mochten andere die Kritik oder die Ressentiments gegenüber den amerikanischen Institutionen widerlegen, die von überallher zu hören waren. Für Jefferson war es am dringlichsten, das desaströse Bild eines dekadenten Amerika geradezurücken – ein Bild, das sich kaum mit dem erneuerungswilligen Ehrgeiz und dem idealistischen Schwung der führenden Köpfe des neuen Staates vereinbaren ließ. Nichts weniger als die Glaubwürdigkeit der gewaltigen politischen Erneuerung, zu deren wichtigsten Architekten er gehörte, verlangte es, dass der negativen Mythologie Buffonscher Prägung der Boden entzogen wurde.

In seinen *Notes* antwortete Jefferson *en bloc* auf die Verächter der Neuen Welt – aber mit einem feinen Sinn für die Hierarchien und mit einem vollkommenen Gespür dafür, wie das von ihm avisierte Publikum, die philosophisch gebildete Pariser Intelligentia, am besten zu gewinnen war. So strafte er De Pauw (der nicht einmal Franzose war) mit Missachtung. Raynal schalt er aus – heftig zwar, aber kurz und bündig. Er schrieb ihm die auf die amerikanischen Weißen bezogene Degenerationsthese zu und warf ihm vor, leichtfertig behauptet zu haben, Amerika habe keine genialen Männer hervorgebracht. Was falsch sei, wie Jefferson nun anhand dreier Gegenbeispiele nachwies: Washington, Franklin und Ritten-

---

30 Raynal, *Histoire des Deux Indes …*, Genf, 1780, Bd. IV, S. 459.

house. Angesichts von drei Millionen Einwohnern ein guter Schnitt, der dem europäischen entspreche.[31]

Vor allem aber widerlegte er Punkt für Punkt Buffon. Er ging dabei so weit, auf mehreren Seiten seine eigenen Tabellen vorzulegen und das Gewicht der Tiere auf beiden Kontinenten zu vergleichen. »Wiegt und urteilt!«, bedeutete Jefferson seinen französischen Lesern. Urteilt zuerst! Urteilt darüber, ob es annehmbares *fair play* ist, Amerika gegen den Rest der Welt auszuspielen. Ist es nicht gerechter, einen Teil der Welt dem anderen gegenüberzustellen, in diesem Fall, weil der Streit aus Europa kommt, Amerika gegen Europa und *nur* gegen Europa? Und dann wiegt! Und seht, ob euer Bär mit seinen 153,7 Pfund den unseren (418 Pfund) aufwiegt.[32] Und seht auch, wie sich die beiden Tabellen am oberen Ende unterscheiden: Weit vor dem Bären, eurem größten Tier, haben wir den Bison mit 1800 Pfund, ja vielleicht sogar jenen Riesen, von dem Skelette gefunden wurden und von dem die Delaware-Indianer behaupten, es gebe ihn noch im Nordwesten, ein Mastodon namens *mammoth*. Doch auch ohne diesen vielleicht ausgestorbenen Champion der amerikanischen Größe zeige der Gegenbeweis zur Genüge, dass es dem Grafen Buffon an Vorsicht, wenn nicht an Urteilsvermögen gebrach. Seine dreifach »belegte« Ansicht (artgleiche Tiere sind in der Neuen Welt kleiner als in der Alten; die der Neuen Welt eigenen Tierarten sind besonders klein; die in beiden Welten domestizierten Arten degenerieren in Amerika) werde durch die von ihm selbst empfohlene komparative Methode zur Gänze entkräftet – wenn man mit derselben nur sorgfältig genug verfahre. Die Betrachtungen Buffons zum allgemein feuchten und kalten Klima in Amerika wurden von Jefferson fast gnädig behandelt. Er merkte lediglich an, dass immerhin die Luftfeuchtigkeit in Philadelphia unter der in Paris und London gemessenen liege. Im übrigen hinterfragte er, immer mit dem nötigen Respekt, die wissenschaftliche Fundiertheit der Ansichten des Grafen Buffon, der die Feuchtigkeit für eine grundsätzlich dem Leben abträgliche Bedingung zu halten schien. Nein, schloss Jefferson, nichts berechtige den »*celebrated Zoologist*« (den er im Original zitiert) dazu zu schreiben, die »lebende Natur in Amerika« sei »weit weniger aktiv, weit weniger stark«[33] als in der Alten Welt.

So erschrieb sich der Gründervater, der Leser Montesquieus und der englischen Konstitutionalisten, der Architekt der politischen Neuen Welt

---

31 Rittenhouse, das dritte amerikanische »Genie«, war Astronom und Erfinder.

32 Jefferson, *Notes …,* a.a.O., S. 51

33 Buffon, zitiert nach Jefferson (*Notes …,* S. 48) in der Pariser Ausgabe von 1764 (XVIII, S. 122).

die Gunst der aufgeklärten Öffentlichen Meinung; so plädierte er im Ge-
wand des Geometers, des Meteorologen, des Botanikers für Amerika. Erstaunt und amüsiert sieht man ihn, den Schalk im Nacken, Nieder-
schlagswerte aneinanderreihen, botanische Varietäten vorführen und den
Messstab an das herabgewürdigte Bestiarium der amerikanischen Heimat
anlegen. Der amerikanischen Natur ihr Leben zurückzugeben ist nicht
mehr Sache der Naturgeschichte, sondern Sache der Geschichte als solcher. Es sieht ganz so aus, als hänge das politische und diplomatische
Schicksal der Vereinigten Staaten, die Festigung der jungen Republik
auch (oder gerade?) von der Entwurzelung der merkwürdigen Vorurteile
ab, die von der Wissenschaft der Philosophen zum Schaden des neuen
Kontinents genährt wurden.

So sehen die Tatsachen, so sehen die Zahlen aus, wiederholte Jefferson
und führte sogar Musterexemplare vor. Er schenkte Buffon, der neugierig
auf den *elk* war, einen *moose* aus Vermont. Die Trophäe und die Expedi-
tion kosteten ihn 60 Guinées, unter denen er ächzte. Aber Jefferson hatte
verstanden, dass die Schlacht nicht auf dem abgegrenzten Feld der Wissenschaft und unter Gelehrten stattfand. Sie wurde jetzt an der viel breite-
ren Front der kollektiven Vorstellungen geschlagen. Da die Herren Natur-
wissenschaftler den amerikanischen Puma nun einmal zu einem »feiger-
zigen Tiger« degradiert hatten, sollte man seine Zeit und sein Geld nicht
damit vergeuden, die unglückliche Raubkatze zu rehabilitieren. Besser
war es, der europäischen Phantasie einen erfundenen großartigen Riesen-
luchs zum Fraß vorzuwerfen, wie Jefferson es tat. Anders ging es nun mal
nicht. Der europäisch-amerikanische Krieg der Bilder war ausgebrochen.

Aus dem Französischen von Matthias Drebber

Hartmut Kaelble

Wie die Europäer Amerika sahen

*Die USA und das europäische Selbstverständnis
im 19. und 20. Jahrhundert*

An den Beziehungen zwischen Europa und den USA hat sich in jüngster Zeit etwas verändert, auch wenn wir noch nicht absehen können, wie tief der Umbruch war und wie weit die Konsequenzen gehen. In der Debatte über den Irakkrieg 2003 schien für manche Beobachter die USA zum neuen Feindbild vieler Europäer und zum neuen Angelpunkt der europäischen Identität geworden zu sein, europäischer Multilateralismus gegen amerikanischen Unilateralismus, europäische Menschenwürde gegen amerikanische Todesstrafe, europäische Umweltsensibilität gegen amerikanische Ablehnung des Kyoto-Protokolls, europäischer Wohlfahrtsstaat gegen amerikanischen Kontrast von Arm und Reich, europäische öffentliche Sicherheit gegen amerikanischen privaten Waffenbesitz. Weder Russland, noch Ostasien, noch Schwarzafrika, nicht einmal die arabische Welt schienen so sehr Gegenpol zu Europa zu sein wie die USA. Dieser Umbruch sah 2003 auch deshalb so heftig und überraschend aus, weil die öffentliche Debatte nicht allein von Europäern, sondern auch vom Umfeld der amerikanischen Regierung aufgerührt wurde – mit Bildern vom entscheidungsfreudigen amerikanischen Mars und der unentschiedenen europäischen Venus und mit Reizworten vom »Alten Europa«.

Trotzdem stimmt diese Beschreibung eines Bruchs von 2003 nicht, und zwar aus drei Gründen, die im Folgenden in der Form von drei historischen Thesen ausführlicher diskutiert werden sollen: Die erste These bezieht sich auf den Grundcharakter der europäischen Identität, einer multiplen Identität, in der grobe Feindbilder nur schwer entstehen können und daher auch für ein Feindbild USA kaum Chancen bestehen. Die zweite These richtet sich gegen die Vorstellung, dass die USA erst in allerjüngster Zeit, besonders in der Debatte über das Verdikt Rumfelds vom »alten Europa«, eine Rolle für das europäische Selbstverständnis zu spielen begann. Ganz im Gegenteil waren die USA schon seit dem Ende des 19. Jahrhundert ein zentrales Objekt des europäischen Selbstverständnisses, wenn auch mit starken Veränderungen. Die dritte These befasst sich mit den jüngsten Veränderungen und stellt die wachsende Bedeutung der imperialen USA für das Bild der Europäer heraus.

Die Geschichte des europäischen Bildes von den USA hatte allerdings während der letzten rund hundert Jahre mehrere Dimensionen, war nicht nur wichtig für die europäische Identität. Diese Dimensionen hängen alle eng miteinander zusammen. Deshalb sei am Anfang ganz kursorisch und kurz zuerst an alle Dimensionen erinnert, bevor danach die drei Thesen zu einer dieser Dimensionen, zur Rolle der USA für die europäische Identität, vorgetragen werden.

1. Dimensionen der europäischen Amerikadebatte

Die wichtigste und älteste Dimension der europäischen Amerikadebatte war die Geschichte des *Modells USA* für die Europäer. Häufig waren die USA ein wirtschaftliches und gesellschaftliches Modell, das Modell eines riesigen dynamischen Marktes, einer effizienten Unternehmensführung, einer größeren Innovationsfähigkeit, aber auch eines außergewöhnlich hohen Wohlstands und Massenkonsums. Häufig waren die USA auch ein politisches Modell einer Demokratie und Verfassung, aber auch einer Zivilgesellschaft, der gesicherten Bürgerrechte und der Bürgerpflichten, eines republikanischen Ideals. Häufig waren die USA schließlich ein kulturelles Modell für Film, Fernsehen, Musik, aber auch für besonders leistungsfähige Universitäten. Wie alle Modelle war auch das Modell USA unter Europäern umstritten. Dieses Modell änderte sich im Laufe der Geschichte auch grundlegend. Die USA waren um 1800 ein relativ kleines Land, weit kleiner als die großen europäischen Länder. Sie waren deshalb damals eher für europäische Zukunftsutopien gut. Um 1900 dagegen waren die USA in ihren demographischen und wirtschaftlichen Dimensionen weit über die großen europäischen Länder hinausgewachsen, hatten aber noch keine wirklich weltpolitische Bedeutung, waren Gegenstand für europäische Spekulationen. Um 2000 waren die USA die einzige Supermacht der Welt und deshalb für Analysen gut.

Eng damit hing eine zweite Dimension des europäischen Bildes von den USA zusammen, die *Amerikanisierung* Europas durch die USA. Explizit gab es die Ängste vor einer amerikanischen Dominanz vor allem seit dem Ende des 19. Jahrhunderts, also seit der Zeit, als die USA die großen europäischen Länder überflügelt hatten. Seit damals bewegte die Europäer dieses Thema, teils als *wirtschaftliche* Amerikanisierung und als ein Übergewicht der großen amerikanischen Unternehmen auf dem Weltmarkt verstanden, teils als *soziale und kulturelle* Amerikanisierung, als Durchsetzung des amerikanischen Lebensstils, des amerikanischen Konsums, der Fast-Food-Läden, Supermärkte, der Einkaufszentren auf der grünen Wiese, der Autobahnen, aber auch der Ausbreitung der amerikanischen Familie und Geschlechterrollen, des amerikanischen Städtebaus, der amerikanischen Einstellung zu Geld, zu Wirtschaft, zu Kultur. Teilweise wurde sie auch als *politische* Amerikanisierung, als Pax americana, als amerikanische Hegemonie in der Weltpolitik verstanden. Amerikanisierung war in erster Linie eine breite Debatte unter Europäern. Ob diese Repräsentationen eine wirkliche Amerikanisierung widerspiegelte und wie stark gleichzeitig die Europäisierung der USA war, ist eine andere, hochinteressante Frage, die aber hier beiseite gelassen werden soll.

Eine dritte, wiederum davon nicht wirklich abzutrennende Dimension ist die Geschichte des europäischen *Antiamerikanismus*, vor allem die Geschichte der antimodernen Strömungen in Europa, die sich Amerika als Symbol der Moderne aussuchten und ihren Antimodernismus über Kritik an Amerika auszudrücken und zu popularisieren versuchten, aber auch eine Geschichte dessen, was die amerikanischen Regierungen und die amerikanische Öffentlichkeit als antiamerikanisch in Europa verstanden und wie sich die Europäer zu diesen amerikanischen Vorwürfen von europäischem Antiamerikanismus stellten.

Eine vierte, heute neu erscheinende, aber gar nicht so neue Dimension ist schließlich die *europäische Identität und die USA*. Wenn Europäer über das amerikanische Modell oder über die Amerikanisierung Europas diskutierten, ging es nicht selten gleichzeitig um das eigene europäische Selbstverständnis. Was an Europa Besonderes war und womit sich Europäer im Positiven oder im Negativen identifizierten, wurde nicht selten im Unterschied zu den USA bestimmt. Um diese Dimension wird es auch auf den folgenden Seiten gehen. Mein Argument: Die USA spielen schon seit dem späten 19. Jahrhundert, also seit mehr als hundert Jahren, eine besondere Rolle für die Selbstfindungsdebatte der Europäer über Europa, für das europäische Selbstverständnis. Was aber als europäisch im Unterschied zu den USA angesehen wurde und wie dieser Unterschied in der Öffentlichkeit für eine europäische Identität eingesetzt wurde, hat sich in dem vergangenen Jahrhundert tiefgreifend gewandelt und scheint sich in der Gegenwart wieder grundlegend zu verändern.

Wie schon angekündigt werde ich zuerst kurz auf die Besonderheiten des europäischen Selbstverständnisses eingehen, ohne die die Rolle der USA für die europäische Identität nur schwer zu verstehen ist, danach die großen Veränderungen in der Rolle der USA für das europäische Selbstverständnis behandeln und am Ende darauf zurückkommen, was sich in der Gegenwart zu ändern scheint, mit aller Vorsicht, da man sich natürlich in der historischen Einordnung der eigenen Gegenwart leicht irren kann.

2. Die Europäische Identität und ihre Besonderheiten

Die Rolle der USA für die europäische Identität lässt sich nur schwer verstehen, wenn man sich nicht den besonderen Charakter der europäischen Identität vor allem seit dem Zweiten Weltkrieg, aber auch schon seit dem späten 19. Jahrhundert vor Augen hält. Fünf Eigenarten der europäischen Identität waren dabei besonders wichtig. Auf diese Eigenarten kann nur kursorisch eingegangen und ihr Wandel nicht näher behandelt werden.

1. Das europäische Selbstverständnis war lange Zeit primär eine kulturelle und soziale, keine politische Identität. Es war eine Identifizierung mit einer Kultur, mit Werten, Lebensstilen, mit Kunst und Landschaften, mit Geschichte und einem Bildungskanon, aber lange Zeit keine Identifizierung mit einem politischen Entscheidungszentrum oder mit einer Verfassung, weil beides fehlte. Darin unterschied sich das europäische Selbstverständnis lange Zeit von nationalen Identitäten, die entweder politische Identitäten waren oder politische Identitäten werden wollten. Die europäische Identität drehte sich erst in der letzten Zeit um das politische Entscheidungszentrum in Brüssel, blieb aber auch dann symbolarm. Das lässt sich gut an der europäischen Hauptstadt, an Brüssel, vor Augen führen: Kein Planer hatte bisher die Absicht, diese Hauptstadt mit den Symbolen eines politischen Machtzentrums auszustatten. Die Gebäude der wichtigen Institutionen, das Parlamentsgebäude, das europäische Ratsgebäude und das Kommissionsgebäude liegen relativ wahllos und unverbunden in einem Viertel der Stadt. Die üblichen Symbolbauten von nationalen Hauptstädten, der repräsentative Platz vor den Staatsgebäuden, die Nationaldenkmäler, das Nationalmuseum, die Nationalbibliothek, die nationale Akademie, der Justizpalast, der Präsidentenpalast fehlen in Brüssel. Weil die europäische Identität lange Zeit einen vorrangig wirtschaftlichen und kulturellen Charakter besaß, spielten die USA für sie vor allem als wirtschaftliches, soziales oder kulturelles Modell, als Wirtschaftsmacht und Lebensstil eine wichtige Rolle, aber kaum einmal als politischer Gegenpol zu Europa. Diese Tradition bleibt wichtig.

2. Die europäische Identität baute nicht, wie viele nationale Identitäten des 19. und 20. Jahrhunderts, darunter auch die amerikanische Identität, auf einem Befreiungskrieg oder einem gewaltsamen Aufstand, also auf positiv konnotierter Gewalt für eine nationale Unabhängigkeit auf. Ganz im Gegenteil war die europäische Identität in der Form, wie sie sich nach dem Zweiten Weltkrieg entwickelte, auf die Vermeidung von Kriegen nach der katastrophalen Erfahrung zweier Weltkriege in Europa ausgerichtet. Gewalt und europäische Identität verbanden sich daher nicht,

sondern standen in einem Gegensatz zueinander. Die Rolle, die die USA für die europäische Identität spielten, hatte daher auch mit kriegerischen Beziehungen wenig zu tun, obwohl die USA im 20. Jahrhundert massiv in die Kriege in Europa intervenierten. Deshalb lässt sich die Bedeutung der USA für die europäische Identität nur schwer mit anderen transnationalen Identitäten, etwa mit der Rolle des Westens für die arabische Identität oder die Rolle der Türken für die frühneuzeitliche europäische Identität vergleichen. In diesen Identitäten waren Gewalt und Krieg zentral.

3. Die europäische Identität war immer eine multiple Identität. Europäer identifizierten sich in aller Regel nicht allein mit Europa, sondern fast immer auch mit ihrem eigenen Land, oft auch mit ihrer Region und mit ihrer Stadt, manchmal auch mit größeren Einheiten als Europa, etwa mit dem Westen als Ganzem. In diesen multiplen Identitäten war die Identifizierung mit Europa selten die vorrangige Identität, die alle anderen Identitäten verdrängte. Darin unterschied sich die europäische Identität von nationalen Identitäten, die in wichtigen Phasen der Geschichte die durchschlagende, letztlich verbindliche Identität zu sein beanspruchte, an der man sein Leben ausrichtete und für die man auch starb. Zu diesem absoluten Anspruch der nationalen Identität gehörten oft auch entsprechende Feindbilder, die eine dauerhafte, unüberwindbare, auf absolutem Hass aufbauende Feindschaft konstruierten. Derartige Feindbilder und die dazu gehörigen Praxen der Hasssymbole, der verzerrenden Literatur und Geschichtsschreibung finden in multiplen Identitäten schwerer einen Platz. Multiple Identitäten sind dafür zu kompliziert: Auf der europäischen Ebene war der Andere, an dem sich diese Identität maß, ganz selten dieselbe Gesellschaft, wie für die nationale oder regionale oder lokale Identität. Aus diesem Grund spielten die USA für die europäische Identität nicht dieselbe Rolle wie die Feindbilder für nationale Identitäten des 19. und frühen 20. Jahrhunderts, etwa das napoleonische Frankreich für Deutschland oder das deutsche Kaiserreich für Frankreich. Das Bild der USA blieb differenzierter, die Bedeutung von Negativbildern der USA begrenzter.

4. Die europäische Identität war lange Zeit und ist bis heute eine Elitenidentität, eine Identität der höher Qualifizierten, der Erfolgreichen, der Aufgestiegenen oder Gesicherten. Wirtschaftlich Bedrohte, Deklassierte oder Verarmte identifizierten sich selten mit Europa. Die Angehörigen der Milieus, die die europäische Identität trugen, waren meist gut ausgebildet, reisten viel, informierten sich häufig über andere, auch über außereuropäische Gesellschaften, waren oft kosmopolitisch, an anderen Lebensstilen und anderen Kulturen interessiert. Die persönliche Erfah-

rung oder das dichte Wissen von anderen Gesellschaften verhinderten in der Mehrheit der Fälle, dass die Bilder anderer Gesellschaften, so auch das Bild der USA, extrem einseitig und ohne Verständnis waren.

5. Die europäische Identität definierte sich schließlich auch nicht immer in antagonistischer Auseinandersetzung mit anderen Gesellschaften. Die theoretische Grundannahme, dass jede Identität einen Konflikt, einen »clash«, einen kalten oder heißen Krieg mit anderen Gesellschaften braucht, um sich selbst zu vergewissern, ist verbreitet, aber in dieser Allgemeinheit nicht nachweisbar. Mehr noch als für andere Identitäten trifft diese theoretische Annahme auch für die europäische Identität nur begrenzt zu. Ohne Zweifel gab es im Verlauf der vergangenen zweihundert Jahre Arten von europäischen Identitäten, die sich in antagonistischer Absetzung und im Konflikt mit anderen Gesellschaften definierten. Die europäischen Überlegenheitsvorstellungen, auf die gleich zurückzukommen sein wird, und die vor allem vor dem Ersten Weltkrieg vorherrschend waren, gründeten ebenso auf einer antagonistischen Abgrenzung oder auf Konflikt wie die europäischen Bedrohungsidentitäten, die vor allem vom Ersten Weltkrieg bis in die Nachkriegszeit des Zweiten Weltkriegs verbreitet waren, aber auch die Art von europäischer Identität, die Europa als Teil der gegenüber der Dritten Welt überlegenen modernen Welt ansah und vor allem in den 1950er und 1960er Jahren debattiert wurde. Aber andere Arten von europäischen Identitäten, die entweder mehr auf das Verständnis des Anderen ausgerichtet waren oder sich allein um Europa und dessen innere Vielfalt drehten, bauten nicht auf einer solchen antagonistischen Sicht der Welt auf. Deshalb musste auch in den Epochen, in denen die USA eine zentrale Rolle für die europäische Identität spielte, das europäische Selbstverständnis nicht zwingend auf einem antagonistischen Konflikt mit den USA aufbauen.

3. Die Epochen des europäischen Selbstverständnisses und die Rolle der USA

Damit sind wir bei der historischen Entwicklung des europäischen Selbstverständnisses. In dem Zeitraum, in dem die USA eine Rolle für das europäische Selbstverständnis spielten, also seit dem späten 19. Jahrhundert, kann man drei große Epochen unterscheiden: die Periode des verunsicherten europäischen Selbstverständnisses während der letzten Jahrzehnte vor dem Ersten Weltkrieg, die Periode der tiefen Krise des europäischen Selbstverständnisses zwischen dem Ersten Weltkrieg und den 1960er Jahren und schließlich die Epoche der Rückkehr des europäischen Selbstvertrauens seit den 1960er und 1970er Jahren. Man kann diese Epochen noch weiter unterteilen, aber für diesen kurzen Essay bieten diese groben Perioden einen besseren Überblick. In jeder dieser Perioden spielte die USA eine wichtige Rolle, die sich allerdings veränderte.

Die erste Epoche, die letzten Jahrzehnte vor dem Ersten Weltkrieg, war eine Zeit, in der sich die Europäer im Allgemeinen gegenüber allen anderen Gesellschaften der Welt überlegen fühlten. Diese Überlegenheit war in europäischen Augen umfassend, eine militärische ebenso wie wirtschaftliche, eine kulturelle ebenso wie eine wissenschaftliche, eine politische ebenso wie eine intellektuelle Überlegenheit. Sie war in den Augen der Europäer vor allem auch dauerhaft. Der europäische Vorsprung ließ sich, dies dachten die meisten Europäer, nur schwer von anderen Gesellschaften aufholen. Diese Suprematie Europas war für die damaligen Europäer so selbstverständlich, dass sie selten darüber diskutierten. Auch die europäischen Kritiker Europas, die die von der europäischen Dynamik unberührten Gesellschaften Chinas, Indiens, Afrikas oder Ozeaniens für die besseren und glücklicheren hielten, gingen von dieser Überlegenheit aus, bewerteten sie nur umgekehrt.

In den letzten Jahrzehnten vor dem Ersten Weltkrieg wurden die USA zur schärfsten Herausforderung für diese europäischen Überlegenheitsvorstellungen. Die USA überholten die großen europäischen Länder in der Größe der Bevölkerung und der Wirtschaft, waren wirtschaftlich und gesellschaftlich dynamischer. Die USA wirkten aber auch deshalb nachhaltig als Modell, weil sie kein europäisches Land militärisch oder politisch bedrohten. Um die USA drehten sich daher die Selbstverständnisdebatten der liberalen und konservativen Europäer besonders stark, und zwar vor allem um zwei Themen: die geringere wirtschaftliche Dynamik Europas und ihre geringeren sozialen Freiheitsräume.

In der europäischen Selbstverständnisdebatte um die Wirtschaft standen sich Kritiker und Verteidiger dieser gebremsten wirtschaftlichen Dynamik Europas gegenüber. Die Kritiker, die den Europäern das Modell USA vorhielten, bemängelten vor allem das schwache europäische Arbeitsethos auch unter Unternehmern, den unrationalen europäischen Umgang mit der Zeit, aber auch die fehlende Verantwortung der europäischen Bürger für ihre Gemeinde, ihre Stadt, ihre Gesellschaft. Die Verteidiger der gebremsten europäischen Wirtschaftsdynamik dagegen lehnten das Modell der USA ab und sahen die Vorzüge Europas in einer größeren Kultiviertheit der Elite, auch der Wirtschaftselite, einem angenehm geringen Leistungsdruck, einer größeren Vielfalt der Berufe, besonders der handwerklichen Berufe, und in einer größeren ästhetischen Schönheit der europäischen Städte, die sich von der utilitaristischen Hässlichkeit amerikanischer Städte abhob.

In der Debatte um die geringeren europäischen sozialen Freiheitsräume ging es besonders um Frauen, um Jugendliche und um Unterschichten. Für viele liberale Europäer war die amerikanische Frau bewundernswert, ihr freier Auftritt in der Öffentlichkeit, ihre Bildungs- und Berufschancen, ihre Gleichrangigkeit mit dem Mann. Andere Europäer empfanden die amerikanische Frau als Schock und verteidigten die Grenzen, die in Europa den Frauen damals gezogen wurden. Die liberale Erziehung der amerikanischen Jugendlichen in den Familien sahen viele Europäer ebenfalls als ein Modell an und empfahlen sie dem autoritär erziehenden Europa. Andere Europäer, wie etwa der deutsche Nationalökonom Gustav Schmoller, verteidigten Europa und seine »wahre Jugend mit ihrem frohen Spiel, ihrem Kindessinn und ihrer Poesie«. Die meisten Europäer kritisierten schließlich die scharfen sozialen Ausgrenzungen der Unterschichten, die größere Unterwürfigkeit und die geringeren Aufstiegschancen für die Unterschichten und begeisterten sich für den egalitäreren Umgang der Amerikaner mit den Unterschichten und für die angeblich großen Aufstiegschancen vom Tellerwäscher zum Millionär. Die größere wirtschaftliche Dynamik und die weiteren sozialen Freiheitsräume der USA beunruhigten die europäischen Überlegenheitsgefühle und wurden der Maßstab für eine radikalere, erfolgreiche Moderne.

Danach folgte die europäische Urkatastrophe des Ersten Weltkriegs und eine Zeit der tiefen Krise des europäischen Selbstverständnisses. Diese Krise dauerte fast ein halbes Jahrhundert. »Ein großer Teil des Kontinents wurde krank und lag im Sterben«, schrieb der britische Ökonom John Maynard Keynes über die Nachkriegszeit nach dem Ersten Weltkrieg. »Jetzt ist das Bewusstsein, mitten in einer heftigen, Untergang drohenden Kulturkrise zu leben, bis in breite Schichten hindurchgedrungen«, warnte der Historiker Johan Huizinga 1935. »Den Zusammenbruch der Zivilisation als möglich zu erwägen, ist etwas sehr anders, als ihn wahrhaftig vollziehen zu sehen«, klagte 1949 der Schriftsteller Klaus Mann. Diese Krise des europäischen Selbstverständnisses, das Europa im materiellen und moralischen Niedergang sah, verschärfte sich zunehmend, erreichte ihren Höhepunkt in der Nachkriegszeit nach dem Zweiten Weltkrieg mit seinen vielen Millionen von Toten und seinen Genoziden. In dieser tiefen Krise wurden die einstigen europäischen Überlegenheitsgefühle durch Unterlegenheitsgefühle verdrängt. Bedrohungsängste machten sich breit. Die Europäer entwickelten gleichzeitig eine Art von tröstendem Rest an Überlegenheitsgefühl, das sich mit dem Glauben an die größere Kultiviertheit und an den raffinierteren Geschmack der Europäer, an die größere Genialität der europäischen Künstler, Wissenschaftler und Erfinder, an die größeren individuellen Entfaltungsspielräume von großen europäischen Individuen über die Krise hinweg zu trösten versuchte.

Die USA wurden mehr als die UdSSR die Gesellschaft, an der sich dieses Krisengefühl maß und rieb. Sie erschien den Europäern jetzt zunehmend als die eindeutig überlegene Gesellschaft, die Europa zwar nicht politisch und militärisch wie die UdSSR, aber doch wirtschaftlich und kulturell zu dominieren drohte. Sie war auch die Gesellschaft, an der sich die verletzten Überlegenheitsgefühlen abarbeiteten. Die USA wurden deshalb von Europäern oft als kulturlos, als geschmacklos, als ungenial und als konformistisch angesehen. Sie wurde jetzt eher noch kontroverser diskutiert als vor 1914 und von anderen Europäern nicht nur als Modell für Spezialfragen wie wirtschaftliche Dynamik und soziale Freiheiten, sondern als grundlegend materiell und moralisch überlegenes Modell für Europa gepriesen.

Die dritte Epoche des europäischen Selbstverständnisses setzte allmählich in den 1960er und 1970er Jahren ein. Die tiefe Krise des europäischen Selbstverständnisses lief langsam aus, das Selbstvertrauen kehrte zurück, da seit dieser Zeit der europäische Lebensstandard wieder anstieg und es darüber hinaus zumindest in Westeuropa gelang, einen stabilen innereuropäischen Frieden und eine funktionierende Demokratie zu sichern. Seit den 1980er Jahren begann man sogar wieder von einem europäischen Modell zu sprechen, innerhalb Europas ebenso wie außerhalb. Wiederum waren die USA ein wichtiger Maßstab für diese Rückkehr des Selbstvertrauens, da der amerikanische materielle und politische Vorsprung der vorhergehenden Krisenzeit wieder verschwand. Aber es gab jetzt stärker als zuvor auch andere Maßstäbe, vor allem die aufsteigende Wirtschaft Ostasiens.

Ganz ohne Zweifel war diese Epoche keine Rückkehr zum europäischen Überlegenheitsgefühl der Zeit vor 1914. Das hatte mehrere handfeste und dauerhafte Gründe. Der Schock der Erfahrung zweier Weltkriege saß tief. Das europäische Selbstvertrauen blieb daher immer schwankend und brüchig. Darüber hinaus gab es auch keine Rückkehr zur alten dominierenden Rolle Europas in der Weltpolitik, da sich in dieser Zeit die europäischen Kolonialimperien auflösten. Zudem begann in dieser Epoche der wirtschaftliche Aufstieg Ostasiens, der den europäischen Wirtschaftsraum wirtschaftlich auf den dritten Platz zu verweisen drohte. Schließlich ließ sich die Geschichte vor allem auch deshalb nicht zurückdrehen, weil die USA nach dem Zusammenbruch der UdSSR die alleinige globale Supermacht und das unbestrittene Machtzentrum der Welt waren.

Das europäische Selbstverständnis hatte in dieser Epoche einen anderen Charakter als vor 1914. Die europäische Selbstverständnisdebatte war nicht mehr eine Debatte um ein Europa in der Verunsicherung oder gar in der Krise. Sie wurde nicht mehr durch einen Niedergang Europas ausgelöst, sondern teils durch das Ende des Ost-West-Konflikts und der Teilung Europas, teils durch den Aufstieg der Europäischen Union zum politischen Repräsentanten West- und Mitteleuropas. In dieser Debatte Modernität auch anders definiert als zuvor. Unter Modernität, damit auch europäischer Modernität, verstand man nun vor allem Wirtschaftsleistung, Lebensstandard, Chancengleichheit, Bildung, Menschenrechte. Die Kernelemente des europäischen Selbstverständnisses wurden jetzt Demokratie, Friedenssicherung, auch bestimmte politische Werte wie Gewaltfreiheit, Ablehnung der Todesstrafe oder des privaten Waffenbesitzes, Umweltschutz, Verhandlung und Verträge als Instrumentarien der internationalen Politik, soziale Sicherung. Die Vorstellung einer multiplen Modernität, nicht mehr einer ausschließlich westlichen Modernität, wurde mehr und mehr der normale Blick auf die außereuropäische Welt. In dieser Vorstellung gehen unterschiedliche Kontinente und Kulturen verschiedene Wege der Modernität, die man zu verstehen versucht. Vor allem drehte sich die europäische Selbstverständnisdebatte nicht mehr nur um kulturelle und soziale Besonderheiten Europas, sondern ganz wesentlich auch um die Politik des entstehenden europäischen Entscheidungszentrums. Diese Debatte um Europa legitimierte, beriet, kritisierte oder verwarf nun die Politik der Europäischen Union und hatte dabei eine weit größere Bedeutung für die Öffentlichkeit, nicht nur für Expertenöffentlichkeiten, sondern auch für die allgemeine Öffentlichkeit, vor allem, wenn Volksabstimmungen anstanden. Für diese Veränderungen des europäischen Selbstverständnisses spielten die USA nicht mehr die zentrale Rolle wie in den früheren Epochen.

4. Ändert sich die Rolle der USA für die europäische Identität?

Kann man – bei aller Vorsicht der Einordnung der Gegenwart in die längere Geschichte – in den letzten Jahren von einem Umbruch in der Rolle der USA für die europäische Identität sprechen? Man täuscht sich, wenn man den Umbruch darin sieht, dass der amerikanische Verteidigungsminister Donald Rumsfeld eine heftige europäische Selbstverständnisdebatte auslöste. Die Debatte über die europäische Identität drehte sich mit Sicherheit nicht erst seit damals um die USA. Schon seit rund einem Jahrhundert spielten die USA eine zentrale Rolle für die europäische Identität, eine bedeutendere Rolle jedenfalls als die benachbarte arabische Welt oder Ostasien oder Afrika. Rumsfeld war nur ein kurzes Ereignis in einer langen Geschichte, in der immer wieder intensive Debatten stattfanden. Der Bruch der letzten Jahre lag anderswo.

In den europäischen Identitätsdebatten besaßen die USA lange Zeit drei miteinander vermischte Gesichter: Die USA waren Modell, sie waren Führungsstaat in der gemeinsamen Konfrontation mit der kommunistischen Welt und sie waren hegemoniale Supermacht. Das veränderte sich in den letzten Jahren ganz entscheidend.

Die Rolle der USA als *Modell* blieb nicht dieselbe. In der europäischen Selbstverständnisdebatte waren die USA das herausforderndste Modell der Moderne gewesen, das Europa entweder überlegen war oder an dem sich zumindest das Überlegenheitsbewusstsein der Europäer wund gerieben hatte. Die USA waren – das wurde schon anfangs erwähnt – ein wirtschaftliches oder ein soziales und kulturelles oder ein politisches Modell gewesen, nicht selten auch alles auf einmal. Jedenfalls widersprach das Modell USA den europäischen Überlegenheitsgefühlen, die sich seit dem 18. Jahrhundert gegenüber allen anderen Gesellschaften der Welt und auch gegenüber den eigenen peripheren Gesellschaften im Osten und Süden Europas entwickelt hatten. Die Debatte über die USA spielte deshalb für das europäische Selbstverständnis eine ganz besondere Rolle.

In den letzten Jahren verloren die USA diesen Charakter eines einzigartigen Modells mehr und mehr. Für die Europäer waren die USA nicht mehr so eindeutig das Land der größeren Effizienz, des glänzenden Wohlstandes und der stabileren Demokratie. Andere Modelle in und außerhalb Europas wurden für die Europäer ähnlich wichtig wie die USA. Die Europäer begannen zudem Europa als eine alternative Modernität anzusehen, vor allem in der sozialen Sicherung, in der Einstellung gegenüber Gewalt und Todesstrafe, gegenüber der Umwelt und in den multilateralen Prinzipien der internationalen Verhandlungen und Vereinbarungen statt der einseitigen Militärintervention. Gleichzeitig wurden sich die USA und Europa gesellschaftlich und wirtschaftlich immer ähnlicher und verflochten sich immer stärker. Der frühere markante Gegensatz zwischen der amerikanischen Moderne und der europäischen Traditionalität ging zurück. »Wir verfließen immer mehr miteinander«, so hat Susan Sonntag diese Situation kürzlich auszudrücken versucht.

Die USA waren auch immer weniger ein Führungsland in einem gemeinsamen Konflikt. Davor waren sie seit rund einem halben Jahrhundert, seit dem Beginn des Kalten Kriegs in den späten 1940er Jahren, die Führungsnation des Westens in einer gemeinsamen Konfrontation mit der kommunistischen Welt gewesen. Das europäische Selbstverständnis war zumindest in Westeuropa von diesem West-Ost-Konflikt unter Führung der USA entscheidend beeinflusst worden und hatte sich seit dem Beginn des Kalten Krieges mit einer westlichen Identität, mit einer Identifizierung mit dem *ganzen* Westen unter der Führung der USA verbunden.

Auch diese Konfrontation des alten atlantischen Westens mit dem kommunistischen Lager ist zu Ende gegangen. Die Identifizierung Europas mit dem von den USA geführten Westen verlor ihre alte Eindeutigkeit, da zu den Allianzpartnern der USA inzwischen auch Russland, China, Südostasien, Indien, lateinamerikanische und afrikanische Länder gehören. In dieser Vielzahl von globalen Allianzen erhielt deshalb die Suche nach einer europäischen Identität wieder eine größere Bedeutung. Seit Mitte der 1980er Jahre, als die Bedrohung durch das sowjetische Lager immer geringer wurde, debattierten daher nicht nur ostmitteleuropäische Dissidenten, sondern auch westeuropäische Intellektuelle wieder stärker über das europäische Selbstverständnis, unterstützt durch die Identitätssuche der Europäischen Union. Die jetzige amerikanische Regierung hat mit dem Irak-Krieg ein neues Konfrontationsszenario und damit auch eine neue Identifizierung mit einem von den USA geführten Krieg zu schaffen versucht, aber der irakische Diktator war für Europa keine mit dem sowjetischen Imperium vergleichbare Bedrohung. Die europäische Identitätsdebatte wurde durch den Irak-Krieg eher noch verstärkt.

Unverändert blieben die USA in den Augen der Europäer eine globale hegemoniale Supermacht. Spätestens seit dem Zweiten Weltkrieg stiegen die USA zu einer Weltmacht auf, die wirtschaftlich, militärisch und politisch weit gewichtiger wurde als die großen europäischen Mächte. Die europäische Identitätsdebatte wurde maßgeblich von dieser damals neuen und erschreckenden, heute selbstverständlich gewordenen weltpolitischen Unterlegenheit Europas gegenüber den USA bestimmt. Europa sah und sieht sich weltpolitisch als dauerhaft unterlegen an, hoffte durch den europäischen Zusammenschluss wieder ein erstrangiger Player in der Weltpolitik zu werden, allerdings nur neben und nach, sicher nicht vor den USA.

An diesem Bild der USA als hegemonialer Supermacht, die Europa weit überlegen ist, hat sich nichts geändert und wird sich auch auf absehbare Zeit nichts ändern. Die grundlegende Änderung der letzten Jahre bestand darin, dass sich das Bild der USA in den Augen der Europäer immer mehr auf diese globale amerikanische Hegemonie einengte und die USA als herausforderndstes Modell der Moderne und als führende Macht in einem *gemeinsamen* Konflikt eher an den Rand trat. Während sich Europa und die USA wirtschaftlich und kulturell immer ähnlicher wurden und immer stärker miteinander verflochten, spitzte sich im europäischen öffentlichen Bewusstsein der amerikanisch-europäische Unterschied immer mehr auf die amerikanische Hegemonie zu.

In dieser neuen Situation kann sich das europäische Selbstverständnis in mehreren Richtungen entwickeln. Die Europäer können die nationale

Option wählen und sich in einer Mischung aus Loyalität und kleinräumiger nationaler Interessenwahrnehmung der amerikanischen Führung anschließen oder sich auch aus rein nationalen Interessen von Fall zu Fall der amerikanischen Führung verweigern. Die Europäische Union kann sich aber auch neben China, Indien, Russland und Japan als neuer weltpolitischer Player in einer multipolaren Welt neben den USA verstehen und eine Verantwortung nicht nur für den eigenen Kontinent, sondern auch für die Weltpolitik übernehmen. Dafür fehlt Europa allerdings in absehbarer Zeit das Militärpotential. Niemand in Europa wünscht es. Europa kann sich schließlich auch als eine Art von Weltmacht ansehen, eine Weltmacht ohne Macht, ohne die militärische und politische Stärke der Supermacht USA, aber als einer der zentralen Pole der Weltwirtschaft und als ein energischer Repräsentant von globalen Werten der Menschenrechte, der Friedensicherung durch internationale Vereinbarungen und regionale Zusammenschlüsse, des Umweltschutzes. Weitere Optionen, die wir im Moment nicht erkennen können, mögen entstehen. Alle diese Optionen sind von einem tiefen Umbruch geprägt. Die alte atlantische ménage à deux, die alte exklusive Paarbeziehung zwischen einem modernen Modell USA und einem gerne altmodischen Europa, einem generösen und aufmerksam zuhörenden Hegemon USA und einem Europa ohne wirkliche Verantwortung ging offensichtlich zu Ende. Europa und die USA werden wirtschaftlich und sozial besonders eng verflochten bleiben. Aber welche dieser drei politischen Optionen Europa wählt oder ihm aufgedrängt werden, kann man derzeit noch nicht erkennen. Europa steht vor der Wahl.

Literaturhinweise:

Rémi Brague, Europe, la voie romaine, Paris 1992

Robert Frank, Les contretemps de l'aventure européenne, in: Vingtième siècle, no. 60 (oct.-déc. 1998)

René Girault, Hg., Identité et conscience européenne au XXe siècle, Paris 1994

René Girault, Das Europa der Historiker, in: Rainer Hudemann / Hartmut Kaelble / Klaus Schwabe, Hg., Europa im Blick der Historiker. Europäische Integration im 20. Jahrhundert: Bewußtsein und Institutionen, München 1995

Helga Grebing, Nationale und zivilisatorische Identitäten in Europa, in: Gewerkschaftliche Monatshefte 46, 1995

Michel Grunewald / Hans Manfred Bock, Hg., Der Europadiskurs in den deutschen Zeitschriften (1933-1939), Bern: Lang 1999 (andere Bände über frühere Epochen)

Hartmut Kaelble, Europäer über Europa. Die Entstehung des modernen europäischen Selbstverständnisses im 19. und 20. Jahrhundert, Frankfurt 2001

Hartmut Kaelble, European Self-Understanding in the 20th Century, in: Shmuel Eisenstadt / Jens Riedel / Dominic Sachsenmaier, Hg., Multiple modernities, Amsterdam Elsevier 2002

Martin Kohli, The battle-grounds of European identity, in: European societies 2.2000, S. 113-137

Mario Rainer Lepsius, Bildet sich eine kulturelle Identität in der Europäischen Union?, aus: Blätter für deutsche und internationale Politik 8, 1997

Paul Michael Lützeler, Die Schriftsteller und Europa. Von der Romantik bis zur Gegenwart, München 1992

Sharon Macdonald, ed., Approaches to European Historical Consciousness, Hamburg 2000

Henri Mendras, L'Europe des européens. Sociologie de l'Europe occidentale, Paris 1997

Michael Mitterauer, Die Entwicklung Europas – ein Sonderweg? Legitimations-ideologien und die Diskussion in der Wissenschaft, Wien 1999

Edgar Morin, Penser l'Europe, Paris 1987

Philippe Nemo, Hg., The European Union and the Nation-state, Paris 1997

Pascal Ory, Hg., L'Europe? L'Europe, Paris 1998

Jürgen Osterhammel, Die Entzauberung Asiens. Europa und die asiatischen Reiche im 18. Jahrhundert, München 1998

Luisa Passerini, Europe in love, love in Europe. Imagination and politics in Britain between the wars, London 1999

Elisabeth du Réau, L'idée d'Europe au XXe siècle. Des mythes au réalitées, Paris 1996

Jean-François Revel, L'obsession anti-américaine. Son fonctionnement, ses causes, ses inconséquences, Paris 2002

Philippe Roger, L'Ennemi américain : Généalogie de l'antiaméricanisme francais, Paris 2002

Wolfgang Schmale, Scheitert Europa an seinem Mythendefizit?, Bochum 1997

Alexander Schmidt-Gernig, Gibt es eine »europäische Identität«? Konzeptionelle Überlegungen zum Zusammenhang transnationaler Erfahrungsräume, kollektiver Identitäten und öffentlicher Diskurse in Westeuropa seit dem Zweiten Weltkrieg, in: Hartmut Kaelble / Jürgen Schriewer, eds., Diskurse und Entwicklungspfade. Gesellschaftsvergleiche in Geschichts- und Sozialwissenschaften, Frankfurt. 1999

Gregor Schöllgen, Der Auftritt. Deutschlands Rückkehr auf die Weltbühne, München 2003

Cris Shore, Building Europe. The cultural politics of European integration, London 2000

Bo Stråth, ed., Europe and the other and Europe as the other, 2nd ed., Frankfurt 2001

Bo Stråth, M. Malmborg, eds. The Meaning of Europe, Oxford 2002

Richard Swedberg, The Idea of »Europe« and the Origin of the European Union – a Sociological Approach, in: Zeitschrift für Soziologie 23, 1994

Emmanuel Todd, Weltmacht USA. Ein Nachruf, München 2003 (französ. Après l'empire. Essai sur la décomposition du système américaine, Paris 2002)

INGE MARSZOLEK

Das Amerikabild im »Dritten Reich«
Ambivalenzen und Widersprüche

Coca-Cola, bis heute die Ikone der Amerikanisierung der Welt schlecht-
hin,[1] leuchtete im »Dritten Reich« als Werbung an den Mauern des Sport-
palastes in Berlin. Zeppeline und »Schienen-Zepps«, hochmoderne Passa-
gierschiffe, die Brooklyn Bridge ebenso wie Schlachtschiffe, Flugzeuge
und stromlinienförmige Autos gehörten zum Bildrepertoire der Massenmedien in der Weimarer Republik wie im Nationalsozialismus. Amerikanische Stars wie Shirley Temple, Joan Crawford, Greta Garbo und Clark
Gable waren in Deutschland ebenso beliebt wie die Mickey Mouse oder
Goofy.

1920/21, so ist in den Erinnerungen von Oskar Maria Graf zu lesen,
schwärmte Adolf Hitler, der sich damals noch als Bohemien in München
zu etablieren suchte, an einem regnerischen Wintertag in einer Kneipe
von Henry Ford:

> »Da«, sagte er und hielt mir Henry Fords Buch *Der Internationale Jude*
> hin: »Das müssen Sie lesen. Es gibt auch ehrliche Amerikaner, die ganz
> so denken wie wir. Ford ist der größte Automobilfabrikant in Amerika
> und reiner Arier … Lesen Sie das einmal …«[2]

In der Literatur über den Amerikanismus bzw. die Amerikanisierung in
Deutschland werden allgemein die Zwanziger Jahre, also die Jahre, die
Detlev Peukert als die Krisenjahre der klassischen Moderne bezeichnete, als
entscheidend, ja als Wende angesehen. Philipp Gassert spricht von den Zwanziger Jahren als einer Schlüsselperiode für das Selbstverständnis der Deutschen im »amerikanischen Jahrhundert«. Amerikanisierung wurde zur
Chiffre für die Transformation der deutschen bzw. europäischen Kultur.[3]

---

1   Das Enthüllen der Coca-Cola-Reklame im Film *Goodbye Lenin* von Wolfgang
    Becker ist hierfür ein wunderbares ironisches Zitat.
2   Rüdiger Hachtmann, »Die Begründer der amerikanischen Technik sind fast
    lauter schwäbisch-allemannische Menschen«: Nazi-Deutschland, der Blick
    auf die USA und die »Amerikanisierung der industriellen Produktionsstruk-
    turen im »Dritten Reich«. S. 42, in: Alf Lüdtke / Inge Marszolek / Adelheid
    v. Saldern (Hg.), Amerikanisierung. Traum und Alptraum im Deutschland
    des 20. Jahrhunderts, S. 37-66.
3   Philipp Gassert, in Merkur H. 9/10, 2000, Was meint Amerikanisierung,
    S. 785-796.

Nach der verheerenden Niederlage des Deutschen Reichs im Ersten Weltkrieg hatte sich die Situation der Deutschen gegenüber Amerika grundlegend verändert. Die USA waren nicht mehr das »ferne Land«. Jetzt ging es um Amerika im eigenen Land. Besonders die Repräsentanten der alten Milieus reagierten, quer zu den politischen Lagern, mit einem Rekurs auf die Dichotomie zwischen »deutschem Geist oder Kultur« und der angloamerikanischen Zivilisation. In den Diskursen um Modernität, die sich nicht nur in Deutschland neu konturierten, wurde Amerika zur Projektionsfläche der eigenen Ängste. Dass dies in Deutschland in einer besonderen Dynamik verlief, hat ohne Zweifel mit der Dramatik der Erfahrungen am Ende des Ersten Weltkrieges, des Verlustes der gesellschaftlichen Ordnung des Kaiserreichs, dem damit einhergehenden Werte- und im damaligen Verständnis Kulturverlust zu tun.[4] Gerade weil Nation in Deutschland als Kulturnation, basierend auf Gemeinschaft und Volk, imaginiert wurde, war die amerikanische Moderne in besonderem Maße bedrohlich: Der Erste Weltkrieg hatte die Überlegenheit der amerikanischen Technologie und Wirtschaft nicht nur gezeigt, sondern diese wurde nach 1918 noch stärker, sie expandierte nach Europa hin. Zugleich aber transzendierte die amerikanische Konsumkultur die Klassengrenzen: Die neuen Medien, wie insbesondere der Film, aber auch die Illustrierten, die massenhafte Reproduktion von Bildern vermittelt über den Telegraphen, überschwemmten die europäischen Märkte und tendierten dazu, nationale Unterschiede zu verwischen. Wer wollte definieren, was zu einem nationalen Bilderreservoir zählte und was nicht. Oder wie ein Journalist im »London Daily Express« 1927 über das britische Filmpublikum schrieb:

> they talk America, think America, dream America. We have several million people, mostly women, who to all intents and purposes, are temporary American citizens.[5]

---

4 Wala weist daraufhin, dass es bei der Adaption des Fordismus nicht nur um technische Rationalisierung, sondern auch um die Übernahme einer sozial verantwortlichen Ideologie ging. Michael Wala, Amerikanisierung und Überfremdungsängste: Amerikanische Technologie und Kultur in der Weimarer Republik, in: Michael Wala / Ursula Lehmkuhl (Hg.) Technologie und Kultur. Europas Blick auf Amerika vom 18. bis zum 20. Jahrhundert, Köln/Weimar/Wien 2000, S. 121-146, S. 123.

5 Victoria de Grazia, Mass Culture and Sovereignty: The American Challenge to European Cinemas, 1920-1960, in: Journal of Modern History 61, 1989, S. 53-87, hier S. 53.

Aber auch die Ikonen des Fortschritts, die stromlinienförmigen Autos, die Zepps, die Flugzeuge wurden zu Chiffren für Amerika und erst in komplexen Aushandelungs- und Einbettungsstrategien konnten diese Ikonen nationalisiert werden.

In allen europäischen Ländern, wie auch dieses Zitat aus England zeigt, reagierten Politiker, Intellektuelle, Techniker, Wirtschaftsfachleute etc., quer durch alle Parteien, mit Definitions- und Abgrenzungsversuchen zwischen europäischer Hochkultur und amerikanischer Massenkultur, zwischen Nationalisierung, faszinierter Akzeptanz und Konsens. Allerdings traf gerade in Deutschland die enge Verknüpfung des american way of life mit Liberalität und Egalität, die Herausbildung einer klassenunspezifischen Massenkultur und einer auf Massenkonsum orientierten Demokratie auf größten Widerstand, insbesondere des Bildungsbürgertums. Daher zielte der hegemoniale kulturkonservative Diskurs in der Weimarer Republik auf eine deutsche Moderne, d.h. auf eben jene Kulturnation, die organisch und völkisch und nicht demokratisch-egalitär organisiert war. So konnten sich zum einen die Nationalsozialisten die Amerikanisierungsdebatten der Zwanziger Jahre, in denen eine Trennung der deutschen Moderne von den angloamerikanischen Vorstellungen über Zivilisation und Demokratie entworfen wurde, zunutze machen. Zum anderen aber präsentierten und inszenierten sie sich in vielen Bereichen als ein Regime, das eine kulturelle, technische und partiell soziale Modernisierung vorantrieb. Dabei versprachen sie eine nationalisierte und dem amerikanischen Vorbild überlegene Rationalisierung und Technisierung sowie die Aufhebung der Klassenschranken in einer hierarchisch gegliederten Volksgemeinschaft wie eine Überwindung der bildungsbürgerlichen, auf Exklusion basierenden Hochkultur zugunsten einer nationalisierten Volkskultur.

Zweifellos bot der Nationalsozialismus für viele in der von Modernisierungs- und Überfremdungsängsten, von Krisenerfahrungen und von einer besonders dramatischen Suchbewegung nach einer national definierten Identität geprägten deutschen Gesellschaft auch den Entwurf eines Gegenbildes zu Amerika.

Kulturelle Dynamiken, die gesellschaftlichen Wandel zur Folge haben bzw. ihr Ausdruck sind, schaffen komplexe Konfigurationen: Es waren nicht neue Bilder, die die Nationalsozialisten entwarfen, sondern sie mischten Bilder, die die Faszination einer amerikanischen Moderne ausmachten, mit denen einer nationalsozialistischen Volksgemeinschaftsutopie.

In der bisherigen Diskussion um Amerika in Deutschland wird meist die Amerikanisierung fokussiert, so als ob es ausschließlich um kulturelle und ökonomische Ströme von Amerika nach Europa ginge. Zweifellos war aufgrund der wirtschaftlichen und politischen Hegemonie der USA im

20. Jahrhundert dieser Austausch hegemonial konturiert, aber zugleich blieb die Gesellschaft in den USA von dem Export des american way of life und von den Adaptionsprozessen, die in Europa stattfanden nicht unberührt. Zugleich aber verbergen sich in den Diskursen um technische Errungenschaften, neue Medien, wie z.b. das Radio, häufig auch implizite Bezüge auf die USA, ohne dass diese explizit deutlich werden. Oftmals sind hier Verweise auf Vermittlungsagenten, v.a. auf England zu finden. Manche Adaptionen wiederum geschehen eher nebenbei, werden ausschließlich und selbstverständlich im nationalen Diskurs platziert und verweisen doch auf Vorbilder.

Ein weiterer Subtext der Studien über die Amerikabilder im 20. Jahrhundert ist die Trennung zwischen Hochkultur und Popularkultur: Während die Übernahme bzw. Adaption von massenkulturellen Produktionen den unteren Schichten zugeschrieben wird, werden die Abgrenzungsstrategien gegenüber der amerikanisierten Massenkultur von weiten Teilen des Bildungsbürgertums als Antiamerikanismus gewertet.[6] Insgesamt ist dieser Vorgang jedoch vielschichtiger.

Dem entspricht eine Trennung in den zeitgenössischen Diskursen zwischen einer Technikfaszination und einer kulturellen Amerikanisierung: Der konservative Antiamerikanismus der Weimarer Republik zog seine Kraft in erster Linie aus einer Kritik an der Massenkultur, so viele Autoren.[7] Doch auch hier entstehen Gemengelagen. So war die Faszination der amerikanischen Massenkultur, verbreitet durch die Medien, insbesondere den Film, ein Phänomen der Großstadt, auch wenn sie sich im kleinstädtischen und ländlichen Bereich auszubreiten begann. So mischte sich in dem kulturellen Antiamerikanismus auch ein Diskurs über Urbanität versus Land, über den »Moloch Großstadt« versus völkische oder lokale Identitäten. Zum anderen aber gingen die Visualisierungen des technischen Fortschritts und der massenhaften Verbreitung dieses Bilderreservoirs Verknüpfungen mit den massenkulturellen Produktionen ein. Gerade in diesen Verbindungen konnten die Ikonen des Fortschritts, so Alf Lüdtke, in einem nationalisierten Diskurs neu verortet werden.[8]

---

6   Kaspar Maase, Amerikanisierung von unten. Demonstrative Vulgarität und kulturelle Hegemonie in der Bundesrepublik der 50er Jahre, 297 f., in: Lüdtke / Marszolek / v. Saldern (Hg.), Amerikanisierung, S. 291-313.

7   Vgl. auch Dan Diner, Verkehrte Welten. Antiamerikanismus in Deutschland, Frankfurt/Main 1993.

8   Alf Lüdtke, Ikonen des Fortschritts. Eine Skizze zu Bild-Symbolen und politischen Orientierungen in den 1920er und 1930er Jahren in Deutschland, in: Lüdtke / Marszolek / v. Saldern (Hg.), Amerikanisierung, S. 199-210.

Und auch in den Diskussionen um technischen Fortschritt ging es immer um Adaptionen, bzw. um eine Nationalisierung der amerikanischen Technik.[9]

Ich werde daher im Folgenden versuchen, gerade die Schnittstellen zwischen Propaganda, Technikdiskursen und den massenkulturell verbreiteten Amerikabildern zu markieren.

Philipp Gassert stellt in seiner umfassenden Studie fest, dass die Geschichte des »Amerikanismus« im Nationalsozialismus die einer wachsenden Distanzierung von den ursprünglich amerikanischen Vorbildern sei.[10] Dabei standen die nationalsozialistischen Propagandisten vor einem gewissen Dilemma: Zum einen ging es ja gerade darum, die Überlegenheit der deutschen Herrenrasse zu demonstrieren. Das aber konnte nur dann funktionieren, wenn Deutschland in kürzester Zeit eine wirtschaftliche und politische Großmacht wurde. Ohne die Adaption amerikanischer Vorbilder, insbesondere aber ohne die verstärkte Einführung von Rationalisierung in der Industrie, war das nicht denkbar. Zum anderen musste immer wieder neu definiert werden, wie sich das nationalsozialistische »Modernisierungsprojekt« vom amerikanischen Vorbild abgrenzte. Eine deutliche Markierung war, jedenfalls aus der Sicht der Nationalsozialisten, die radikale Ablehnung der Ideen der Aufklärung und der Demokratie, zumal hier die Schnittmengen zum hegemonialen Diskurs in der Weimarer Zeit relativ groß waren. Schwieriger war bereits die Eindeutschung von Rationalisierung und technischem Fortschritt: Zum einen, weil das Modernisierungsprojekt innerhalb der NSDAP nicht unumstritten war, denkt man an die »Blut-und-Boden-Fraktion«, zum anderen aber geriet das Regime immer wieder an Glaubwürdigkeitsgrenzen, wie noch zu zeigen sein wird, wenn es die Überlegenheit Deutschlands gegenüber den USA propagierte. Nahezu unlösbar wurde das nach dem Eintritt der USA in den Krieg.

Die »deutsche« Rationalisierung

Es gibt zahlreiche Äußerungen Hitlers vor 1933 wie bis in den Krieg hinein, in der er Amerika als Metapher benutzt, um seine Vision eines groß-

9   Michael Wala, Amerikanisierung und Überfremdungsängste, S. 134 ff.
10 Philipp Gassert, Amerika im Dritten Reich. Ideologie, Propaganda und Volksmeinung 1933-1945, Stuttgart 1997. S. 370. An anderer Stelle spricht Gassert von einer »ideologisch motivierten De-Amerikanisierung«: Ders., Nationalsozialismus, Amerikanismus, Technologie. Zur Kritik der amerikanischen Moderne im Dritten Reich, S. 164, in: Wala/Lehmkuhl (Hg.), Technologie, S. 147-172.

germanischen Weltreiches zu beschreiben. Diese Äußerungen sind oft verbunden mit der Hoffnung, im Bereich der technischen Produktion – vom Auto übers Flugzeug bis zum Straßenbau, Radiogeräten und anderen Produkten des modernen Massenkonsums – das Niveau der USA zu erreichen, wenn nicht zu überflügeln.

Dabei wurde der Diskurs über die Überlegenheit der amerikanischen Technik umgebogen in einen Diskurs darüber, wie das nationalsozialistische Deutschland die USA erreicht oder gar sie bald übertreffen werde. Die Nationalsozialisten hatten sich bereits vor 1933 als »modern« präsentiert: Man denke nur an die Übernahme amerikanischer Wahlkampfmethoden – so bestritt Adolf Hitler die Wahlen am Ende der Weimarer Republik im Flugzeug. Sie verbanden die Faszination amerikanischer Technik mit der Kompensation der Verlust- und Unterlegenheitsgefühle breiter Bevölkerungsschichten. Wie Jeffrey Herff zeigte, gewannen sie damit zugleich die Bereitschaft der Techniker und Ingenieure, die sich sowohl eine Aufwertung ihres Berufsstandes wie auch verbesserte Arbeitsmöglichkeiten erhofften,[11] sich in den Dienst des Regimes zu stellen.

Eingebettet wurden diese Strategien in zwei Kontexte: Zum einen wurde der Transfer zwischen Deutschland und Amerika immer wieder neu konturiert: nicht nur die USA exportierten nach Europa, sondern auch aus Deutschland wurde know-how exportiert, dass wiederum die USA als Vorbild für Innovation nahm. So berichtete die Zeitschrift *Deutsche Technik,* das offizielle Organ des Nationalsozialistischen Bund Deutscher Technik (NSBDT), im Februar 1935, dass bedeutende Fortschritte in der Stadtplanung New Yorks im Wesentlichen auf einer Übernahme des Modells der Hamburger Altstadtsanierung beruhten.[12] Besonders deutlich wird das im Rationalisierungsdiskurs. Während vor 1933 auch in der nationalsozialistischen Presse der New Deal Roosevelts gepriesen wurde, begann sehr bald eine Absetzbewegung. Nunmehr wurde im New Deal eine Nachahmung »nationalsozialistischer Wirtschaftsmethoden«, eine Abkehr von einer liberalistischen Wirtschaftspolitik gesehen, die letztlich Schuld an der Weltwirtschaftskrise gewesen sei.[13]

Eine Verdichtung bedeutete der Hinweis auf die Leistungen der deutschen Auswanderer: So betonte Hitler am 7. Februar während eines Tisch-

---

11 Jeffrey Herf, Reactionary Modernism. Technology, Culture, and Politics in Weimar and the Third Reich, Cambridge 1984, S. 134 ff.

12 Bruno Wehner, Gegenwartsaufgaben der New Yorker Stadtplanung: Das Vorbild der Hamburger Altstadtsanierung, Deutsche Technik 3 (1935), S. 53-55, zit. nach Gassert, Nationalsozialismus in: Wala/Lehmkuhl S. 160-161.

13 Philipp Gassert, Amerika im Dritten Reich, S. 161.

gesprächs im Führerhauptquartier, dass »die Begründer der amerikanischen Technik…fast lauter schwäbisch-allemannische Menschen« seien.[14] Die »deutsche Rationalisierung« galt selbst dann, wenn man sich dezidiert am Fordismus orientierte. So übernahm die Klöckner-Humboldt-Deutz AG zur Verbesserung des Betriebsklimas die »sechs Grundsätze« der General-Motors-AG, passte sie jedoch an die »deutschen Verhältnisse« durch Übernahme des Führerprinzips und der Vorstellung der »Werksgemeinschaft als Schicksalsgemeinschaft« an.[15]

Im Kriege wiederum stießen die Anstrengungen der deutschen Industrie dort an ihre Grenzen, wo bestehende Potentiale v.a. im Maschinenbau zur Rationalisierung nicht ausgenutzt worden waren.

Das andere Problem war – trotz oder wegen der rassistischen Variante – der Arbeitskräftemangel. Zwar existierte im Krieg eine starke rassistische Segmentierung zwischen qualifizierten Arbeitstätigkeiten, die den deutschen männlichen Arbeitern vorbehalten und den monotonen unqualifizierten Funktionen, die Sklavenarbeitern und (zunächst) deutschen Frauen zugedacht waren. Doch stieß auch dieses rassistische Modell auf Grenzen der Bewachung und der Funktionsfähigkeit der ausländischen Arbeiter (Transport, Nahrung etc).

Umstritten ist die Bewertung der nationalsozialistischen Rationalisierungspolitik. Manche Autoren, wie z.B. Hachtmann, sprechen von einer hohen Dysfunktionalität gerade im Krieg.[16] Doch sind zum einen die Gründe für den Widerstand in der Industrie gegen zu große Rationalisierung nicht immer deutlich erkennbar. Oftmals scheinen es eher betriebsegoistische Motive denn ideologische gewesen zu sein. Der Ausbau des Außenlagersystems 1944 hingegen beruhte nicht zu letzt auf der Möglichkeit, die Häftlinge in rationalisierter Fließarbeit einzusetzen.[17]

Unbestritten aber ist, dass in der Agonie ab 1943 dysfunktionale Prioritäten gesetzt wurden: Die Besessenheit, mit der die Produktion von Wunderwaffen durchgesetzt wurde, bzw. kriegstechnisch aberwitzige Pläne wie der Bau von U-Booten in Serie in Betonbunkern, so in Bremen, verweisen zwar auf die Übernahme des fordistischen Modells, jedoch in derart

14 Henry Picker (Hg.) Hitlers Tischgespräche im Führerhauptquartier, Stuttgart 1976, S. 207, zit. nach Hachtmann, »Die Begründer«, in: Lüdtke u.a. S. 37.

15 Philipp Gassert, Amerika im Dritten Reich, S. 162.

16 Hachtmann, »Die Begründer« in: Lüdtke u.a. S. 63 ff. Vgl. auch Ders., Industriearbeit im dritten Reich. Untersuchungen zu den Lohn- und Arbeitsbedingungen, Göttingen 1989.

17 Diesen Hinweis verdanke ich Marc Buggeln, der an einer Dissertation zum Außenlagersystem von Neuengamme arbeitet.

veränderten, jeder kapitalistischen Logik entäußerten Rahmen, dass nach dem Charakter der nationalsozialistischen Wirtschaftspolitik erneut zu fragen ist.[18]

NS-Massenkultur

Ein weiteres Dilemma betraf die Nationalisierung der Massenkultur. Die Seh- und Hörroutinen wie Vorlieben und Geschmack waren 1933 bereits stark von den amerikanischen Exporten geprägt. Zudem sollten auch die nationalsozialistischen Medien weiter tendenziell für den europäischen Raum kompatibel sein und über den Markt vermittelt werden. Verstärkt wurde dieses Problem durch die Spezifik moderner Massenmedien, die nur dann konsumiert werden, wenn sie sich an den lebensweltlichen Erfahrungen und Wahrnehmungshorizonten der Rezipienten orientieren. Gerade aber weil insbesondere Joseph Goebbels um die immense Wirkmächtigkeit der Massenmedien auch für die Propaganda wusste, konnten die medialen Inszenierungen der NS-Volksgemeinschaft nur dann funktionieren, wenn sie der Unterhaltung dienten. Dies bedeutete aber eben eine Adaption der amerikanischen Unterhaltungsmedien und deren Formate. Es ist höchst bemerkenswert, dass in den Diskussionen, die das Auftauchen des neuen auditiven Mediums begleiteten, die USA so gut wie keine Rolle spielten. Das galt im übrigen auch für Großbritannien.

Es würde hier zu weit führen, die vielfältigen Auseinandersetzungen und Selbstpositionierungen des Mediums zwischen Bildung und Unterhaltung zu beschreiben.[19] Allerdings zeigt ein Vergleich dieser zeitgenössischen Diskurse, bei aller Unterschiedlichkeit der Entwicklung und Organisation, in der transatlantischen Perspektive sehr viele Ähnlichkeiten, von den utopischen Projektionen bis hin zu vermeintlichen Bedrohungsszenarien, die stets geschlechtsspezifisch konnotiert waren. Denn auch in den USA war die kommerzialisierte Nutzung des Radios nicht unumstritten, zumal Roosevelt gerade dessen Bedeutung für die Propagierung sei-

---

18 Vgl. auch Gassert, Nationalsozialismus, Amerikanismus, Technologie: Zur Kritik der amerikanischen Moderne im Dritten Reich, S. 168 ff., in: Wala/ Lehmkuhl (Hg.), Technologie, S. 147-172. Diese Fehlentwicklungen, womit Gassert u.a. die Besessenheit meint, mit der die Produktion von »Wunderwaffen« forciert wurde, mit der charismatischen Herrschaft Hitlers zu erklären, greift allerdings zu kurz. Ein Problem der Diskussion scheint zu sein, dass Rationalisierung oftmals mit Rationalität gleichgesetzt wird. Auch in kapitalistisch-demokratischen Systemen ist das nicht gegeben.
19 Vgl. hierzu etwa Konrad Dussel, Hörfunk in Deutschland. Politik, Programm, Publikum, Potsdam 2002.

ner Politik, vor allem des New Deals, erkannte. In seinen *Fireside Chats* nutzte Roosevelt die Intimität des Mediums, in dem er seine Hörer und Hörerinnen quasi privat ansprach.[20]

In Deutschland hingegen waren es die Nationalsozialisten, die den Rundfunk von einem bildungsbürgerlichen Medium zu einem modernen Unterhaltungsmedium umformten. Offenbar war sich Goebbels von Anfang an bewusst, dass der Rundfunk als häusliches Medium zwar als Propagandainstrument in den privaten Bereich hineinsendete und ihn durchdrang, das Hören aber sich einer totalen Kontrolle entzog. Daher betonte er in seiner ersten Rede im März 1933 vor den Intendanten, dass es nicht so sehr darauf ankomme, »was man macht«, sondern »wie man es macht«:

> Nur keine Öde. Nur nicht die Gesinnung auf den Präsentierteller legen. Nur nicht glauben, man könne sich im Dienste der nationalen Regierung am besten betätigen, wenn man Abend für Abend schmetternde Märsche ertönen lässt ... Gesinnung muss sein, aber Gesinnung braucht nicht Langeweile zu bedeuten.[21]

Es mag sein, dass Goebbels eine ähnliche Nutzung des Radios wie durch Roosevelt vorschwebte, aber sehr schnell erkannte, dass Hitlers Charisma der Massen bedurfte. Die Präsenz des Führers im Rundfunk war letztlich relativ gering, sieht man von Übertragungen ab, seine erste Rundfunkrede war ein Desaster.[22]

Sicher aber ist, dass Goebbels auf die Unterhaltung als kompatibel mit der Herrschaftsstabilisierung setzte. Die beliebten Unterhaltungssendungen im nationalsozialistischen Rundfunk hielten mit angloamerikanischen Standards mit. Ein gutes Beispiel hierfür ist das »Wunschkonzert für die Wehrmacht«, das zu einem der ersten Straßenfeger der deutschen Rundfunkunterhaltung wurde. In der intelligenten Mischung aus Propaganda, Sketchen, Hörerpartizipation und Musik wurde nicht nur die Verbindung zwischen Heimat und Front gestaltet, sondern auch die Volksgemeinschaft als Opfergemeinschaft konturiert. Der englischsprachige Propagandasender im Krieg wiederum propagierte völlig hemmungslos amerikanischen way of life ebenso wie die im Hitler-Deutschland verbotene Swing- und Jazz-Musik.

20 Douglas B. Craig, Fireside Politics. Radio and Political Culture in the United States, 1920-1940, Baltimore, Maryland 2000.
21 H.Heiber (Hg.), *Goebbels-Reden*, 2 Bde, Düsseldorf 1971/72, hier Bd. 2, S. 206, zit. Peter Reichel, Der schöne Schein des Dritten Reiches. Faszination und Gewalt des Faschismus, München 1991, S. 159.
22 Vgl. Inge Marszolek, »Der Führer spricht«. Hitler im Radio, in: Josef Kopperschmidt (Hg.), Hitler der Redner, Paderborn 2003.

Während in den Unterhaltungssendungen Amerika ebenso selten auf-
tauchte wie antisemitische Stereotype, war das natürlich in politischen
Ansprachen anders. Insbesondere im Krieg, v.a. in den allabendlichen
Presseauswertungen von Hans Fritsche, 1942 zum »Beauftragten für die
politische Gestaltung des Großdeutschen Rundfunks« und gleichzeitig
Leiter der Rundfunkabteilung im Propagandaministerium berufen, wurden die antiamerikanischen Stereotype, besonders ihre antisemitischen
Elemente (Roosevelt als Agent des internationalen Judentums), »amerikanische Kulturlosigkeit« wie »mangelnde Kampfbereitschaft der amerikanischen Soldaten« transportiert.[23]

Anders als der Rundfunk hatte sich bereits in der Weimarer Zeit
der Film als Unterhaltungsmedium etabliert. Es ist mittlerweile ein Ge-
meinplatz darauf hinzuweisen, dass sowohl Goebbels als auch Hitler Fans
amerikanischer Filme waren, dass bis zum Kriegseintritt der USA in
Deutschland amerikanische Filme, v.a. Musikkomödien in den Kinos gezeigt wurden und sich großer Beliebtheit erfreuten und dass die Ufa in
ihren Produktionen den Hollywoodfilmen nacheiferte. Ebenso ist es unbestritten, dass Goebbels früh begriff, dass Produktionen wie der Hitler-
Junge Quex, die allzu direkt nationalsozialistische Propagandafilme waren, die Massen nicht in die Kinos lockten. Von Filmwissenschaftlern
wird in jüngster Zeit sowohl die relative Vormachtstellung der Ufa in
Nordwesteuropa am Vorabend des Nationalsozialismus wie die relative
Nähe der NS-Filme zu den konsumorientierten Hollywood-Filmen betont. Patrice Petro plädiert aus diesem Grund dafür, das NS-Kino nicht
länger als eine Imitation oder verfehlte Version von Hollywood zu sehen,
sondern ihm eine eigene ästhetische, visuelle und theoretische Qualität
beizumessen.[24]

Lilian Harvey war keine newcomerin im NS-Film: 1931 feierte sie mit
»Der Kongress tanzt« einen ihrer größten Erfolge. Anders als die Söder-
baum, die stets in Verbindung mit der Blut-und-Boden Mythologie gebracht wurde und anders als Zarah Leander, die in ihren Filmen die Diva
darstellte, die zurück zur konventionellen Moral gebracht werden musste,
stellte Harvey die synthetische Kindfrau dar.[25] Es waren die multidiskursi-

23 Philipp Gassert, Amerika im Dritten Reich, S. 352 ff.
24 Patrice Petro, Nazi Cinema at the Intersection of the Classical and the Popu-
lar, in: New German Critique, 74, 1998, S. 41-56. Im folgenden beschränke
ich mich auf das Beispiel von Lilian Harvey, eben weil das Schillernde und die
Ambivalenz der Amerikabilder hier besonders gut gezeigt werden kann.
25 Antje Ascheid, Nazi Stardom and the »Modern Girl«: The Case of Lilian
Harvey, in: New German Critique, 74, 1998, S. 57-90.

ven Elemente ihrer star persona, die sie zum einen kompatibel für den NS-Film machte, zum anderen aber ihre Popularität sicherte. Harvey spielte in ihren Filmen meist in Szenarios, die die unterschiedlichen Frauenbilder im Nationalsozialismus spiegelten – die Kameradin des Mannes ebenso wie die hilflose kleine Frau. Ihre amerikanischen Erfolge ermöglichten ihr 1934 eine Rückkehr aus Hollywood nach Berlin. Die Presse begleitete dies mit Bemerkungen, dass Hollywood ihr nicht habe alles geben können, und sah in ihrer Rückkehr einen Beleg für die Ebenbürtigkeit der nationalsozialistischen Filmindustrie gegenüber Hollywood. Zugleich wurde das nationalsozialistische Arbeitsethos dem Star übergehängt: Starsein wie Harvey, so die Lesart, bedeutete harte Arbeit. Als sie 1939 ein zweites Mal Deutschland verließ, geschah das ohne Aufmerksamkeit der Presse. Ein Nachkriegserfolg blieb ihr verwehrt.

Man kann also sagen, dass im Fall Lilian Harvey gerade die Widersprüchlichkeit ihrer star persona ebenso wie ihre schwierige Einpassfähigkeit in die nationalsozialistische Volksgemeinschaftsideologie und ihre Erfolge in den USA sie letztlich doch kompatibel machten – ein deutscher Star mit amerikanischem touch, der Hollywood freiwillig den Rücken kehrte.

Antisemitische Narrative

Ein weiteres sensibles Feld war der Antisemitismus. In der Weimarer Amerikanismusdebatte waren es nur die äußersten Rechten gewesen, die Amerika als »Judenstaat« bezeichnet hatten.[26] In der Anfangszeit nationalsozialistischer Herrschaft hätte es sich kontraproduktiv für das Regime erweisen können, hätte man dieses Bild einfach fortgeschrieben, und das aus zweierlei Gründen:

– Die visualisierten Bilder des »Juden« wurden in der Regel sehr eng mit dem Bolschewismus verbunden. Die antisemitischen Karikaturen, Plakate etc. trugen meist die verzerrten Gesichter der osteuropäischen Juden aus dem Stettl. Sie eskamotierten damit den Juden als Feindbild aus der Moderne heraus. So wurden Bolschewismus und Judentum kompatibel.

– Zur Inszenierung der Überlegenheit Deutschlands gegenüber den USA wäre eine einfache Identifizierung USA – Judenstaat problematisch gewesen. Diese Art der Propaganda lief Gefahr, immer auch zugleich eine gewisse Überlegenheit des »Judentums« zu thematisieren. Das traf natürlich auch für die Adaptionsstrategien zu. Begünstigt wurde die

26 Philipp Gassert, Amerika im Dritten Reich, S. 199.

Verbindung von Rassismus und Amerikanisierung durch den Antisemitismus Henry Fords, dessen oben erwähnte Schrift bis 1934 in 31
Auflagen im Deutschen Reich verbreitet wurde.[27] Trotzdem blieb ein
Erklärungsbedarf für die große Bedeutung und wirtschaftliche Macht
der USA, wenn sie denn lediglich ein »Judenstaat« sein sollte.

Ein in der Forschung bisher kaum thematisierter Bereich stellt der Rassismus in den USA, bzw. dessen Adaption in den deutschen Amerikadis-
kursen dar. So wurde bereits in Weimar im Bereich der Populär-Kultur
immer dann auf Diffamierungen der »negroiden Kultur« der USA-Bezug
genommen, wenn es um Abgrenzungen ging. Das wurde auch von den
Nationalsozialisten gelegentlich aufgegriffen. Im Krieg jedoch wurde in
den Bildern über die »unterlegenen amerikanischen Soldaten« kaum Bezug auf die »schwarzen Soldaten« in der US-Armee genommen. Insofern
wurden die »Neger« nicht als pars pro toto in der NS-Propaganda genutzt,
wenn es darum ging, die US-Armee insgesamt zu disqualifizieren.

Unterlassen wurde weitgehend eine Mobilisierung von rassistischen
Vorurteilen der Bevölkerung gegenüber Afroamerikanern: So berichtete
die BIZ im Januar 1937 mit allem Abscheu über eine Hinrichtung eines
»Negers« als öffentliches Schauspiel, an dem auch Kinder sich beteilig-
ten.[28] Noch im November 1944 betonte der Völkische Beobachter in einer
dreiteiligen Artikelserie, dass die »Abscheu der Deutschen« sich nicht »gegen die Neger an sich« sondern nur gegen sie als »Instrumente Roosevelts«
und »damit der Juden« richte. Weiter wurde gesagt, dass die Deutschen
weder das Wort ›Nigger‹ noch die Praxis des Lynchen erfunden hätten, die
Deutschen kämpften nicht gegen eine Rasse, sondern gegen das Rassen-
gemisch, »der Schmarotzerrasse der Juden.«[29]. Diffamiert wurden die
amerikanischen Soldaten, in dem die BIZ unter einem Bild titelte: »Das
Gesicht der Amerikaner. Die Unterwelt von Chicago und New York
scheint sich hier ein Stelldichein gegeben zu haben.«[30]

---

27 Hachtmann, »Die Begründer«, in: Lüdtke u.a. S. 43.
28 BIZ Nr. 1, 1937.
29 Gassert, Amerika im Dritten Reich, S. 366.
30 BIZ Nr. 9, 1944. Kontrastiert wird das mit dem Bild von britischen Soldaten.
   »Das Gesicht der Briten. Die Engländer setzen bei der Landung auf Nettuno
   ihre besten Regimenter ein, aber der Abwehrring unserer Fallschirmjäger und
   Grenadiere hielt eisern stand.« Im Vordergrund des Bildes sieht man einen er-
   schöpften Soldaten mit dem britischen Käppi, während auf dem anderen Bild
   ein eher südlich aussehender Mann zu sehen ist, die anderen Gesichter sind
   teilweise mit Brillen oder auch einem Bart verdeckt.

In einem Roman »Amerika«, der als Julgabe des NS-Lehrerbundes an die »Erzieherkameraden im Feld« 1941 verteilt wurde, werden die hegemonialen antiamerikanischen Stereotype auch mit rassistischen und antisemitischen Bezügen abgehandelt. Hier werden die Erlebnisse eines Auswanderers geschildert. Auffällig ist dabei, dass die Erlebnisse und Wahrnehmungen von Eckart in der Neuen Welt durchaus ambivalent geschildert werden, trotz aller Schwierigkeiten, Fuß zu fassen. Verändert wird dieses Narrativ mit der ›Machtergreifung‹ der Nationalsozialisten: Die Reaktionen in den USA auf den »Judenboykott« am 1. April 1933 werden ausschließlich als Verschwörung und Machtverschiebung zugunsten der amerikanischen Juden geschildert.

> Rose, die kleine Italienerin, sagte im Lager, wo sie allein waren, zu ihr [gemeint ist Helga, die deutsche Ehefrau, die aufgrund des Warenboykotts gegen deutsche Waren, bei Woolworth auf Geheiß des Managers, deutsche Waren ausräumen muss] wie es ihr zumute ist: »Ich sage dir, die Juden ruinieren dieses Land noch. Meine Schwester suchte neulich eine Stellung als Verkäuferin. Da sie noch nicht siebzehn ist, musste sie sich vom städtischen Gesundheitsamt untersuchen lassen. Denke dir, da war ein Neger als Arzt, vor dem sie sich ausziehen musste. … Daran sind nur die Juden schuld, die den Negern solche Stellungen geben, um die Wahlstimmen der Schwarzen zu bekommen.«[31]

Interessant ist hier nicht nur die romanhafte ›Übersetzung‹ der unmittelbar nach dem 1. April 1933 einsetzenden propagandistischen Abwehr der Kritik aus dem Ausland, insbesondere aus den USA, an dem »Judenboykott«. Spannend ist hier die Verknüpfung mit dem alltagsrassistischen Stereotypen gegen die Schwarzen, die ja im Diskurs über die sogenannten »Rheinlandbastarde« Eingang in den deutschen Rassismus-Diskurs fanden, der von den Nazis verstärkt wurde. Das wurde verbunden mit dem Vorwurf an die Juden, die eben die Schuld am »mangelnden Rassismus« der Weißen in den USA trügen.

Auch die Berliner Illustrierte Zeitung verknüpfte mit dem Eintritt der USA in den Krieg deutlich antisemitische Stereotype mit den Bildern aus den USA: In einer Bildreportage »Rund um Roosevelt« wird Roosevelt, samt Söhnen inmitten einer norwegischen Freimaurerloge gezeigt, hinter Roosevelt der jüdische Bürgermeister von New York, La Guardia. In diesem Kontext ist es wichtig, dass gerade New York wiederum als Chiffre für das moderne Amerika stand und so bedurfte es nur einer diskursiven Zuspitzung, um New York als Beispiel für den Einfluss des amerikani-

---

31 Emil Spohn, Abenteuer Amerika, München 1941, S. 296-297.

schen Judentums auf die Politik für das ganze Amerika zu setzen. Im selben Bericht wird aber auch die USA als Büffel der (bolschewistischen) Revolution beschrieben, deren Agentin v.a. Eleanor Roosevelt sei, deren engste Freundin wiederum eine einflussreiche Jüdin sei.[32] Auch hier wird die gegenseitige Verklammerung der antiamerikanischen Stereotype mit den Hauptfeindbildern, dem Judentum und dem Bolschewismus, deutlich. Ein weiterer Aspekt der antiamerikanischen Propaganda im Krieg, jedenfalls was das massenkulturelle Bilderreservoir betrifft, ist die Weiterschreibung der Diffamierung der amerikanischen Kultur als »Girl-Kultur«. Die BIZ wird nicht müde, die Sexualisierung des Krieges in der amerikanischen Presse oder Propaganda anzuprangern. Bilder von jungen amerikanischen Frauen in Badeanzügen, die Rangabzeichen beim Sonnenbad auf die nackte Haut legen, Pin-up-Girls auf den Postkarten, Girls zur Truppenbetreuung, aber auch ein Bild einer 77jährigen mit Käppi und Gewehr vor der US-Flagge, die sich freiwillig zum Luftschutz gemeldet habe.[33] Der Tenor ist, dass die Mobilisierung der Frauen ein Zeichen für Dekadenz ebenso wie für die Unterlegenheit, sozusagen als letzter Ausweg, sei. Zugleich aber sind sie Teil eines verborgenen Textes, der jüdische Kultur mit weibisch gleichsetzt, und auf die Überlegenheit der als männlich definierten deutschen Nation bzw. im Nationalsozialismus auf die Herrenrasse verweist.

Wie Gassert anhand der Analyse der Stimmungsberichte des SD und der Hörerbriefe an Fritsche zeigt,[34] stießen die propagandistischen Beteuerungen der militärischen und technischen Überlegenheit der Wehrmacht am Ende des Krieges auf immer weniger Glauben. Die amerikanischen Truppen wurden in der Vorstellung der Bevölkerung zum Gegenbild der »bolschewistischen Horden«, eine diskursive Absetzbewegung, die von den konkreten Erfahrungen nach dem Ersten Weltkrieg wohl ebenso wie von der Faszination, die von Amerika als Chiffre für die Moderne wie aus den von massenkulturellen Bildern des american way of life, gespeist wurde.

Schlussfolgerungen und Fragen:

Dieser knappe Überblick über die Amerikadiskurse im Nationalsozialismus verweist auf Ambivalenzen. Zweifellos gab es selbst im Nationalsozialismus kein homogenes Bild. Die Diskurse differierten je nach Feldern, nach Intentionen und Adressaten.

---

32 BIZ Nr. 49, 1941, S. 1176.
33 z.B. BIZ, Nr. 5, 1942, Nr. 20, 1942.
34 Gassert, Amerika im Dritten Reich, S. 358 ff.

Bemerkenswert ist die Flexibilität der Nationalsozialisten, die sich je nach politischer Lage aus dem medial transportierten Bilderreservoir bedienten und diese Bilder unterschiedlich konturierten, Diskurse zuspitzten und sie mit anderen verknüpften, um so neue, andere Bilder entstehen zu lassen. Das fügt sich ein in Erkenntnisse zu nationalsozialistischen Herrschaftspraxen, die eben sehr viel stärker als früher die Opportunität und Flexibilität des Regimes betonten, denen jedoch die Priorität der rassistischen »Weltanschauung« Grenzen setzte. In diesem Rahmen aber konnten viele, zum Teil auch unterschiedliche Bilder über Amerika weiterwirken und neu entstehen.

Eine bestehende Schieflage der bisherigen Forschung über Amerikabilder im »Dritten Reich« schreibt die Diskurse der Zwanziger Jahre aus deutscher Perspektive fort. Wenn Amerika vielen Zeitgenossen ein Synonym für Moderne war, und daran wurde in den siebziger Jahren von der Sozialgeschichte wieder angeknüpft, wie Hans-Ulrich Wehler zeigt, der Modernisierung und »amerikanische = westliche Demokratie« engstens verknüpft,[35] war es in den neunziger Jahren ein Tabubruch, den Nationalsozialismus als einen, wenn auch mörderischen Weg in die Moderne, oder – wie Peukert formulierte – als den Januskopf der Moderne zu beschreiben. Diese Debatte, die insbesondere von Rainer Zitelmann überzogen und polemisch geführt wurde,[36] soll hier nicht thematisiert werden, aber sie zeigt, dass in jeder Diskussion um Amerika und Deutschland auch immer eine Verständigung über unsere Vorstellung von Moderne zu dechiffrieren ist. Maria Höhn hat jüngst in ihrer Studie über die GIs und die Fräuleins beschrieben, wie in der Rede über afroamerikanische Besatzungssoldaten und ihre deutschen Bräute die Bedrohung der Rassenreinheit zur Behauptung deutscher Selbstbehauptungsansprüche artikuliert wird.[37] Sie stellt diese Befunde zum einen in eine Kontinuität zum Alltagsrassismus, der von den Nationalsozialisten konturiert worden war, und in den Kontext einer Adaption des US-amerikanischen Rassismus, der auch als Entlastungsstrategie für den deutschen NS-Rassismus benutzt wurde. Damit weist sie auf einen blinden Fleck im Konzept der Verwestlichung Deutschlands in der Nachkriegszeit hin: Die Aneignung amerikanischer bzw. westlicher Werte schloss die Diskriminierung von ›Rassen‹

35 Hans-Ulrich Wehler, Modernisierungstheorie und Geschichte, Göttingen 1975.
36 Michael Prinz/Rainer Zitelmann (Hg.), Nationalsozialismus und Modernisierung, Darmstadt 1991.
37 Maria Höhn, GIs and Fräuleins. The German-American Encounter in 1950s West Germany, Chapel Hill/London, 2002.

wie von Frauen mit ein. Es bedürfte genauerer Untersuchungen über die Schnittstellen der Kontinuitäten im Alltagsrassismus und der Adaption des Rassismus gegenüber Afroamerikanern in den USA selber.

Ein weiteres Problem der Forschung über Amerikanismus/Amerikanisierung scheint, wie bereits zu Anfang gesagt, der zu enge Fokus zu sein. Gassert fordert in diesem Kontext zu Recht, dass, wenn man über Amerikanismus im »Dritten Reich« redet, man eigentlich die Folie der Bilder über die Sowjetunion braucht.[38] Darüber hinaus aber ist der europäische Kontext wichtig. Gerade die medial transportierten Bilder verweisen auf andere Länder als Agenten in den Transformationsprozessen in der Zwischenkriegszeit. Vor allem England scheint hier in den dreißiger Jahren eine große Rolle gespielt zu haben. Eine genauere Durchsicht der BIZ dürfte zeigen, dass es zwar wenig Bilder über Amerika gab, aber sicher nicht weniger über England, und dass zudem auch in den Abbildungen deutscher oder italienischer Flugzeuge die Referenz auf Amerika deutlich lesbar war.

Zugleich ist Amerikanisierung keine Einbahnstraße. Auch wenn der Transfer hegemonial war, so waren es doch transatlantische Ströme von beiden Seiten. Wie sich nur andeuten ließ, gab es auf beiden Seiten des Atlantiks Diskurse, in denen die Moderne als Projektionsfläche von Ängsten wie von Hoffnungen diente. Hier sind bisher wenig beachtete Schnittstellen, die bisherige Einseitigkeiten des Blicks verändern können. Des Weiteren ist zu betonen, dass in den Adaptionsprozessen neue kulturelle Bedeutungen entstehen, die andere sind als in der Herkunftskultur.[39] Das, so meine These, kann von diktatorischen Systemen immens verstärkt werden. Allerdings, so der Befund, bleibt ein Rest von Verweis auf ältere Bedeutungen, wie sich am Ende des Krieges zeigte, als manche Deutsche ihre Hoffnungen auf Humanität der Engländer und Amerikaner richteten und damit die von den Nationalsozialisten versuchte Abkoppelung ihres Modernisierungsprojektes von liberalen und egalitären Traditionen in Frage gestellt wurde.

---

38 Gassert, Amerika im Dritten Reich, S. 371.
39 In diesem Kontext könnten ethnologische Konzepte zur Kreolisierung und Hybridität von Nutzen für die historische Forschung sein.

Thomas Haury

Die »Dollarkönige«

Der Antiamerikanismus der DDR

»Antiamerikanismus« – ein schwieriger Begriff

Jede Untersuchung zum »Antiamerikanismus« steht vor dem Problem, dass, wie die gegenwärtigen Debatten in Deutschland und Frankreich aufs Neue dokumentieren, ihr Gegenstand überaus strittig ist. Diese Definitionsprobleme und konträren Auffassungen beim Thema »Antiamerikanismus« kommen nicht von ungefähr. Sie haben zwei zentrale Ursachen:

Zum einen fungiert die Bezeichnung »Antiamerikanismus«, beginnend mit ihrer Entstehung, immer auch als eine politische Kampfvokabel. Bringen manche den Antiamerikanismus-Vorwurf vorschnell oder gar gezielt in Anschlag, so glauben andere, deswegen »Antiamerikanismus« als ein bloßes »Dum-Dum-Wort«[1] zur Diffamierung jeglicher USA-Kritik abtun zu können. Die zweite und noch grundlegendere Ursache für die begrifflichen Schwierigkeiten ist der Gegenstand selbst: Das Phänomen des Antiamerikanismus ist, nimmt man seine Vorformen hinzu, rund 200 Jahre alt, ist mittlerweile weltweit verbreitet und bei allen, auch bei ansonsten gegensätzlichen politischen Richtungen zu finden. Entsprechend disparat erscheinen seine Formen und Inhalte, seine Ursachen, Anlässe und Trägergruppen. Ein Begriff des Antiamerikanismus, der sowohl trennscharf ist, als auch alle dessen Formen zu umfassen und diese gleichzeitig zu differenzieren vermag, ist daher nur schwer zu finden. Hierzu zählt auch die Frage, nach dem Verhältnis von Antiamerikanismus und Antisemitismus: Wo bestehen Ähnlichkeiten, worin liegen die Unterschiede, wie lassen sich beide voneinander abgrenzen?

Zu diesen Tücken des Gegenstandes und dem politischen Handgemenge tritt noch erschwerend hinzu, dass sich die antiamerikanische Kritik an den USA auf ein großes Reservoir von Fakten stützen kann: Denn die USA sind realiter eine Weltmacht, sie verfolgen ökonomische, politische und militärische Interessen, sie führen Kriege und unternehmen Geheimdienstoperationen. Wo liegt die Grenze zwischen »normaler«, legitimer Kritik der Politik der USA und einem »Antiamerikanismus«, der diese Fakten nur benutzt?

---

1   Rudolf Walther, Ein Dum-Dum-Wort, in: Die Zeit, Nr. 45 / 31.10.2002.

Antiamerikanismus ist, stellt man seine Existenz nicht generell in Abrede, ein ideologisches Phänomen, die ihn auszeichnenden Merkmale müssen daher ideologischer Natur sein. Um diesem auf die Spur zu kommen, wird im Folgenden die Propaganda der SED der Jahre 1948 bis 1953, innerhalb derer die USA beziehungsweise der »US-Imperialismus« eine zentrale Funktionsstelle einnahmen, einer ideologietheoretischen Analyse unterzogen.[2] Dieses Fallbeispiel verspricht zwei interessante Perspektiven auf den Gegenstand zu eröffnen: Erstens ist das seinerzeitige marxistisch-leninistische Weltbild der SED zweifelsfrei als antiamerikanisch zu klassifizieren; da es eine ausformulierte, in sich konsistente Ideologie darstellt, lassen sich an ihr nicht nur zahlreiche antiamerikanische Stereotype herauspräparieren, sondern insbesondere auch die zugrundeliegenden Denkstrukturen, die diese Inhalte zu einem Weltbild verknüpfen und ihnen dadurch erst ihren spezifischen Stellenwert zuweisen. Zweitens transformierte sich im Zuge der spätstalinistischen Säuberungswellen dieses antiamerikanische marxistisch-leninistische Weltbild – siehe Prager Slánský-Prozess, Moskauer »Ärzteverschwörung« und Merker-Affäre in der DDR – 1952/53 in einen unzweifelhaft antisemitischen »Antizionismus«. Der Antiamerikanismus der SED bietet daher auch Aufschlüsse über dessen Zusammenhang mit dem Antisemitismus.

Die »Zwei-Lager-Theorie« – Marxismus-Leninismus im Kalten Krieg

Im September 1947 erklärte der Gründungskongress des Informationsbüros der kommunistischen und Arbeiterparteien die von Stalins Chefideologen Andrej Shdanow formulierte »Zwei-Lager-Theorie« zur verbindlichen Weltsicht. Diese war keineswegs etwas Neues, sondern lediglich eine aktualisierte Variante der Grundideologie des kommunistischen Herrschaftssystems, des Marxismus-Leninismus, der an die neue außen- und innenpolitische sowie innerparteiliche Lage angepasst wurde: Hatten früher die europäischen »imperialistischen Staaten«, vor allem England und Frankreich, als die Hauptfeinde des Sowjetstaates gegolten, so nahmen jetzt die USA die Funktionsstelle des Hauptgegners ein. Durch die sogenannte »Zwei-Lager-Theorie« sollte nunmehr in der marxistisch-leninistischen Weltsicht die Konfrontation des Kalten Krieges zu Tage treten,

2 Quellenbasis bilden die Beschlüsse und Erklärungen des Parteivorstandes, des Zentralsekretariats und des Politbüros der SED der Jahre 1948 bis 1953 sowie die entsprechenden Jahrgänge der *Einheit*, dem theoretischen Organ der SED; weiterhin werden ihr Zentralorgan, *Neues Deutschland* (ND) sowie Reden und Schriften führender Parteifunktionäre herangezogen.

die immer offenere Diktatur der kommunistischen Parteien legitimiert und die Herstellung einer absoluten Folgebereitschaft der KPs gegenüber Moskau mit Hilfe der sogenannten Parteisäuberungen ideologisch unterfüttert werden.

Auch die DDR übernahm umgehend diese Weltsicht. 1948 hob in der DDR eine sich bis 1953 ständig verschärfende Propagandawelle an, die sich insbesondere gegen die USA als westliche Führungsmacht und Schutzherr des entstehenden westdeutschen Konkurrenzstaates richtete. Ab sofort begann jede wichtigere Stellungnahme von ZK oder Politbüro der SED mit einer monotonen Beschreibung der Weltlage gemäß der »Zwei-Lager-Theorie«. Die Grundstrukturen dieses Weltbildes[3] waren:

1. Manichäismus – binäres Denken und wesenhaft böser Feind:

Das erste grundlegende Strukturmerkmal des kommunistischen Weltbildes, sein Manichäismus, kommt schon in der Selbstbezeichnung »Zwei-Lager-Theorie« augenfällig zum Ausdruck. Ein binäres Schwarz-Weiß-Denken schied die gesamte Welt fein säuberlich in Gut und Böse. Das Böse war der »kriegslüsterne Imperialismus«[4] unter der Vorherrschaft der USA, verantwortlich für alles Übel auf der Welt. Die »amerikanischen Rüstungsindustriellen und Bankiers« seien »unersättlich und streben … danach, alle Schätze anderer Völker in die Tasche zu stecken, alle Länder in koloniale Abhängigkeit zu bringen und die Weltherrschaft zu erobern«.[5] Ihnen gegenüber stand das »Weltfriedenslager«[6] – die realsozialistischen Staaten unter der Führung der Sowjetunion, die kommunistischen Parteien in aller Welt sowie alle »Völker« der Erde.

Weltweit, so behauptete die SED, befinde sich der Sozialismus auf dem Vormarsch, weswegen sich der Imperialismus mit den perfidesten Mitteln gegen seinen Untergang zur Wehr setze. »Der amerikanische Raubimperialismus, dessen Ideal die Weltherrschaft, die Vorbereitung und Entfesselung eines neuen Weltkrieges, die Ausrottung anderer Völker ist«,[7] habe in das Innere der Volksdemokratien seine Agenten, Spione, Saboteure

3   Vgl. hierzu die ausführlichere Analyse in: Thomas Haury, Antisemitismus von links. Kommunistische Ideologie, Nationalismus und Antizionismus in der frühen DDR, Hamburg 2002, 349 ff.
4   Georg Krausz, Die zionistische Agentur des USA-Imperialismus, in: ND 6.12.1952.
5   Dokumente der SED Bd. I-IV, Berlin 1951-1954, hier Band III/1952, S. 250.
6   Dokumente Band IV/1954, S. 436.
7   Tägliche Rundschau, 6.6.1951, zit. n. Manfred Jäger, Kultur und Politik in der DDR 1945-1990, Köln 1994, S. 43.

und Diversanten entsandt, von außen bedrohe er das Friedenslager durch Aufrüstung und Atombombe. In seinem Todeskampf würde der »verfaulende Kapitalismus …, der von der Geschichte zum Untergang verurteilt ist«,[8] auch vor der Entfesselung eines dritten Weltkrieges nicht zurückschrecken, ja arbeite gar zielgerichtet auf diesen hin.

Insbesondere für Deutschland dämonisierte die SED den US-Imperialismus zum existentiell bedrohlichen, wesenhaft bösen Feind, den sie in immer neuen und grelleren Farben ausmalte. Die westdeutsche Bevölkerung schmachte unter »imperialistischer Fremdherrschaft«, »imperialistischer Versklavung« und »kolonialer Ausbeutung«:[9]

> Die anglo-amerikanischen Monopole betreiben schamlos die Ausraubung Westdeutschlands. Sie heimsen … Profite ein, wie sie niemals durch koloniale Ausbeutungsmethoden erzielt worden sind.[10]

Um zu zeigen, wie der Imperialismus mit allen Mitteln die Friedensbastion DDR zu unterminieren versuche, inszenierte die SED zum Beispiel im Frühsommer 1950 über Wochen hinweg in den DDR-Medien eine Kampagne über einen imperialistischen »Anschlag auf unsere Volksernährung«:[11] US-Flugzeuge hätten »Kartoffelkäfer-Bomben«[12] über der DDR abgeworfen. Unter der Bevölkerung herrsche »helle Empörung« über diese »neue Unmenschlichkeit der US-Imperialisten, die nach der Zertrümmerung der deutschen Städte jetzt auch … die Ernährung sabotieren wollen«.[13] »US-Barbaren wollen Bevölkerung aushungern« und »Heute Kartoffelkäfer – morgen Atombomben« lauteten die Überschriften.[14]

Direkt auf die »Amikäfer-Kampagne« folgend leitete das *Neue Deutschland* mit dem Titel »US-Aggressoren wollen Westdeutschland in eine Wasserwüste verwandeln«[15] eine neue Artikelserie ein, in der die USA beschuldigt wurden, im Falle des Widerstandes der BRD-Bevölkerung gegen den geplanten dritten Weltkrieg ausgerechnet den Lorelei-Felsen mittels Atombomben sprengen zu wollen, um den Rhein zu einem riesigen See zu stauen und so »aus ganz Westdeutschland eine ›tote Zone‹ zu machen«. Dieser »teuflische Plan« sei nicht nur »für das deutsche Volk

---

8 Dokumente Band III/1952, S. 574.
9 Dokumente Band III/1952, S. 16, 89, 83.
10 Dokumente Band III/1952, S. 83.
11 Neues Deutschland [ND] 16.6.1950.
12 ND 4.6.1950.
13 ND 26.5.1950, ND 27.5.1950.
14 ND 4.6.1950 und 27.5.1950.
15 ND 18. Juni 1950.

lebensbedrohend«, sondern bedeute die »Vernichtung eines der schönsten Teile unseres Vaterlandes«.[16]

2. Personifizierung und Verschwörungstheorie:

Das zweite grundlegende Strukturmerkmal des marxistisch-leninistischen Weltbildes ist die Personifizierung des Kapitalismus. Der zum neuen »Hauptfeind des deutschen Volkes« erklärte US-Imperialismus wurde in einer kleinen Gruppe von »Weltimperialisten« und »Dollarkönigen«, »den ›wahren Herren‹ Amerikas, Morgan, Rockefeller, Lamont, Mellon u.a.« personifiziert.[17]

Wird aber das Böse personifiziert, so muss die letzte Ursache des Bösen zwangsläufig im abgrundtief schlechten Charakter beziehungsweise Wesen dieser Menschen liegen; immer wieder charakterisierte die SED die »Finanzkapitalisten« als »habgierig« und »unersättlich«, ständig war die Rede von der »wilden Wut« und dem »zügellosen Haß« der »kriegslüsternen Imperialisten« auf das Friedenslager.[18]

Weiterhin verortete die SED den Kapitalismus-Imperialismus vor allem im Geld, in den Banken und in der Börse. »Lombardstreet und Wallstreet« seien »für alle ehrlichen Sozialisten zum Inbegriff des Klassenfeindes geworden«.[19] Und folgerichtig personifizierte die SED »Finanzkapital« und den »Dollarimperialismus« nicht nur in »Kapitalisten« und »Imperialisten«, sondern vor allem in »Dollarkönigen« und »Dollargeiern«, in den »Finanzhyänen« und »Raubtieren der Wallstreet«.[20]

Diese personifizierende Erklärung des Kapitalismus aber musste zwangsläufig in eine verschwörungstheoretische Weltsicht münden. Wie sonst ließe es sich erklären, dass »eine Handvoll habgieriger Milliardäre«[21]

---

16 ND 25.6.1950, ND 18.6.1950, ebd.

17 Dokumente Band IV/1954: 305, Dokumente Band II/1951: 388, Alexander Abusch, Stalin und die Schicksalsfragen der deutschen Nation, Berlin 1949, S. 118, Kurt Hager, Kriegspolitik und Kriegspropaganda des amerikanischen Imperialismus, in: Einheit, 5 (1950), H. 6 (Juni), S. 496-503, hier S. 497.

18 Dokumente Band II/1951: 393, Dokumente III/1952: 250, Dokumente III/1952: 82, Dokumente II/1951:393, Der Generalkriegsvertrag und der Kampf des deutschen Volkes um Einheit und Frieden und Freiheit, in: Einheit 7 (1952), H. 3 (März), S. 203-222, hier S. 211.

19 Klaus Zweiling, Zwei Doktoren – Eine Meinung, in: Einheit 3 (1948), H. 1 (Januar), S. 77-79, hier S. 78.

20 Abusch, Stalin, S. 118, Albert Norden S. 328, Dokumente III/1952, S. 94, Norden, Nation, S. 62.

21 Dokumente Band II/1951, S. 393.

die halbe Welt beherrschen? Folgerichtig sprach die SED ständig davon, »hinter den Kulissen« würden »geheime Fäden« gesponnen, sie sah imperialistische »Verschwörungen«, »finstere Pläne« und von langer Hand vorbereitete »mörderische Machenschaften«.[22] Mittels ihrer »bezahlten Politiker und Schreiberlinge« würden die »Herren der Wallstreet« die Staaten lenken und durch »hinterhältige Methoden des Volksbetruges« und »ausgeklügelte Ablenkungs- und Täuschungsmanöver« die Beherrschten niederhalten.[23] Hinter allem stehe »unsichtbar, aber allgewaltig, das amerikanische Finanzkapital«.[24]

3. Konstruktion eines identitären Kollektivs – kommunistischer Deutsch-Nationalismus:

Die Gegenseite, das Gute, auf das sich der Kommunismus berief, wurde gefasst als ein homogenes Kollektiv, das ein gemeinsames Interesse (die sozialistische Revolution) besitze. Die Partei wiederum sei zur Führung dieses Kollektivs berufen, da allein sie »die Entwicklungsgesetze der menschlichen Gesellschaft zu erkennen« und so »den Gang der Ereignisse … zum Wohle unseres Volkes zu lenken« befähigt sei.[25] Die SED behauptete sowohl innerhalb des Kollektivs als auch zwischen Kollektiv und Führung eine grundsätzliche Identität und Interessenharmonie: eine ebenso reaktionär-antimoderne wie tendenziell totalitäre Gemeinschaftskonstruktion.

Prinzipiell war dieses Kollektiv, auf das sich die Partei berief, als »das Proletariat« bestimmt. Doch schon bei Lenin zeigt sich, dass spätestens mit der Staatswerdung der kommunistischen Partei die Berufung auf das »Proletariat« erweitert wird zur Berufung auf »die Schaffenden«, auf die »breitesten Volksmassen«, auf das »werktätige Volk« und schließlich auf das »Volk« an sich.[26] Diese terminologische Erweiterung der »Arbeiterschaft« zum »Volk« zeigt sich aus nachvollziehbaren Ursachen bei der SED besonders scharf, denn sie stand vor einem so spezifischen wie unüberwindbaren Problem: Alle anderen Ostblockstaaten besaßen bei der Bevölkerung eine Grundakzeptanz als »ihr« Nationalstaat. Die DDR dagegen

22 Abusch, Stalin, S. 74, 74, Dokumente Band II/1951, S. 241, Norden, Nation, S. 123, Dokumente Band IV/1954, S. 24.
23 Dokumente Band IV/1954, S. 480f, Dokumente Band II/1951, S. 18, Otto Winzer, Der Sieg über den Separatismus nach dem ersten Weltkrieg, in: Einheit 7 (1952) H. 1 (Januar), S. 7-25, hier S. 11, Generalkriegsvertrag, S. 210.
24 Norden, Nation, S. 142.
25 Dokumente III/1952, S. 588, 588.
26 Vgl. ausführlicher: Haury, Antisemitismus, S. 235ff, 248 ff.

verfügte über keine »selbstverständliche« nationalstaatliche Legitimations-basis, im Gegenteil: Die BRD stellte allein durch ihre Existenz als eben-falls »deutscher« Staat eine permanente grundsätzliche Infragestellung der Existenz der DDR und der Herrschaft der SED dar – ganz zu schweigen davon, dass die BRD offensiv den Anspruch auf Alleinvertretung des »deutschen Volkes« erhob und der DDR die Anerkennung verweigerte.

Da die SED in realistischer Einschätzung der Lage ihr Sozialismuskon-zept allein für nicht zugkräftig genug hielt, begann sie – nur wenige Jahre nach dem Untergang des Nationalsozialismus – diesem Legitimations-defizit mit einer vehementen deutsch-nationalistischen Kampagne zu be-gegnen. Die BRD galt als ein »von den Gnaden des Dollarimperialismus abhängiger ... Marionetten›staat‹« mit einer »Marionettenregierung« einer von den USA »oktroyierten, ... antideutschen Verfassung«, nur dazu da, die »Zerreißung Deutschlands parlamentarisch zu maskieren« – »hin-ter den Kulissen aber, da sitzt die Kamarilla, die okkulte Regierung, die wirkliche Herrschaft«: die »Internationale der Bankiers«.[27]

Wie in jedem Nationalismus wurde das Volk im Modus der Bedro-hung konstruiert: Die westdeutsche Bevölkerung leide unter »wirt-schaftlicher Erdrosselung« und »nationaler Versklavung«, die BRD diene als Aufmarschgebiet für den geplanten dritten Weltkrieg, »deutsche Ju-gend soll ... unter dem Kommando amerikanischer Offiziere als ... Ka-nonenfutter für Wallstreet und den Dollar sterben«.[28] Insbesondere die »Wucherzinsen« für Marshallplankredite »plündern das deutsche Volk aus«.[29] Mit ihnen werde »die Kette der Schuldknechtschaft um ganze Ge-nerationen ... geschmiedet«.[30] Und so forderte die SED: »Sofortige Ein-stellung ... der Überfremdung der deutschen Wirtschaft durch ausländi-sche Kapitalisten. Beseitigung der Dollarzinsknechtschaft.«[31]

Die westdeutsche Politik wurde nur in den Kategorien von »Verrat« und »Verschwörung« behandelt. »Bezahlte Werkzeuge« hätten »sich dazu hergegeben ..., die wahren Interessen des deutschen Volkes an die anglo-

---

27 Dokumente Band II/1951, S. 349, 349, Wilhelm Koenen, Zur Bildung eines Nationalrates der nationalen Front des demokratischen Deutschlands, in: Einheit 5 (1950) H. 3 (März), S. 195, Dokumente II/1951: 338, Norden, Nation, S. 325, Albert Norden, Des Volkes Vaterland, o.O. o. J. (1955), S. 194.

28 Dokumente Band III/1952, S. 83, Alfred Lemmnitz, Das Auslandskapital – ein Mittel der nationalen Versklavung Westdeutschlands, in: Einheit 7 (1952) H. 10 (Oktober), S. 1001, Dokumente Band II/1951, S. 394.

29 Norden, Nation, S. 193, 193.

30 Norden, Nation, S. 153.

31 Dokumente Band II/1951, S. 365.

amerikanischen Imperialisten zu verschachern«.[32] »Offener Landesverrat ist am Werk!«[33] Die BRD sei ein »antinationales Gebilde«, »Weder der Bundestag noch die von ihm zu bildende Regierung sind deutsche Organe«, sondern vielmehr »Feinde des deutschen Volkes«.[34]

Um so heller ließ die SED sich und die DDR als das »Vaterland der Werktätigen«[35] im deutschnationalen Licht erstrahlen: »Gab es jemals eine solche Partei, die so konsequent für die nationalen Interessen des Volkes kämpft, ... die ... auf alle Lebensfragen der Nation wegweisende Antwort gibt, wie es die Sozialistische Einheitspartei Deutschlands tut?«[36] »Als Vortrupp des deutschen Volkes macht sich die Sozialistische Einheitspartei zur Fürsprecherin der elementarsten Interessen der ganzen deutschen Nation.«[37]

In flammenden Aufrufen mit Titeln wie »Manifest an das deutsche Volk« oder »Ruf an die Nation!« wandte sich die SED an »alle ehrlichen deutschen Patrioten« »die ihr Volk und Vaterland aufrichtig lieben« und rief diese dazu auf, unter ihrer Führung in den »nationalen Befreiungskampf« gegen den Imperialismus einzutreten.[38] Die »Befreiung der Nation aus den Klauen des Dollarimperialismus« sei die höchste Pflicht für »alle gesunden Volkskräfte«: »Finanzkapital oder Nation – so steht die Frage«.[39]

4. A nationale parasitäre Bankiers als Feinde aller »werktätigen Völker«:

Die Konstruktion eines solchen identitären Kollektivs – heiße es nun »Proletariat« oder »Volk« –, die von der Realität notwendig dementiert werden muss, bedarf, dies belegt die gesamte neuere Nationalismusforschung, notwendig eines Feindbildes, das die behauptete Einheit erst zu formieren und als Gegenbild das Selbstbild erst zu konturieren vermag. Diese Funktion des Feindbildes zeigt sich in der marxistisch-leni-

---

32 Dokumente Band II/1951, S. 349, 338.

33 Dokumente Band I/1952, S. 242.

34 Dokumente Band II/1951: 321, Pieck, zit. n. Hermann Weber/ Fred Oldenburg, 25 Jahre SED. Chronik einer Partei, Köln 1971, S. 76, Dokumente Band II/1951, S. 90.

35 Otto Grotewohl, zit. n. Sigrid Meuschel, Legitimation und Parteiherrschaft in der DDR. Zum Paradoxon von Stabilität und Revolution in der DDR 1945-1992, Frankfurt 1992, S. 106.

36 Dokumente Band III/1952, S. 686.

37 Dokumente Band III/1952, S. 187.

38 Dokumente Band I/1952, S. 24, Dokumente Band IV/1954, S. 22, Dokumente Band III/1952, S. 64, Dokumente Band II/1951, S. 180, Dokumente Band IV/1954, S. 418.

39 Dokumente Band II/1951, S. 180, 16, Norden, Nation, S. 157.

nistischen Ideologie wie beschrieben geradezu mustergültig. Allerdings weist das Feindbild des Marxismus-Leninismus einige bedeutsame Spezifika auf:

Erstens stellen »Völker« im kommunistischen Weltbild prinzipiell einen zentralen positiven Referenzpunkt dar. Die Stelle des Feindes konnte daher – anders als so häufig im Nationalismus, vgl. zum Beispiel die deutsch-französische »Erzfeindschaft« im 19. Jahrhundert oder das heutige Ex-Jugoslawien – kein anderes »Volk« einnehmen. Der Feind im kommunistischen Weltbild kann nicht (zumindest nicht offen) ethnisch-national definiert, sondern er muss (zumindest primär) mittels sozialer Kategorien bestimmt beziehungsweise aus dem Eigenkollektiv ausgegrenzt werden: als Klassenfeind, als die den Kapitalismus personifizierenden Finanzkapitalisten.

Zweitens galt dieser grundlegende Antagonismus »Volk versus Finanzkapitalisten« weltweit für alle »Völker«: »Die Welt spaltet sich immer mehr in eine kleine Schicht von Finanzgewaltigen … einerseits und andererseits den Millionenmassen der unter dem Joch des Monopolkapitals stöhnenden Völker.«[40] »Morgan, Rockefeller und die anderen Milliardäre … sind die Erzfeinde … der gesamten friedliebenden Menschheit«, die »Erzfeinde aller Völker«.[41]

Drittens allerdings zog diese Konstruktion, in der die »Völker« ja nicht nur sozial, als zum »werktätigen Volk« erweitertes Proletariat, sondern allesamt auch »national« bestimmt wurden, nach sich, dass die »Finanzkapitalisten«, in welchem Land auch immer sie ihr Unwesen trieben, nicht zum »Volk« beziehungsweise zur »Nation« gehören durften. Wie bereits am Beispiel der westdeutschen »Bourgeoisie« beschrieben, wurden sie als anationale »Volksverräter« und »Volksfeinde« aus dem nationalen Kollektiv ausgegrenzt.[42]

Die bourgeoisen ›Geldmenschen‹, die Händler … und Bankiers kennen nur eine einzige Bindung und ein einziges Band: Das Geld. Sie fühlen sich überall dort zu Hause, wo man Geld ›machen‹ kann. Das Geld ist ihre Heimat, und ihre ursprüngliche Heimat verwandelt sich auf ihren Börsen in ein Geldgeschäft, in eine Finanzspekulation. Der Lebensgrundsatz dieser vaterlandslosen Gesellen lautet: ›Dort, wo es mir gut geht, ist mein Vaterland‹. Völlige Gleichgültigkeit gegenüber

---

40 Karl Heinz Hoffmann, Kann Amerika Deutschland helfen?, in: Einheit 3 (1948) H. 8 (August), S. 193-203, hier S. 755.
41 Hager Kriegspolitik, S. 496, ND 18.2.1953.
42 Dokumente Band III/1952, S. 64, Dokumente Band II/1951, S. 401.

dem Schicksal seiner Heimat und seines Volkes, zynische Verachtung aller moralischen Bindungen und Verpflichtungen gegenüber seiner Nation, Verschacherung und Verrat seines Volkes, darin besteht die Weltanschauung des kosmopolitischen Bourgeois.[43]

Viertens musste und konnte diese Unterscheidung auch für die USA getroffen werden. Für die SED war es daher selbstverständlich, dass es auch ein »anderes Amerika« gab – die unterdrückten Volksmassen, die für ihre Rechte kämpfenden Indianer und Schwarzen, die wahren Demokraten und Gewerkschafter. Die »USA« der Propaganda der SED waren in diesem Sinne keine »Nation«, sondern auch hier stand das »gute Volk« gegen die bösen ausbeuterischen und anationalen Finanzkapitalisten.

Fünftens schließlich ist, dies klingt in allen bereits geschilderten Entgegensetzungen von »Volk« und »Finanzkapitalisten« immer deutlich an, diesen noch ein weiterer wichtiger Gegensatz inhärent, der besonders hervorzuheben ist: Die »profitsüchtigen Finanzkapitalisten« wurden ständig charakterisiert als »Hyänen«, »Raubtiere« und »Geier«, die die »Völker aussaugen«. Schlussendlich standen – auch diese Metaphern sind in der SED-Propaganda zu finden – »Blutsauger« und »Parasiten«[44] gegen »Werktätige«, »Arbeitende« und »Schaffende«. Und die Nationalisierung des Selbstbildes zum »werktätigen Volk« oder »Volk« bedeutete notwendig, dass auf der Gegenseite die anationalen Finanzkapitalisten (ent-)standen, die »Internationale der Bankiers«, die »terroristische Mörderinternationale von Wall Street«.[45]

5. Innere Feindbestimmung:

Nicht nur dem äußeren, sondern gerade auch dem inneren Feind kommt beim Zusammenschweißen eines Kollektivs unter »seiner« Führung eine zentrale Bedeutung zu. Und auch die SED kreierte einen gefährlichen inneren Feind. Dies nicht von ungefähr: Denn je mehr die SED das so-

43 Ernst Hoffmann, Die Stellung des Marxismus zum bürgerlichen Kosmopolitismus, in: Einheit 4 (1949), H. 7 (Juli), S. 606-615, S. 611.
44 Victor Stern, Marxismus und Nationalismus, in: Einheit 4(1947), H. 10 (Oktober), S. 933-942, hier S. 937, Walter Ulbricht, Die Legende vom »deutschen Sozialismus«. Ein Lehrbuch für das schaffende Volk über das Wesen des deutschen Faschismus, Berlin 1946, S.: 69.
45 Erich Honecker/Hermann Axen 1949, zit. n. Rainer Schnoor, Das gute und das schlechte Amerika. Wahrnehmungen der USA in der DDR, in: Detlef Junker (Hg.), Die USA und Deutschland im Zeitalter des Kalten Krieges 1945-1990. Ein Handbuch, Bd. 1, Stuttgart 2001, S. 932-943, hier S. 934.

wjetische Modell in Staat, Wirtschaft und Gesellschaft durchsetzte, desto geringer wurde ihr Rückhalt in der Bevölkerung. Und selbst innerhalb der SED gab es Zweifel und Bedenken gegenüber der diktatorischen Sowjetisierungspolitik. Auch für die Repression gegen alle, selbst kleinste Widerstände in der Gesellschaft als auch gegen die Parteimitgliedschaft selbst lieferte die »Zwei-Lager-Theorie« die ideologische Legitimation: Um seine Weltherrschaft zu errichten und das Friedenslager zu vernichten, so verkündete die SED in Permanenz, habe der Imperialismus im Inneren der »volksdemokratischen Staaten«, auch in die Partei selbst, »ein weitverzweigtes Netz« von Agenten, Spionen und Saboteuren aufgebaut.[46]

Im ganzen Land machte sich die SED nunmehr daran, diesen gefährlichen inneren Feind aufzuspüren und zu eliminieren. Nicht nur Unwilligkeit, Kritik oder Widerstand, schon bloße Nachlässigkeit oder Fehlentscheidungen der Partei beziehungsweise daraus resultierende Versorgungsengpässe wurden als bewusste Sabotagetätigkeit ausländischer Agenten verfolgt und drakonisch bestraft. In Schauprozessen wurden sogar Todesurteile verhängt. Das *Neue Deutschland* titelte »Genossin Herta Bergmann entlarvt die Saboteure im Steinkohlebergbau«, »Schädlinge und Saboteure aus Klein-Machnow vor Gericht«.[47]

Auch jegliche Kritik an der Linie der Parteiführung wurde nunmehr zur Agententätigkeit und »Wühlarbeit« von geschickt sich verstellenden, »getarnten Parteifeinden« erklärt, die mit allen Mitteln versuchten, »die Reihen unserer Partei zu zersetzen«.[48] Flächendeckend wurden Parteikontrollkommissionen zur »Ausmerzung von schädlichen und feindlichen« sowie »entarteten Elementen« eingerichtet.[49] Mehrere Säuberungswellen durchforsteten die SED, zahlreiche prominente Parteimitglieder wurden unter dem Vorwurf der Agententätigkeit verhaftet und verschwanden bis 1956 in ostdeutschen Gefängnissen oder im Gulag. Immer wieder wurden auch in der DDR Vorbereitungen für einen großen Schauprozess unternommen.

Da die SED sich eins glauben wollte mit dem »Volk«, war alsbald nicht nur von »Agenten« oder »entarteten Elementen« die Rede, sondern auch von »Volksfeinden«,[50] die »getarnt« »wühlen« und »zersetzen« und deshalb

---

46 Hermann Matern, Die Beschlüsse des Informationsbüros – eine Anleitung zum Handeln!, in: Einheit 5 (1950), H. 6 (Juni), S.: 517.

47 ND 2.12.1952, ND 10.2.1953.

48 Dokumente Band III/1952, S. 102, Dokumente Band II/1951, S. 196, 397.

49 Dokumente Band II/1951, S. 84, Hermann Matern, Methoden feindlicher Agenten, in ND 18.11.1949.

50 Dokumente Band II/1951, S. 401, Hager, Kriegspolitik.

»entlarvt« und »ausgemerzt« werden müssten. Und selbst die nazistische Vokabel des »Volksschädlings« findet sich in der Propaganda der DDR.[51] Die behauptete Bedrohung durch einen maskierten, hinterlistigen inneren Feind, der im Auftrag der »Internationale der Bankiers« die Zersetzung von Staat und Partei betrieb, diente keineswegs nur der »Ausmerzung« realer und der Einschüchterung potentieller Gegner, sondern war eine unverzichtbare ideologische Konstruktion, um das angerufene »Volk« durch den Kampf gegen die »Volksfeinde« und »Volksschädlinge« fest hinter seiner Führung zusammenzuschließen.

6. Antikosmopolitismuskampagne gegen die westliche »Kulturzersetzung«:

Doch nicht nur auf politischem Gebiet trat die SED mit der BRD in einen patriotischen Konkurrenzkampf um die Alleinvertretung des »deutschen Volkes«, sondern gerade auch dem für den deutschen Nationalismus schon immer zentralen Feld der »deutschen Kultur«. Und auch hier setzte sie das »internationale Finanzkapital« gegen die »deutsche Nation«.

Die Abschottung gegenüber allen kulturellen Einflüssen aus dem Westen wurde in allen Ostblockstaaten seit 1949 unter dem Label der sogenannten Antikosmopolitismus-Kampagne betrieben. Und auch hier befand sich die DDR in einer besonders prekären Lage: Die Abschottung gegen den Westen, insbesondere gegenüber der BRD, war zentral für den Systemerhalt, gleichzeitig aber auch kaum zu bewerkstelligen. Eine Sprachbarriere fehlte und eine »national-kulturelle« Grenze hatte nie bestanden, während die westliche (Massen-)Kultur auf die Bevölkerung der DDR eine in den Augen der SED gefährliche Anziehungskraft entwickelte. Entsprechend heftig betrieb die SED ihre Antikosmopolitismus-Kampagne, in der sich marxistisch-leninistischer Manichäismus, Ressentiments gegen die »westliche Scheinkultur« und nationalistische Anrufungen der »deutschen Kultur« mit dem entsprechenden Vokabular kongenial verbanden.

Der Kosmopolitismus sei die »entscheidende ideologische Waffe des Imperialismus«.[52] Durch die Aufzwingung der »kulturlosen sogenannten amerikanischen Lebensweise« wolle der »amerikanische Weltherrschaftstrust« weltweit »die Seele der Völker ... töten, um die Menschen in den

51 Vgl. z. B. Hager Kriegspolitik, ND 9.1.1953, »Dr. Hamann – Bewußter Volksschädling«, Hermann Matern, Über die Durchführung des Beschluss des ZK der SED »Lehren aus dem Prozess gegen das Verschwörerzentrum Slansky«, Berlin 1953, S. 34.
52 Dokumente Band III/1952, S. 435.

Schmelztiegel eines neuen Völkermordens werfen zu können.«[53] Auch das »jahrhundertealte, hochentwickelte deutsche Kulturerbe« wollten die »Wallstreet-Kosmopolitiker« mittels der »kulturlosen Erzeugnisse« der amerikanischen »Pseudokultur« »in den Schmutz treten«, um so »dem deutschen Volk moralisch das Rückgrat zu brechen, indem er unser Nationalbewußtsein abtötet und unseren Nationalcharakter vernichtet«.[54]

»Amerikanische Kulturbarbarei« avancierte zu einem stehenden Topos.[55] »Ein Riesenapparat für die ideologische Vergiftung des deutschen Volkes« sei in Bewegung gesetzt worden und drohe die »nationale Kultur Deutschlands in einer Schlammflut amerikanischer Afterkultur zu ersäufen«.[56] Die »deutsche Kultur« sei tödlich bedroht durch die »volksfremde und volksfeindliche« westliche Dekadenz und die »kapitalistische Kulturzersetzung«, das *Neue Deutschland* warnte vor der »geistigen Entmannung unseres Volkes durch kosmopolitisches Gift«.[57]

Und um die DDR als das deutschere Deutschland zu profilieren, präsentierte sich die SED als jene deutsche Kraft, die allein fähig und willens sei, »das große deutsche Kulturerbe«[58] vor der »Auslöschung« durch die westliche »Pseudokultur« zu schützen. Ständig rief sie ihre »deutschen Kulturschaffenden« dazu auf, sich ihrer »nationalen Verwurzelung« bewusst zu werden und die Kultur des »sehnsüchtig geliebten Vaterlands« zu verteidigen.[59]

Mit dem schon aus dem »Dritten Reich« bekannten Schlagwort des »Kosmopolitismus« wurden alle Phänomene der westlichen Kultur, von Filmen und Unterhaltungsmusik bis hin zu moderner Kunst oder Philo-

---

53 Heinz Kamnitzer 1952, zit. n. Fritz Kopp, Die Wendung zur »nationalen« Geschichtsbetrachtung in der Sowjetzone, München 1955, S. 91, Wilhelm Girnus, Wo stehen die Feinde der deutschen Kunst? In: ND 13. Und 18.2.1951; ebd.

54 Dokumente Band II/1951, S. 362, Norden, Um die Nation, S. 202, Alexander Abusch, Literatur im Zeitalter des Sozialismus, Berlin/Weimar 1967, S. 143, Kamnitzer, zit. n.: Kopp, Wendung, S. 90, Dokumente Band II/1951, S. 362, Girnus, Feinde.

55 Vgl. z. B. Dokumente Band II/1951, S. 411, 416, 464.

56 Hoffmann, Die Bedeutung der ideologischen Offensive in der Sowjetunion für Deutschland, in: Einheit 4 (1949), H. 9 (September), S. 793.

57 Dokumente Band III/1952, S. 118, Alexander Abusch, Johannes R. Becher – Dichter der Nation und des Friedens (1949-1952), in: Ders., Literatur, S. 319-366, hier S. 360, ND 5.7.1952.

58 Dokumente Band III/1952, S. 93.

59 Abusch, Johannes R.Becher, S. 338, ders., Nationalliteratur der Gegenwart, in: ders., Literatur, S. 618-632, hier S. 626.

sophie denunziert: Der »Boogie-Woogie-Kosmopolitismus« etwa sei »ebenso gefährlich wie ein militärischer Angriff mit Giftgasen«.[60] Denn der Jazz diene nicht nur dazu, die klassische deutsche Musik zu verdrängen, sondern »ist eine Musik, die ... das Chaos ist, die nicht nur Kriegsvorbereitung, sondern der Krieg ist. Das ist ein Versuch, den Krieg in die Hirne der Menschen einzuschmuggeln«.[61] Die widerwärtigen »amerikanischen Dekadenzfilme«, die »Kitsch- und Verbrecherfilme« aus Hollywood, die »pornographischen Magazine, Kriminal- und Kolportageromane übelster Sorte«, Comics und andere »amerikanische Schund- und Schmutzliteratur« seien von den »imperialistischen Kulturzerstörern« gezielt eingesetzte ideologische Waffen zur »Vergiftung des Bewußtseins und Verrohung des Geschmacks der breiten Massen des Volkes«.[62] Auch die Verführung deutscher Mädchen zur Prostitution war ein häufig aufgenommener Topos der SED-Propaganda: In der BRD würde durch die »amerikanischen Gangster in Uniform« »mit dem Dollar unsere weibliche Jugend entehrt«.[63]

In alter deutscher Tradition mobilisierte die SED antiwestliche und kulturkritische Ressentiments, setzte »deutsche Kultur« gegen die westliche »Dekadenz«, »volksnahe, national verwurzelte Kunst« gegen den »wurzellosen Kosmopolitismus«.

7. Der gleitende Übergang zum Antisemitismus:

1952/53 nahmen die ostblockweiten Säuberungen mit dem Ende November 1952 in Prag inszenierten großen Schauprozess gegen den früheren tschechischen Innenminister und KP-Generalsekretär Rudolf Slánský und 13 weitere Angeklagte (neben Slánský waren noch 10 weite Angeklagte jüdischer Herkunft) eine offen antisemitische Wendung, die auch die

---

60 Ernst Hermann Meyer, Musik im Zeitgeschehen, Berlin 1952, S. 162.

61 So Georg Knepler, Rektor der Deutschen Hochschule für Musik in Berlin und führender Musikologe der DDR, 1951 auf dem Gründungskongress des Verbandes Deutscher Komponisten und Musikwissenschaftler in seinem Vortrag »Musik, ein Instrument der Kriegsvorbereitung« (zit. n. Michael Rauhut, Beat in der Grauzone. DDR –Rock 1964-1972. Politik und Alltag, Berlin 1993, S. 20).

62 Dokumente Band IV/1954, S. 84, Dokumente Band III/1952, S. 438, Dokumente Band II/1951, S. 394, Dokumente Band III/1952, S. 438.

63 Norden, Nation, S. 159, Dokumente Band IV/1952, S. 36. Vgl. auch Ina Merkel, Eine andere Welt. Vorstellungen von Nordamerika in der DDR der 50er Jahre, in: Alf Lüdtke / Inge Marszolek / Adelheid von Saldern (Hg.), Amerikanisierung. Traum und Alptraum im Deutschland des 20. Jahrhunderts, Stuttgart 1996, S. 245-254, hier S. 250 f.

SED mitvollzog. Der Slánský-Prozess und die kurz darauf im Januar 1953 bekanntgegebenen »Aufdeckung« eines angeblichen Komplotts von mehrheitlich jüdischen Ärzten im Kreml sollten den Auftakt für eine neue, antisemitisch grundierte Welle des Terrors im Ostblock bilden. Das *Neue Deutschland* berichtete täglich durch einen Sonderkorrespondenten aus Prag über den Prozess, Anklageschrift, »Geständnisse« und Urteil wurden seitenlang dokumentiert. Am 4. Januar 1953 veröffentlichte das *Neue Deutschland* über eineinhalb Zeitungsseiten hinweg das zentrale Dokument des ostdeutschen Antizionismus: den Beschluss des Zentralkomitees der SED »Lehren aus dem Prozeß gegen das Verschwörerzentrum Slánský« (i. f. »Lehren«), in dem Paul Merker, bis 1950 Mitglied des Politbüros der SED, und andere hochrangige Parteifunktionäre beschuldigt wurden, im Dienste »des Zionismus« gewirkt zu haben.[64]

Die ideologischen Grundstrukturen der »Lehren« – Manichäismus, Personifizierung, Verschwörungstheorie, Verschmelzung von »Volk«, Staat und Partei durch den Kampf gegen innere und äußere Feinde – gleichen völlig jenen der seit 1948 betriebenen Propaganda der SED. Wie schon seit Jahren wurde als Weltlage eine tödliche Bedrohung der »Kräfte des Friedens« durch die »Kräfte des Krieges« gezeichnet, wieder ging es darum, »getarnte Spione, Agenten und Saboteure«, erfüllt von »Gemeinheit, Verworfenheit, Skrupellosigkeit und Brutalität«, zu entlarven und sich der »Todfeinde des friedliebenden deutschen Volkes« zu erwehren.

Neu in den »Lehren« war allerdings, dass dem US-Imperialismus eine neue feindliche »Agentur« zur Seite gestellt wurde: »Von besonderer Bedeutung im Prozeß gegen die Slánský-Bande waren die Enthüllungen über die verbrecherische Tätigkeit der zionistischen Organisationen.« In dem ZK-Beschluss werden »US-Imperialismus«, »Zionismus«, »zionistische Organisationen«, »jüdische Kapitalisten« und »Israel« zu einem einzigen Verschwörungszusammenhang verschmolzen: Die zionistische Bewegung werde »beherrscht, gelenkt und befehligt vom US-Imperialismus, dient ausschließlich seinen Interessen und den Interessen der jüdischen Kapitalisten«.

Schon seit Jahren wurde der US-Imperialismus als weltweiter Verschwörungszusammenhang profitsüchtiger und nach Weltherrschaft strebender Finanzkapitalisten dargestellt – dessen Verknüpfung mit »jüdischen Kapitalisten« und »zionistischen Monopolkapitalisten« musste unweigerlich das zentrale antisemitische Stereotyp von der Weltverschwörung jüdischer Kapitalisten anklingen lassen. Der Marxismus-Leninismus

---

64 Alle folgenden Zitate hieraus.

hatte sich, indem die »Finanzkapitalisten« lediglich mit der neuen Zusatz-
bestimmung »jüdisch-zionistisch« versehen worden waren, hin zum Antisemitismus entwickelt.

Denn insbesondere auch für die verkappten inneren Feinde wurde der
»Zionismus« verantwortlich erklärt. Es sei erwiesen, »daß der amerikanische Imperialismus über den Staat Israel seine Spionage- und Diver-
santentätigkeit mit Hilfe zionistischer Organisationen in den volksdemokratischen Ländern organisiert und durchführt«. Das ZK erklärte damit
jüdische Kulturvereinigungen, jüdische Wohlfahrtsorganisationen und
die jüdischen Gemeinden zu Organen imperialistischer Spionagetätig-
keit – und so, logischer Endpunkt dieser Assoziationskette, zwangsläufig
alle Juden zu potentiellen volksfeindlichen Agenten einer fremden (Geld-)
Macht. Durch den Zusatz »Zionismus« produzierte die marxistisch-leninistische Säuberungs- und Disziplinierungsdynamik und ihre Verfolgung
innerer Feinde aus sich heraus das klassische antisemitische Stereotyp vom
zersetzenden Juden. Wieder wurde »jüdisch« verknüpft mit Kapitalismus
und nationaler Illoyalität.

Weiterhin füllte der ZK-Beschluss den seit 1948 erhobenen Vorwurf der
Ausplünderung Deutschlands durch ausländische Imperialisten mit
einem neuen und spezifisch »deutschen« Inhalt: der Wiedergutmachung
an die Juden. Paul Merker und einige seiner Mitangeklagten hatten sich
nach Kriegsende für Wiedergutmachungsleistungen an die Juden und die
Rückerstattung jüdischen Eigentums eingesetzt. Dies war von der SED-
Spitze aber schon 1948 endgültig abgelehnt und ab 1950 als »parteiwidrige
Auffassung« klassifiziert worden und bildete 1953 in »Lehren« nunmehr
das Zentrum der Anklage wegen »Zionismus«. Merkers Eintreten für
Wiedergutmachung denunzierte das ZK als »die Verteidigung der Interessen zionistischer Monopolkapitalisten«, seine Forderung nach Entschä-
digungszahlungen an im Ausland verbleibende Juden erklärte die SED zur
»Verschiebung deutschen Volksvermögens«.

Aus der in der Grundlogik des Marxismus-Leninismus liegenden Entgegensetzung von »Volk« und »Finanzkapitalisten« wurde in der nationa-
listisch-»antikapitalistischen« Argumentation der SED gegen die Wiedergutmachung zwangsläufig die Entgegensetzung von bedrohtem »deutschem Volk« versus Imperialismus, Zionismus und »jüdische Kapitalisten«:
»Es unterliegt keinem Zweifel mehr, daß Merker ein Subjekt der USA-
Finanzoligarchie ist, der die Entschädigung der jüdischen Vermögen nur
forderte, um dem USA-Finanzkapital das Eindringen in Deutschland zu
ermöglichen. Das ist die wahre Ursache seines Zionismus.« Durch seine
»Verherrlichung des Zionismus« habe sich Merker als »Feind seines eigenen Volkes entlarvt«.

Zusammenfassende Überlegungen

Die SED-Ideologie der spätstalinistischen Phase kann als ein durch den Kalten Krieg und durch die Zwänge der Herrschaftslegitimation radikalisierter und auf die USA als Hauptfeind zentrierter Marxismus-Leninismus charakterisiert werden. Die ideologietheoretische Analyse dieses Weltbildes sollte nicht nur einzelne Stereotype herauspräparieren, sondern insbesondere auch die Anordnung der Begriffe, die Struktur ihrer Verknüpfung aufweisen, durch welche diese ihre Bedeutung und Brisanz erst zugewiesen bekommen. Diese Grundstrukturen des Weltbildes, so die These, sind ein entscheidendes Merkmal des Antiamerikanismus.

Im manichäischen Weltbild der SED hatte der »USA-Imperialismus« die zentrale Funktionsstelle des Bösen inne, das für das Gute eine existentielle Bedrohung darstellte. Alle abgelehnten Phänomene der modernen Gesellschaft – kapitalistische (Welt-)Ökonomie, liberal-parlamentarische Demokratie wie moderne Kultur im weitesten Sinne – wurden personifizierend als Machenschaften wesenhaft böser »Finanzkapitalisten« erklärt, was notwendig zu einer Verschwörungstheorie im Weltmaßstab führen musste.

Der dem marxistisch-leninistischen Weltbild inhärente Affekt gegen die Moderne zeigt sich gerade auch in der vom Kommunismus propagierten wesenhaft homogenen Klassen- wie »Volksgemeinschaft« (Wilhelm Pieck)[65] ohne innere Widersprüche. Den zugleich anationalen wie asozialen US-Finanzkapitalisten kam eine zentrale Rolle nicht nur bei der Erklärung des Kapitalismus, sondern gerade auch als Gegenbild zu den zugleich sozial wie national konstruierten »werktätigen Völkern« zu. Dieser veritable kommunistische Nationalismus amalgamierte sich in der Antikosmopolitismuskampagne bestens mit dem deutschen Kulturnationalismus und Ressentiments gegen die moderne Kultur.

Doch war das Weltbild der SED nicht nur offen nationalistisch, sondern wies auch zahlreiche Nähen und Affinitäten zum antisemitischen Weltbild auf. Dies zeigt sich in der DDR bereits ab 1949 in einem dem Antisemitismus oft überaus nahen Vokabular. Die SED sprach von »Bank- und Börsengewinnlern«, »Schiebern und Parasiten«, von der »unsichtbaren, aber allgewaltigen«, »okkulten Herrschaft« der »Herren der Wallstreet« aber auch von »schaffendem Volk« und »gesunden Volkskräften«. Weiter war die Rede von »getarnten inneren Feinden«, die »untergraben«, »zersetzen« und »unterwühlen« und von der notwendigen »Entlarvung

---

65 Wilhelm Pieck, Gesammelte Reden und Schriften, Band 6, Berlin 1979, S. 181.

und Ausmerzung von Schädlingen und Volksfeinden«. Und last but not least sprach die SED von »Überfremdung« und »Dollarzinsknechtschaft«, von »Heimatboden« und »wurzellosem Kosmopolitismus«.

Entscheidender für die Nähe zum antisemitischen Weltbild aber sind die oben beschriebenen, schon bei Lenin deutlich hervortretenden ideologischen Grundstrukturen des Marxismus-Leninismus: Manichäismus, Personifizierung und Verschwörungstheorie, Konstruktion einer identitären nationalen wie sozialen Gemeinschaft in Gegenlage zur anationalen und parasitären »Internationale der Bankiers«. Der Marxismus-Leninismus weist in seinen Grundstrukturen frappierende Affinitäten zum antisemitischen Weltbild auf und könnte daher als »strukturell antisemitisch« bezeichnet werden, wobei die prominente Stelle des Bösen allerdings durch die US-Finanzkapitalisten besetzt ist. Es genügte, und eben dies geschah 1952/53 auf Initiative Moskaus, die Finanzkapitalisten zusätzlich mit dem Adjektiv »zionistisch« beziehungsweise »jüdisch« zu versehen, und der strukturelle wurde schleichend (und von vielen unbemerkt) zu einem inhaltlichen Antisemitismus.

Der Antiamerikanismus der SED könnte demgegenüber als ein »säkularisierter Antisemitismus« interpretiert werden, der trotz seiner manichäischen und verschwörungstheoretischen Erklärung der kapitalistischen Gesellschaft und seiner im Kern antimodernen Gemeinschaftsvorstellung deutlich mehr Anknüpfungspunkte in der Realität fand, denn schließlich waren die USA die westliche Führungsmacht. Eine Unterscheidung zwischen legitimer Kritik der US-Politik und Antiamerikanismus kann sich daher nicht allein an der Frage der Richtigkeit und Auswahl der präsentierten Fakten orientieren, sondern muss insbesondere das Denksystem in den Blick nehmen, innerhalb dessen die Fakten interpretiert und (an)geordnet werden.

Das Beispiel der SED zeigt außerdem, dass der Antiamerikanismus problemlos zwischen einem gutem »amerikanischen Volk« und bösen »US-Finanzkapitalisten« unterscheiden kann. Die SED betrieb einen »Antiamerikanismus ohne Amerikaner«, der sich allein gegen die »terroristische Mörderinternationale von Wall Street« wandte und allein diese zu den Verantwortlichen für Kapitalismus, Imperialismus und dekadenter moderner Kultur erklärte und in Gegenlage zu ihnen ein sozial wie national definiertes identitäres Kollektiv konstruierte. »Sich gegen Wallstreet und Washington orientieren, das heißt sich auf Deutschland orientieren.«[66]

66 Norden, Nation, S. 208, im Original kursiv hervorgehoben!

Das Beispiel der SED zeigt somit augenfällig: Auch wer scharf zwischen US-Kapitalisten und US-Bevölkerung trennt, kann ein eindeutig antiamerikanisches Weltbild besitzen. Die alleinige Tatsache, dass das amerikanische »Volk« explizit nicht das Ziel von Ablehnung und Kritik ist, stellt somit noch keinerlei Beweis für die Abwesenheit von Antiamerikanismus dar. Auf der Ebene der ideologischen Grundstrukturen – Manichäismus, binäres Denken, wesenhaft böser Feind, personifizierende und verschwörungstheoretische Erklärung der kapitalistischen Gesellschaft, Konstruktion eines identitären Kollektivs der Schaffenden gegenüber einem existentiell bedrohlichen Feind – ist die Frage, ob bei der Bestimmung des letzteren zwischen US-Kapitalisten und US-Volk unterschieden wird, zweitrangig.

Inwiefern anhand der Analyse des Fallbeispiels des Antiamerikanismus der SED ideologische Grundstrukturen kenntlich wurden, die generell für den Antiamerikanismus zentral sind oder für die Analyse anderer Formen des Antiamerikanismus zumindest fruchtbar gemacht werden können, ist eine offene Frage. Doch es erscheint wichtig, hierbei generell ein starkes Augenmerk auf die basalen Denkformen zu richten. Allerdings darf bei dieser Perspektive nicht vernachlässigt werden, dass immer auch historische sowie regionale beziehungsweise nationale Spezifika hinzutreten – so fungierten in Deutschland die USA im Zuge des Ersten und insbesondere des Zweiten Weltkriegs als Siegermacht, in Frankreich scheint der Verlust der früheren »Gloire« im Antiamerikanismus eine wichtige Rolle zu spielen, im islamistisch-fundamentalistischen Antiamerikanismus wiederum erfolgt die Gemeinschaftskonstruktion primär über religiöse Zuschreibungen (die allerdings deutliche Affinitäten zu völkisch-nationalen aufweisen), weswegen unterschiedslos aller Amerikaner beziehungsweise Angehörige westlicher Staaten als »Ungläubige« ins Fadenkreuz geraten können, wie die jüngste Geschichte schmerzlich gezeigt hat.

Literatur

Abusch, Alexander, 1949: Stalin und die Schicksalsfragen der deutschen Nation, Berlin

– 1967a: Literatur im Zeitalter des Sozialismus, Berlin/Weimar

– 1967b: Johannes R. Becher – Dichter der Nation und des Friedens (1949-1952). In: ders. 1967a, S. 319-366

– 1967c: Nationalliteratur der Gegenwart. In: ders. 1967a, S. 618-632

– 1967d: Goethe und der Kosmopolitismus. In: ders. Kulturelle Probleme des sozialistischen Humanismus, Berlin/Weimar, S. 140-144

Dokumente der SED, Bd. I–IV, Berlin 1951-1954

Generalkriegsvertrag, 1953: Der Generalkriegsvertrag und der Kampf des deutschen Volkes um Einheit und Frieden und Freiheit. In: Einheit 7. Jg. / März 1953 / H. 3, S. 209-222

Girnus, Wilhelm, 1951: Wo stehen die Feinde der deutschen Kunst? In: ND 13. u. 18.2.1951

Haury, Thomas, 2000: Antisemitismus von links. Kommunistische Ideologie, Nationalismus und Antizionismus in der frühen DDR, Hamburg

Hager, Kurt, 1950: Kriegspolitik und Kriegspropaganda des amerikanischen Imperialismus. In: Einheit 5. Jg. / Juni 1950 / H. 6, S. 496-503

Hoffmann, Ernst, 1949a: Die Stellung des Marxismus zum bürgerlichen Kosmopolitismus. In: Einheit 4. Jg. / Juli 1949 / H. 7, S. 606-615

– 1949b: Die Bedeutung der ideologischen Offensive in der Sowjetunion für Deutschland. In: Einheit 4. Jg. / September 1949 / H. 9, S. 793-800

Hoffmann, Karl Heinz, 1948: Kann Amerika Deutschland helfen? In: Einheit 3. Jg. / August 1948 / H. 8, S. 754-756

Jäger, Manfred: Kultur und Politik in der DDR 1945-1990, Köln 1994

Koenen, Wilhelm, 1950: Zur Bildung des Nationalrates der Nationalen Front des demokratischen Deutschland. In: Einheit 5. Jg. / März 1950 / H. 3, S. 193-203

Kopp, Fritz, 1955: Die Wendung zur »nationalen« Geschichtsbetrachtung in der Sowjetzone, München

Krausz (=Krauß), Georg, 1952: Die zionistische Agentur des USA-Imperialismus. In: ND 6.12.1952

Lemmnitz, Alfred, 1952: Das Auslandskapital – ein Mittel der nationalen Versklavung Westdeutschlands. In: Einheit 7. Jg. / Oktober 1952 / H. 10, S. 1001-1004

Matern, Hermann, 1949: Methoden feindlicher Agenten. In: ND 18.11.1949

– 1950: Die Beschlüsse des Informationsbüros – ein Anleitung zum Handeln! In: Einheit 5. Jg. / Juni 1950 / H. 6, S. 511-518

– 1953: Über die Durchführung des Beschlusses des ZK der SED »Lehren aus dem Prozeß gegen das Verschwörerzentrum Slansky«, Berlin

Merkel, Ina, 1996: Eine andere Welt. Vorstellungen von Nordamerika in der DDR der 50er Jahre. In: Lüdtke, Alf / Marszolek, Inge / Saldern, Adelheid von (Hg.): Amerikanisierung. Traum und Alptraum im Deutschland des 20. Jahrhunderts, Stuttgart 1996, S. 245-254

Meuschel, Sigrid, 1992: Legitimation und Parteiherrschaft in der DDR. Zum Paradoxon von Stabilität und Revolution in der DDR 1945-1992, Frankfurt

Meyer, Ernst Hermann, 1952: Musik im Zeitgeschehen, Berlin

Norden, Albert, 1952: Um die Nation. Beiträge zu Deutschlands Lebensfrage, Berlin

– Des Volkes Vaterland, o.O., o.J. (1955)

Pieck, Wilhelm, 1979: Gesammelte Reden und Schriften. Bd. 6, Berlin

Rauhut, Michael. 1993: Beat in der Grauzone. DDR-Rock 1964 bis 1972 – Politik und Alltag, Berlin

Schnoor, Rainer, 2001: Das gute und das schlechte Amerika: Wahrnehmungen der USA in der DDR. In: Junker, Detlef (Hg.): Die USA und Deutschland im Zeitalter des Kalten Krieges 1945-1990. Ein Handbuch, Bd. 1, Stuttgart, S. 932-943

84

Stern, Victor, 1947: Marxismus und Nationalismus. In: Einheit 4. Jg. / Oktober 1947 / H. 10, S. 933-942

Ulbricht, Walter, ²1946: Die Legende vom »deutschen Sozialismus«. Ein Lehrbuch für das schaffende Volk über das Wesen des deutschen Faschismus, Berlin

Walther, Rudolf, 2002: Ein Dum-Dum-Wort. In: Die Zeit, Nr. 45 / 31.10.2002

Weber, Hermann / Oldenburg, Fred, 1971: 25 Jahre SED. Chronik einer Partei, Köln

Winzer, Otto, 1952: Der Sieg über den Separatismus nach dem ersten Weltkrieg. In: Einheit 7. Jg. / Januar 1952 / H. 1, S. 7-25

Zweiling, Klaus, 1948: Zwei Doktoren – eine Meinung. In: Einheit 3. Jg. / Januar 1948 / H. 1, S. 77-79

PIERRE GUERLAIN

Die amerikanische Hegemonie
und ihre Wahrnehmung in Europa nach 1989

Im Mai 2001 veröffentlichte die Zeitschrift *Foreign Affairs* einen Artikel von Anthony Blinken mit dem Titel: »False crisis over the Atlantic«, in dem der Autor sämtliche europäisch-amerikanischen Meinungsverschiedenheiten Revue passieren ließ (Todesstrafe, Landminen, amerikanischer Unilateralismus, Internationaler Strafgerichtshof, Kyoto-Protokoll), um zu dem Schluss zu kommen, dass, wie der Titel des Aufsatzes nahelegt, die Krise nicht sehr schwerwiegend sei.

Ein Jahr später und nach dem 11. September stellte ein amerikanischer »Neokonservativer«, Robert Kagan, in einem Artikel mit dem Titel »Power and Weakness«, der sehr rasch übersetzt und auszugsweise in *Le Monde* und später in der Zeitschrift *Commentaire* veröffentlicht und dann zu einem Buch erweitert wurde, eine etwas problematische Theorie auf. Der Autor erklärte, Europa sei nach 1945 kantianisch und postmodern geworden, während die Vereinigten Staaten hobbesianisch und historistisch geblieben seien. Die von Kagan ins Spiel gebrachten historisch-philosophischen Kategorien sind nicht selbstverständlich, wie Pierre Hassner festgestellt hat. Doch es bleibt festzuhalten, dass ein amerikanischer Autor, der zu einem Hätschelkind der europäischen und amerikanischen Medien geworden ist, die Entstehung einer Kluft bemerkte – und dies noch vor den Spannungen, die durch die Meinungsverschiedenheiten hinsichtlich des Irak-Kriegs ausgelöst wurden.

In einem Artikel mit dem Titel »Europa braucht keinen Vormund« antwortete der ehemalige deutsche Bundeskanzler Helmut Schmidt auf Kagan, und brachte damit die Debatte auf ein ganz neues politisches, philosophisches und polemisches Niveau. Er schrieb: »Noch nie war die Amerikanische Außenpolitk so imperial. Damit muss Europa leben, aber es soll sich nicht unterwerfen.« Und er ergänzte: »Unter George W. Bush hat der Unilateralismus seinen Durchbruch erzielt.«

In ähnlichem Sinne prägte der ehemalige Außenminister Hubert Védrine den auf die USA bezogenen Begriff »hyperpuissance« und kritisierte die simplifizierende Sichtweise der Politik der derzeitigen Regierung, deren Gestikulieren im Irak er nicht billigt.

Dies sind wenige, zufällig herausgegriffenen Beispiele, die sich jedoch durch viele Indizien untermauern lassen – etwa durch die Äußerungen Rumsfelds über das »alte Europa« oder die Welle der Frankophobie, die

die Vereinigten Staaten seit 2003 ergriffen hat, und durch die europäischen Kommentare zum amerikanischen Bellizismus. All dies zeigt sehr gut, dass die transatlantische Krise keine vermeintliche ist, wie es Alan Blinken noch im Frühjahr 2001 glaubte. Diese Krise macht auch nicht halt vor Ländern wie Großbritannien, Italien oder Spanien, wo die Bevölkerungen in der Gefolgschaft zu der Politik der Vereinigten Staaten nicht mit ihren Staats- und Regierungschefs einig sind. Der Irak-Krieg und die Verhandlungen in den UN, die ihm vorausgingen, haben die Brüche deutlich gemacht, die man etwas vorschnell zwischen der »amerikanischen« und »europäischen« Weltsicht ortete, obwohl es sich um den Gegensatz zwischen der Weltsicht der amerikanischen Falken und der weniger kriegsbereiten Einstellung jener Europäer handelte, die die Mehrheit der Bevölkerungen in der Alten Welt repräsentieren.

Wir können noch keine historische Analyse der derzeitigen Krise vornehmen, da es uns am nötigen Abstand fehlt. Nach den »Verbrechen gegen die Menschlichkeit«, als die ein Noam Chomsky die Attentate des 11. September bezeichnete und die von Helmut Schmidt zu recht als »Kolossalverbrechen« charakterisiert wurden, sah es so aus, als gebe es keinen grundlegenden Zwiespalt mehr zwischen den politischen Führungen und der öffentlichen Meinung, auch wenn es natürlich noch Meinungsverschiedenheiten gab. Die Europäer waren in ihrer großen Mehrheit tief betroffen von den terroristischen Angriffen. In weniger als einem Jahr wich ein großes Misstrauen, dessen Gründe und dessen Wesensart eine Analyse erfordern, dem Mitgefühl. Bleibt anzumerken, dass heute der Krieg gegen den Irak und die Besetzung des Landes nicht gerade einer sachlicheren Einschätzung der Dinge förderlich sind.

Orientierungspunkte

Für Deutschland und Frankreich stellten die großen Ereignisse seit 1989 – der Fall der Mauer, dann, 1991, der Golfkrieg und der Zusammenbruch der Sowjetunion und schließlich die Attentate gegen die Vereinigten Staaten – Marksteine dar, die das transatlantische Verhältnis belasten mussten. Doch handelt es sich bei dieser Periode zwischen 1989 und 2003 um mehrere Mini-Phasen, denen die bloße historische Analyse schwerlich gerecht werden kann.

Natürlich hängt die Wahrnehmung eines fremden Landes stark von der jeweiligen politischen Lage ab. So verschärfte die Irak-Krise 2003 das Verhältnis zwischen den Vereinigten Staaten auf der einen und Deutschland und Frankreich auf der anderen Seite. Doch die Krise erlaubte es, den Vorrat an Vorurteilen zu sichten, der bereits vorhanden war. Es ist also die Frage zu stellen, worin die Wahrnehmungen bestehen, ob sie sich auf diplomatische Beziehungen beschränken und welche Rolle die historische Entwicklung bei der Entstehung der Vorurteile spielt. Bei der Schaffung transnationaler Perzeptionen spielen die Medien eine entscheidende Rolle – und man sagt wohl nicht zu viel, wenn man auf Unterschiede der medialen Darstellung der Irak-Krise in den amerikanischen und europäischen Medien hinweist. Zu den »strukturellen« Gründen für diese Diskrepanz kommen einzelne Gründe, die als Vorboten für tiefere Entwicklungen anzusehen sind.

Bei der Betrachtung der Wahrnehmung der Vereinigten Staaten durch die Europäer gilt es, mehrere Vereinfachungen zu vermeiden: Zunächst das Klischee eines systematisch xenophoben Antiamerikanismus, aber auch das Klischee eines Antiantiamerikanismus, der jeder Kritik an Amerika mit dem Hinweis auf nationale Voreingenommenheiten der Kritiker das Recht absprechen will. Ebenso sollte man einerseits den Analysen misstrauen, die unter Nichtbeachtung affektiver und kultureller Faktoren nur das politisch-ökonomisch »Reale« in Betracht ziehen. Und andererseits ist auch der einseitigen Erklärung der transatlantischen Unstimmigkeiten durch das Vorurteil mit Skepsis zu begegnen.

Es ist ziemlich einfach, antiamerikanische Xenophobie von der Kritik an den Vereinigten Staaten zu unterscheiden. Hat jemand eine Vorstellung, ein Vorurteil, das er auf ausnahmslos alle Amerikaner anwendet, kann er oder eine sich so verhaltende Gruppe als antiamerikanisch und xenophob klassifiziert werden. Auf der anderen Seite ist es kaum gerechtfertigt von Antiamerikanismus zu sprechen, wenn es keinerlei Verallgemeinerung gibt und wenn man in den Vereinigten Staaten sogar auf Vorstellungen trifft, die den eigenen ähneln. Diese können großartig oder wenig empfehlenswert sein, sie sind aber im Wesentlichen nicht antiamerikanisch. Allzu oft haben der antiamerikanisch-xenophobe und anti-antiamerikanische Standpunkt einen essentialistischen Ansatz, der die doch viel wichtigere politisch-ideologische Debatte verdrängt. In den meisten Debatten sind die Philosophie oder Ideologie wichtiger als die Nationalität der Debattierenden. In der Irak-Frage etwa sind manche Amerikaner viel stärker gegen den Krieg eingestellt als manche Deutsche oder Franzosen. Die Gleichstellung von Nationalität und Meinung ist eine Regression ins ethnisierende Denken. Antiamerikanisch eingestellte Europäer und neoimperialistisch eingestellte Amerikaner (wie Max Boot oder Charles Krathammer) sind sich in einer Haltung einig: Sie betrachten die Vereinigten Staaten als einen homogenen Block und machen aus den USA eine Ideologie – einmal negativ und einmal positiv besetzt.

Heute dient das Wort »Antiamerikanismus« in der Presse meist dazu, eine politische Position durch Verzerrung als xenophob erscheinen zu lassen und sie dadurch ins Unrecht zu setzen Die Kritik an der Außenpolitik der Bush-Administration enthält keinerlei wirklichen Antiamerikanismus. Zu Gruppen wie »Not in Our Name« gibt es Pendants außerhalb der Vereinigten Staaten (»Pas En Notre Nom« in Frankreich). Sie artikulieren ihre Vorstellungen, ohne in systematischen Hass auf alles Amerikanische zu verfallen. Wenn Helmut Schmidt von amerikanischem »Raubtierkapitalismus« spricht, ist er damit antiamerikanisch oder liegt diesem Urteil ein sozialdemokratischer Wert zugrunde, der ebenso für Europa gilt? Die Konservativen in Frankreich und Großbritannien bewundern das Funktionieren der amerikanischen Marktwirtschaft, sind aber schockiert über die laxe amerikanische Waffengesetzgebung. Sind sie deswegen antiamerikanisch?

Es gilt nun, da die gegen den Irak-Krieg eingestellten Europäer des Antiamerikanismus geziehen werden, die Frankophobie und Germanophobie bestimmter Teile der öffentlichen Meinung in den USA anzusprechen. Hierbei sollte nicht der gleiche Fehler – oder die gleiche Unaufrichtigkeit – unterlaufen, den die meisten Kritiker des europäischen Antiamerikanismus machen. Frankophobe Voreingenommenheit ist keineswegs ein Charakteristikum der gesamten politischen und intellektuellen Öffentlichkeit in Amerika. Sie ist Sache der kriegstreiberischen Neokonservativen, die die Bush-Administration unterstützen und damit eine Regierung, die mehr als jede europäische Regierung Positionen der extremen Rechten zuneigt. Andere Amerikaner hegen keine besonderen Animositäten gegen Frankreich oder Deutschland und billigen die deutsch-französischen Bemühungen zur Verhinderung eines blutigen Krieges. Die antieuropäische Haltung ist ideologisch motiviert und kann daher nicht als Charakterzug irgendeiner amerikanischen Wesensart angesehen werden.

In Europa variiert die Wahrnehmung der Vereinigten Staaten je nach historischem und kulturellem Erbe. In Griechenland etwa besteht besonderer Argwohn gegenüber den USA, weil die Spuren des Bürgerkriegs der 40er Jahre, in dem die USA eine Seite förderten, noch ebenso präsent sind wie die Erinnerung an die Zeit der von den USA unterstützen Militärdiktatur (1967-1974). In Großbritannien führen die gemeinsame Sprache und die kulturelle Nähe zu den USA zu einer anderen Wahrnehmung, und Churchills Diktum gegenüber De Gaulle, er werde sich, wenn er die Wahl hätte, immer für die hohe See und gegen den Kontinent entscheiden, gilt anscheinend noch immer – für Margret Thatcher wie für Tony Blair. Dennoch ist die Kritik an Amerika in britischen akademischen Kreisen sehr lebhaft, und in der griechischen Geschäftswelt herrscht ein eher positives Bild der Vereinigten Staaten vor.

PIERRE GUERLAIN

Die deutsch-französische Asymmetrie

Deutschland und Frankreich scheinen in ihrer Wahrnehmung der Vereinigten Staaten so weit auseinanderzuliegen wie irgend denkbar. Deutschland, das lange als Musterschüler der transatlantischen Klasse galt und sich auch selbst gern so sah, schreckte vor Kritik an den USA zurück. Seine in vielerlei Hinsicht vorbildliche Demokratie war nach 1945 zu einem Gutteil nach amerikanischem Vorbild gegründet worden. Doch auch wenn die politische Führung keine Kritik an Washington wagte: Für den Wähler oder auch für die Straße stellte dies kein Hindernis dar, wie sich während des Vietnamkriegs oder bei der Stationierung der Cruise Missiles in den 80er Jahren zeigte.

Frankreich dagegen schien (zumindest seit De Gaulles Rückkehr an die Macht 1958), bedingt durch die Sehnsucht nach seiner einstigen Weltmachtstellung, in einer Tradition der Amerikakritik zu stehen und bediente sich oft und gern einer Unabhängigkeitsrhetorik. Dem deutschen Musterschüler stünde also auf den ersten Blick der französische Rebell gegenüber. Doch bei näherem Hinsehen hat Frankreich nur selten gegen die Vereinigten Staaten opponiert. Natürlich gibt es zwei konträre Vorstellungen von Universalismus in Frankreich und den USA. Sie sind vor allem in intellektuellen Diskussionen wahrnehmbar, haben aber keinen größeren politischen Niederschlag gefunden.

Es gilt in diesem Zusammenhang, zwischen verschiedenen signifikanten Ebenen zu unterscheiden. Die diplomatische, politische, wirtschaftliche Ebene sowie die Ebene der kulturellen Beziehungen stimmen nicht miteinander überein. Beziehungen zwischen Führungen entsprechen nicht immer dem Verhältnis der Völker zueinander. Wie kann man sich ein verlässliches Bild der Vorstellungen, Wahrnehmungen oder Gefühle einer Bevölkerung machen? Es gibt zwei Hauptmöglichkeiten: Umfragen oder Diskursanalysen, zwei Methoden, die nicht unproblematisch sind. Die oft von der soziologischen Betrachtung getrennt vorgenommene Diskursanalyse untersucht nicht die Gruppen, die sich in einer bestimmten Art von Diskurs wiedererkennen, und ihr jeweiliges gesellschaftliches Gewicht. Und Umfragen vermitteln nur sehr unsichere, von der Tagesaktualität und der Art der Fragestellung abhängende Ergebnisse.

An einigen konkreten Beispielen seien die Schwierigkeiten der Einschätzung einer nationalen Wahrnehmung gezeigt. 1965 warnte De Gaulle in einer Rede in Phnom Pen die USA vor dem Vietnamkrieg. Eine strenge Rede des Führers eines Landes, das seinen eigenen Vietnamkrieg gehabt hatte. Doch diese Rede war keineswegs antiamerikanisch – die Kritik kann sogar als proamerikanisch angesehen werden, denn es ging darum, einem Freund ein paar Grundwahrheiten ins Gedächtnis zurückzurufen. In diesem Sinne sagt der oft als antiamerikanischer Amerikaner verschriene Noam Chomsky, dass es nicht antirussisch sei, russische Verbrechen anzuprangern, sondern prorussisch und dass es sich mit der Kritik an den Vereinigten Staaten genauso verhalte. Kritik bedeutet nicht, ein schlechtes Bild zu haben. De Gaulle hat sich mehrfach als Freund der Vereinigten Staaten dargestellt und seine Solidarität mit ihnen bekundet – etwa während der Kuba-Krise. Doch hat er auch Frankreichs Rückzug aus der integrierten militärischen Organisation der NATO betrieben – für ihn eine politische Entscheidung, die die Unabhängigkeit Frankreichs unterstrich. Chomsky, der Kritiker der Außen- und Sozialpolitik der Vereinigten Staaten, lobt auch die Meinungsfreiheit in Amerika. Allzu viele Pressekommentare und politisch bedingte Stereotypen setzen Meinungsunterschiede mit Xenophobie oder Feindschaft gleich. Uneinigkeit ist die häufigste Komponente in allen zwischenmenschlichen Beziehungen, und man sollte sie nicht überinterpretieren. Wenn man im Jahre 2003 die Vereinigten Staaten George W. Bushs kritisiert, kann das bedeuten, dass man sensibler für bestimmte amerikanische Werte wie Gesetzestreue, Gerechtigkeitsliebe und Meinungsfreiheit ist als der amerikanische Präsident selbst.

Die deutsche Amerikakritik, in der *Süddeutschen Zeitung* etwa oder im *Spiegel*, steht der französischen in nichts nach. Sie ist oft von gleicher Schärfe und dabei fundierter, was sie der Kritik in Blättern wie *The Guardian* oder *The Independent* in Großbritannien oder *El País* in Spanien ähnlich macht. Die stärkste soziale und wirtschaftliche Kritik kommt oft von links, ohne doch antiamerikanisch zu sein. Viele deutsche Linke schätzen, wie die französischen Linken, die amerikanische Kultur, die Musik, den Film und die Malerei. Die Welt des amerikanischen Films steht übrigens der europäischen Kritik der Bush-Administration näher als eben dieser Regierung.

Die Macht und die Bilder

Es ist unmöglich, die politischen Gegebenheiten und die Machtfaktoren bei der Einschätzung nationaler Wahrnehmungen außer Acht zu lassen. Die amerikanische Hypermacht, verbunden mit der kriegerischen Arroganz der derzeitigen Regierung in Washington, können nur Argwohn und Misstrauen auslösen. Der amerikanische Unilateralismus, die Dollardiplomatie, mit der die UNO gefügig gemacht werden soll, die verschleierten oder ganz unverhohlenen Drohungen gegen jene, die nicht richtig abstimmen oder zu kritisch sind, die persönlichen Beleidigungen durch die großen amerikanischen Medien schaffen ein negatives Bild in Europa. Sämtliche Apologeten der amerikanischen Hegemonie, ob knallhart wie Robert Kaplan, chauvinistisch wie Robert Kagan mit seiner Mars- und Venus-Theorie, neoimperialistisch wie Max Boot oder *soft* wie der Apostel der *soft power* Joseph Nye, sie alle fordern den Widerstand außerhalb der USA heraus – wie jeder macht- oder herrschaftsbesessene Diskurs. Die Verachtung Kagans für die Europäer führt zu Verärgerung und zur Reaktion mit antiamerikanischen Stereotypen. Paul Wolfowitz oder auch Richard Perle sprechen von der Bestrafung Frankreichs für seinen Ungehorsam in der UNO und können damit nur Groll und Ablehnung auslösen.

Die Kluft zwischen Europa und den Vereinigten Staaten hat sich nicht erst mit der Überheblichkeit eines George Bush junior aufgetan, sie ist aber tiefer und sichtbarer geworden. Handele es sich um den Umweltschutz (Kyoto-Protokoll), um das Völkerrecht (Verstoß gegen die Genfer Konvention in Guantanamo, Verstoß gegen die Regeln der UNO in der Irak-Frage) oder um internationale Beziehungen (Unilateralismus): Die politischen Gründe für einen Bruch liegen auf der Hand. In den Fragen der Todesstrafe, des Waffenrechts, der sozialen Absicherung Mittelloser steht die europäische öffentliche Meinung geschlossen gegen die Positionen der amerikanischen Regierenden, aber nicht unbedingt gegen die amerikanische Öffentlichkeit, die der sozialen Absicherung zustimmt, aber nicht gegen die Todesstrafe ist. Eine Autorin wie Susan Sontag, die in einem Artikel für den *New Yorker* ihre Landsleute durch ihre Kritik an der medialen Aufbereitung des 11. September aufgerüttelt hatte, erhellt in einem *Spiegel*-Interview (»Sei patriotisch und denk nicht«, *Der Spiegel,* 1.3.2003), es gebe drei Gründe für die gewaltige, Grand Canyon-artige Kluft, die sich zwischen den USA und Europa aufgetan habe: die Vorliebe für die Todesstrafe, die ihre politische Entsprechung in Interventionen wie dem Irak-Krieg finde, die Weigerung der USA, auch nur ein Zipfelchen ihrer nationalen Souveränität abzutreten und die Unvereinbarkeit eines laizistischen Europa mit einem religiös geprägten Amerika.

Die Ursachen für die wachsende Kluft zwischen den Vereinigten Staaten und Europa sind nicht im »alten Europa« zu suchen, zu dem nach Donald Rumsfeld nur Deutschland und Frankreich gehören sollen, sondern es handelt sich vor allem um die Unstimmigkeit zwischen den europäischen Bevölkerungen und der amerikanischen politischen Führung, die ihrerseits von einem beträchtlichen Teil des amerikanischen Volkes unterstützt wird. Die öffentlichen Meinungen in den europäischen Staaten liegen näher beieinander, als es die Stellungnahmen ihrer politischen

Führungen vermuten lassen. Die »Neokonservativen« um George W. Bush, die sich treffender als »Falken« oder auch als »Superfalken« bezeichnen lassen, sind die Hauptverantwortlichen für die Vertiefung der Kluft – eine Kluft, die sich schon abzeichnete, als die Hypermacht Amerika den Weg des Unilateralismus einzuschlagen begann. Schon Madeleine Albright, Außenministerin in der Clinton-Administration, hatte das Loblied des Unilateralismus gesungen, als sie von den USA als dem »einzig unentbehrlichen Land« sprach. Die amerikanischen Verantwortungsträger versuchen sicher nicht mutwillig, die Kluft zu vertiefen. Doch ihre Weigerung, auf die Verbündeten zu hören, ihr hartnäckiges Niederhalten einer potenziell ebenbürtigen Macht – also eines wirklich einigen Europas oder eines in Europa dominierenden Deutschlands –, ihre Strategie eines Präventivkriegs, ihre Missachtung internationaler Verträge und internationaler Institutionen tragen erheblich dazu bei. Es ist den Falken in der Bush-Regierung gelungen, einer öffentlichen Meinung in Europa Vorschub zu leisten, die sich – unabhängig von den politischen Führungen – gegen das amerikanische Kriegsprojekt stellt. Die Befolgung der Ratschläge Joseph Nyes zur Anwendung der *soft power* hätte allerdings eine so starke europäsche Opposition gegen die Vereinigten Staaten verhindern können.

Es ist nicht besonders sinnvoll, in einem solchen Zusammenhang die Gefahr des Antiamerikanismus heraufzubeschwören. Die Europäer wollen in ihrer Mehrheit nicht die Vereinigten Staaten des George W. Bush, haben aber gar nichts gegen die USA eines Michael Moore oder eines Steven Spielberg; sie reagieren mit Entsetzen auf die Visionen Donald Rumsfelds oder Paul Wolfowitz', sympathisieren aber mit den Demonstranten in New York. Die amerikanische Führung möchte glauben machen, es gebe nur eine einzige amerikanische Vision und nur eine einzige Art, Amerikaner und Verteidiger der Freiheit zu sein. Der militärisch-unilaterale, in der Tradition des 19. Jahrhunderts stehende Weg wird, religiös verbrämt, als die Realisierung der amerikanischen Werte verkauft, aber die Mehrheit der Europäer und ein großer Teil der Amerikaner glauben nicht daran. Die meisten amerikanischen Kirchen stellen sich, wie auch der ehemalige Präsident Jimmy Carter, gegen den Irak-Krieg, den Bush auf seinem Kreuzzug gegen das Böse mit religiöser Rhetorik unterlegt. Bush hat die Abspaltung Europas betrieben, indem er die Europäer fühlen ließ, wie wenig er sie respektiert. Er hat auch gezeigt, wie wenig Aufhebens er um seine eigenen Verbündeten in Europa macht, als er Tony Blair zwang, von seinem Versprechen einer zweiten UN-Resolution abzulassen.

PIERRE GUERLAIN

Die Überwindung des ideologischen Chauvinismus

Es gilt entschieden, von politischen Darstellungen abzusehen, die sich hinter Nationalitäten verstecken. Den französisch-amerikanischen Konflikt, den Gegensatz zwischen Bush und Chirac oder die »Achse« Paris-Berlin gegen ein Bündnis zwischen Washington und London gibt es allenfalls in einem metaphorischen Sinne. Es gibt unterschiedliche politische oder ideologische Positionen und Führungen, die dieselben verkörpern. Sehr viele amerikanische Gruppen haben ähnliche Ansätze wie die mehrheitlich in Europa vertretenen. Heute gibt es eine Diskrepanz zwischen den amerikanischen Falken und den Europäern, aber morgen, wenn das Scheitern des kriegerischen Unilateralismus zutage treten wird, werden Europäer und Amerikaner wieder aufeinander zugehen. Die Kluft kann vielleicht als Chance begriffen werden, und anstatt von Antiamerikanismus zu reden, sollte man in Betracht ziehen, dass die Entwicklung der europäischen öffentlichen Meinung, die die USA auf Dauer nicht ignorieren kann, zur Befriedung der amerikanischen Außenpolitik führen kann. Indem sie zur Niederlage der Falken beitragen, können die Europäer die Freisetzung der Kräfte eines anderen, gerechteren, ökologischeren, friedfertigeren Amerika fördern. Hierbei ist im Auge zu behalten, dass »die Vereinigten Staaten« oder »Europa« sich auf komplexe Realitäten beziehen oder metaphorische Begriffe sind. Nicht »die Vereinigten Staaten« ziehen ihren Nutzen aus der Globalisierung, sondern Teile einer in Amerika ansässigen Plutokratie, während andere Amerikaner zu den Opfern der neoliberalen Globalisierung gehören.

Greifen wir ein paar Beispiele für die Annäherung der öffentlichen Meinungen heraus. Eine Mehrheit der Amerikaner ist gegen den freien Verkauf von Schusswaffen. Die NRA (*National Rifle Organisation)* ist sicher eine mächtige Lobby, aber sie repräsentiert nicht die Amerikaner. Hier könnten die Vereinigten Staaten sich von europäischen Gesetzgebungen inspirieren lassen, besonders von der britischen. Der medizinische und soziale Schutz ist in den Vereinigten Staaten dürftig, und eine Mehrheit der Amerikaner würde sich eine großzügigere medizinische Sicherheit wünschen – gegen die Meinung diverser Pharma- und Ärztelobbies, die Reformen wie die von der Clinton-Regierung eingeleiteten blockieren. Abgesehen von der Todesstrafe, einem Problem, das trotz jüngerer Entwicklungen in Amerika dazu beiträgt, dass die Kluft erhalten bleibt, sind die meisten transatlantischen Meinungsverschiedenheiten die Resonanz USA-interner Debatten.

Auch wenn es natürlich idiotisch ist, die Vereinigten Staaten auf *fast food* zu beschränken und McDonald's für eine Metonymie Amerikas zu halten, muss klar sein, dass diese Beschränkung von ein paar xenophoben

94

Chauvinisten ausgeht, die entweder (außerhalb der Vereinigten Staaten) antiamerikanisch sind oder (innerhalb der USA) nationalistisch beschränkt. Für die Ernährung, die öffentliche Gesundheit, die Umwelt ist *fast food* eine Katastrophe, doch *wo* es konsumiert wird, ist vollkommen unerheblich. Das Buch »Fast Food Nation« von Eric Schlosser ist nicht antiamerikanisch; es bilanziert ein Gesellschaftsproblem in Begriffen, die José Bové unterschreiben könnte. Die italienische *Slow Food*-Bewegung ist nicht antiamerikanisch, sie wendet sich nur gegen eine bestimmte ökonomische und alimentäre Praxis.

Das Wort »Amerikanisierung« ist ein zweifelhafter Begriff, wenn es die Globalisierung beschreiben soll. Denn wesentliche Elemente der Globalisierung sind nicht amerikanisch. Bertelsmann oder Hachette sind *global players*, ebenso Michelin und Mercedes Benz. Das Phänomen ist international, auch wenn die großen transnationalen Gruppen überwiegend amerikanischer Herkunft sind. Die Kluft besteht nicht zwischen Amerika und Europa, sondern zwischen verschiedenen sozialen Gruppen, die es in allen Ländern gibt, zwischen globalisierten Eliten, deren Kapital auf der Suche nach dem höchsten Profit frei zirkuliert, und benachteiligten Gruppen, die in der Ersten und in der Dritten Welt arbeiten. Dies wird besonders deutlich in den europäischen Gesellschaften: Die Beweihräucherer einer glücklichen Globalisierung sind in der Geschäftswelt und ihren politischen Ausläufern zu finden, während die Antiglobalisierungs-Bewegung keineswegs anti-internationalistisch ist, sondern sich gegen eine problematischerweise »Neoliberalismus« genannte Ideologie wendet.

Es ist durchaus problematisch, sich einseitig auf die wechselseitige Wahrnehmung von Amerikanern und Europäern zu konzentrieren. Die Dritte Welt leidet unter finanziellen, juristischen, kommerziellen oder politischen Auflagen, die ihr von den Europäern und den Amerikanern gleichermaßen aufgezwungen werden. Die europäischen und amerikanischen Agrarsubventionen und der Protektionismus der nördlichen Länder, die ihre Märkte vor den Produkten der Dritten Welt abschotten, kommen in den transatlantischen Krisen kaum vor. Doch sollten die Amerikaner und Europäer gerade hier die Kluft sehen, die sie vom Rest der Welt trennt und die weitaus bedeutender ist als die Kluft zwischen beiden Ufern des Atlantiks.

Wenn das Bild der Vereinigten Staaten überall auf der Welt, in allen Zivilisationen und in allen politischen Systemen, immer negativer wird, so muss es einen Zusammenhang mit den Handlungen und Strategien der USA geben. Die Mischung aus militärischem Messianismus und aggressiver Globalisierung, die einer Art »manifest destiny« gleicht, wie William Pfaff es ausdrückt, hat katastrophale Auswirkungen auf die transatlantischen Beziehungen. Wenn Europa sich gegenüber den Vereinigten Staaten behauptet, kann es die Wertschätzung der öffentlichen Debatten in Amerika fördern und die internationalen Beziehungen verändern. In diesem Sinne sollte Europa über den ungleichen Beziehungen zu den USA, von denen es ganz besessen ist, nicht die ungleichen Beziehungen zu den Ländern des Südens vergessen. Wenn der französische Präsident die amerikanische Hegemonie kritisiert, sollte er nicht den Eindruck erwecken, Frankreich oder die deutsch-französische Partnerschaft wollten die Hegemonie in Europa erlangen.

Vormundschaft und Unabhängigkeit

Die Abhängigkeit Europas von den Vereinigten Staaten hat historische und politische Wurzeln. Sie ist zum Teil das Resultat der berühmten »adult supervision«, die von den USA bewusst herbeigeführt wurde, um das Aufkommen von Rivalen zu verhindern. Diese von den Amerikanern ausdrücklich gewünschte Schwäche Europas sollte eigentlich die amerikanische Kritik an einem weichlichen, nach amerikanischem Schutz verlangenden Europa einschränken. Zudem beruht die Schwäche Europas auf einer »freiwilligen Knechtschaft«, wie es der mit Montaigne befreundete Dichter La Boétie genannt hat. Europa muss sein ganzes Gewicht in die Waagschale legen, um sich gegen die Aufzwingung juristischer und ökonomischer Normen durch die Vereinigten Staaten zu widersetzen. So muss es seine Stimme im Nahost-Konflikt hören lassen und internationale Organisationen wie den internationalen Strafgerichtshof oder die Vereinten Nationen unterstützen, um in einer mehr und mehr gewaltbestimmten Welt mehr Recht durchzusetzen.

Es gibt einige Anzeichen für eine Schwächung der amerikanischen Vorherrschaft. Die von der immensen amerikanischen Militärmaschinerie angegriffenen Staaten, Afghanistan, Irak, Panama, Grenada, sind schwach, sind, um es mit Emmanuel Todd zu sagen, »militärische Zwerge«. Im Irak hat der amerikanische Elefant die militärische Mücke Irak zerquetscht. Den amerikanischen Interventionen folgt eher das Chaos als der Beginn einer Demokratie. Die Gefahr eines »imperial overstretch«, von der Paul Kennedy spricht, also einer Überdehnung der mit dem Imperium verbundenen Verpflichtungen, existiert sehr wohl, und man kann sich fragen, wie lange die amerikanische Wirtschaft und der amerikanische Steuerzahler die erhöhten Militärausgaben bei sinkenden Steuereinnahmen noch ertragen werden. Die hegemoniale und militärische Flucht nach vorn, die ein katastrophales Bild der Vereinigten Staaten schafft und den Terroristen Ideenmaterial und Motivation zuführt, macht die Vorherrschaft nur noch schwerer.

Indem es die amerikanische Bevormundung zurückweist, erweist Europa den Vereinigten Staaten auch einen Dienst – diesem Staat mit seinen Ghettos ohne Sozialleistungen und Krankenversicherungen, die unter der Machtübernahme durch die Falken leiden, deren außenpolitische Obsession sich auf das Ignorieren der Ausgeschlossenen der amerikanischen Gesellschaft stützt. In internationaler Hinsicht ist George W. Bush ein Elefant im Porzellanladen, der weder das Recht, noch seine Verbündeten, noch die supranationalen Institutionen respektiert. Doch innenpolitisch betrachtet ist er auch ein plutokratischer Elefant, der die Reichen reicher macht und alle übrigen ärmer. Sein Weltbild und seine Handlungsweise machen ihn zu einem wahren sozialdarwinistischen Revolutionär. Er täte gut daran, die Ratschläge eines wahren Konservativen, des Briten Edmund Burke zu hören, der sehr streng mit der Französischen Revolution ins Gericht ging, aber hinsichtlich der Macht seines Landes erklärte: »Ich fürchte mich vor unserer Macht und vor unserem Ehrgeiz; ich fürchte mich davor, dass man sich zu sehr vor uns fürchtet.« Die sich behauptende Vorherrschaft arbeitet immer schon an ihrer eigenen Zerstörung. Selbst Kissinger, ein Realpolitiker, der nicht unbedingt als Moralist zu bezeichnen war, wusste:

> Hegemoniale Imperien rufen fast automatisch einen universellen Widerstand hervor, wodurch sich erklärt, dass Staaten, die diesen Status anstreben, früher oder später erschöpft sind.

Die vorangegangenen Ausführungen mögen den Eindruck erwecken, dass die Kritik an den Vereinigten Staaten einer Überbewertung Europas gleichkommt oder dass sie, von einem Franzosen geäußert, einer alten französischen Idee entsprechen, nach der Europa ein Gegengewicht zu den Vereinigten Staaten darzustellen habe. Der Autor dieser Zeilen missbilligt jedoch die französische Neigung, sich in Europa so zu verhalten wie die Vereinigten Staaten in der Welt.

Wenn es nun niemals gut für ein Machtsystem ist, keine Gegenmacht zu haben und wenn es ebensowenig gut ist, dass eine internationale Ordnung nur *ein* Zentrum oder *eine* unilateral agierende Supermacht hat, sollte sich die Analyse nicht auf die Machtverhältnisse beschränken. Es gilt bei der Betrachtung der amerikanisch-europäischen Beziehungen auch festzustellen, für welche Werte die jeweiligen Staaten einstehen. Es ist klar, dass man kein positives Bild der Vereinigten Staaten haben kann, wenn diese das Völkerrecht verletzen und gegen den Irak in den Krieg ziehen, obwohl dieses von einem blutrünstigen (vom Westen aufgerüsteten) Diktator regierte Land dabei war, im Zuge der UN-Waffeninspektionen abgerüstet zu werden. Wenn Europa (wie die USA) die Probleme der Dritten Welt ignoriert oder sich an zweifelhaften Aktionen wie dem unnützen amerikanischen Krieg in Afghanistan beteiligt, wenn es vor seinen eigenen Missetaten oder den Missetaten Russlands die Augen verschließt, gibt es kein besseres Bild ab. Das so genannte »alte« Europa Deutschlands und Frankreichs und das Europa der ganzen Europäischen Union darf sich nicht durch eine pro- oder antiamerikanische Haltung definieren, sondern durch den Respekt von Prinzipien. Diese Prinzipien sind da, es sind die Prinzipien der Demokratie: die Achtung des Rechts, der Gerechtigkeit und der Freiheit, zu der, als Teil des Wertesystems des Wohlfahrtsstaates, die Hilfe für die Benachteiligten kommt.

Es gibt ein Amerika, das sich für solche Werte einsetzt, auch wenn es heute nicht mehrheitsfähig ist. Man muss es suchen und die Gemeinsamkeiten mit ihm herausarbeiten. Die Falken und Plutokraten haben im Moment in den USA das Sagen, aber ihre europäischen Pendants sind genauso gefährlich. Man kann gegen George W. Bush und seine Politik, gegen die gefährlichen Ansichten seiner Berater kämpfen, ohne gegen die Vereinigten Staaten zu sein, gegen ihre Kultur und ihre Vielfältigkeit. Die wesentlichen Differenzen sind nicht nationaler Natur: Die Demonstrationen gegen den Irak-Krieg in New York sind den Demonstrationen in Europa sehr nahe. Die europäischen Gegner der Todesstrafe wären im Unrecht, würden sie übersehen, dass in den USA längst eine lebhafte Debatte über die Todesstrafe stattfindet. Europa könnte sich an bestimmten Aspekten des amerikanischen Lebens auch ein Beispiel nehmen – etwa an dem Kampf gegen die Umweltverschmutzung durch veraltete Öltanker. Xenophobe oder glorifizierende Bilder eines fremden Landes dienen vor allem ideologischen Grabenkämpfen in dem Land, in dem sie entstehen. Wahre Meinungsäußerung ist dagegen weder pro- noch antiamerikanisch. Es wäre äußerst einseitig, George W. Bush als Repräsentanten ganz Amerikas anzusehen.

Heute erinnern die amerikanischen Falken die Europäer gern daran, dass die Vereinigten Staaten sie vom Nationalsozialismus befreit haben – eine unvollständige Wahrheit, denn der Sieg ging auch auf einen totalitären Staat zurück, der ebenfalls gegen Hitler in den Krieg zog: die UdSSR. Doch kann Europa heute den Vereinigten Staaten helfen, ihren militärischen Unilateralismus zu überwinden und ihnen den Weg zu weisen zu einem Status als Großmacht, die mit Europa und dem Rest der Welt zusammen an Frieden und Wohlstand arbeitet. Das alte Europa kann Amerika bei der Vorbereitung auf die Zukunft helfen. Setzen wir also darauf, dass die maßlose, nach den Prinzipien des militärischen Keynesianismus organisierte Plutokratie George W. Bushs an ihre finanziellen Grenzen stößt und Amerika sich Europa wieder zuwendet, um sich wiederzufinden.

Aus dem Französischen von Matthias Drebber

GEORG IGGERS

Amerikakritik aus amerikanischer Sicht

Ein Aufriss in fünf Thesen

Es gibt keinen Antiamerikanismus als solchen, sondern nur verschiedene Formen, die sich häufig widersprechen. Was die meisten allerdings gemeinsam haben, sind Vorstellungen von einem Amerika, das es so nicht gibt. Diese Vorstellungen rühren von politischen Vorurteilen her, von links wie von rechts, die in ihrem Bild von amerikanischer Kultur, Gesellschaft und Politik die Wirklichkeit verzerren.

Vor aller Amerikakritik muss also betont werden, dass es kein einheitliches Amerika gibt. Denn dieses Land ist sehr heterogen, ein Land voller Widersprüche, in dem die Gleichheit der Chancen und die Möglichkeiten des Sozialaufstiegs immer größer gewesen sind als in den meisten anderen Ländern. Andererseits ist in Amerika auch die Kluft zwischen Reich und Arm größer als in irgendeinem europäischen Land. Die Rassendiskriminierung ist im öffentlichen Leben in den letzten fünfzig Jahren im Prinzip weitgehend abgeschafft worden, so dass viele Afro-Amerikaner, Lateinamerikaner und Asiaten heute wichtige Stellen im politischen und kulturellen Leben einnehmen. Aber ethnische Minderheiten sind dennoch immer benachteiligt.

Im Blick auf die politischen Verhältnisse im heutigen Amerika sollten folgende Punkte in Betracht gezogen werden.

1) Amerika ist heute nur in beschränktem Maße eine Demokratie. Zwar hat es schon sehr früh in Amerika ein demokratisches Ethos gegeben, das es immer noch gibt; dennoch war die ursprüngliche Verfassung bewusst nicht demokratisch, sondern republikanisch in dem Sinn, dass der Präsident und der Senat nicht direkt vom Volk gewählt wurden. Weiterhin setzte sich einerseits früher als in irgendeinem anderen Land – schon in der Jackson-Ära der 1820er Jahre – das allgemeine Wahlrecht durch, andererseits gab es einen Widerspruch zwischen der Theorie der Unabhängigkeitserklärung, derzufolge »alle Menschen gleich geschaffen sind«, und der Sklaverei sowie einem Wahlrecht, das lange Zeit Frauen ausschloss und im Süden praktisch erst in den 1960er Jahren Schwarze zuließ.

Es muss betont werden, dass die Bundesstaaten im amerikanischen föderalistischen System weitgehend bestimmen können, wer wählen darf und wie Wahlen durchgeführt werden. Die Tatsache, dass es in

Amerika keine Verhältniswahl gibt, bedeutet, dass es für kleinere Parteien schwierig ist, sich gegen die Dominanz der beiden großen durchzusetzen. Seit einigen Jahrzehnten zeigt sich, dass die Wahl des Präsidenten nur eingeschränkt demokratisch genannt werden kann. Wahlen sind nämlich in Amerika eine sehr kostspielige Sache, und die im Prinzip vom Volk, also demokratisch gewählten Präsidentschaftskandidaten erscheinen als zunehmend von spendenfreudigen Geldgebern abhängig.

Die großen Konzerne beeinflussen schon seit langem die Wahlen, aber inzwischen sind im Zuge der Globalisierung die Unternehmen viel größer geworden und die Kosten für den Wahlkampf enorm gestiegen. Die Abgeordneten auf der Bundes- und der Bundesstaatsebene sind aufgrund ihrer finanziellen Abhängigkeit von den Lobbyisten nicht in der Lage, Reformen, die im Interesse der Allgemeinheit, nicht aber ihrer Geldgeber liegen, durchzuführen – insbesondere beim Umweltschutz, bei Energiefragen oder Agrarsubventionen. Ein Beispiel dafür ist die enge Verflechtung der Politik mit den großen Ölkonzernen wie Halliburton, dessen ehemaliger Vorsitzender der jetzige Vizepräsident der Vereinigten Staaten, Richard Cheney, ist. Aber auch religiöse und ideologische Interessengruppen spielen eine große Rolle, z.B. die National Rifle Association, die bis jetzt die Regulierung von privatem Waffenbesitz erfolgreich verhindert hat. Auch die Medien, selber große Konzerne, besonders das Fernsehen, üben einen wichtigen Einfluss auf die öffentliche Meinung aus, obwohl sie keinesfalls gleichgeschaltet sind und es auch kritische Stimmen gibt.

2) Bushs Wahl zum Präsidenten im November/Dezember 2000 war von dubioser Legitimität. Ihren schließlichen Wahlsieg verdanken die Republikaner gravierenden Unregelmäßigkeiten bei der Stimmenauszählung in Florida und einer knappen Entscheidung des Obersten Gerichtshofs der USA zu ihren Gunsten. Die Mehrheit der Stimmen hatten sie nicht.

So bedeutete diese Wahl nicht einen normalen Wechsel von einer Partei zu einer anderen, sondern die Machtübernahme durch den rechten Flügel des amerikanischen Parteienspektrums. Zuvor war die Innen- wie die Außenpolitik in der Regel von Kontinuitäten bestimmt worden; größere Brüche gab es kaum. Auch Bush hatte sich während des Wahlkampfs als Mann der Mitte, als »compassionate conservative« ausgegeben, setzte aber gleich nach seiner Wahl Männer und Frauen ein, die einen harten, ultrarechten Standpunkt vertraten: John Ashcroft als Innenminister, Donald Rumsfeld als Verteidigungsminister,

Condoleezza Rice als Sicherheitsberaterin und Roderick Paige als Bildungsminister. Der 11. September diente als Vorwand für einen noch rechteren Kurs im »Krieg gegen den Terrorismus«. Bush selbst behauptete, dass sich die USA im Kriegszustand befänden und dass dieser Krieg Beschneidungen der Bürgerrechte rechtfertigte. Gleichzeitig wurde in den politischen Entscheidungen die enge Verbindung zwischen der Regierung und den großen Konzernen offensichtlich: Eine Steuerreform begünstigte die oberen Einkommensschichten; soziale Dienste wurden abgebaut und privatisiert; die Umweltgesetzgebung wurde geschwächt. Außenpolitisch wurden verschiedene, von der US-Regierung eingegangene Abkommen, wie dasjenige von Kyoto, aufgekündigt. Die UNO wurde ignoriert.

3) Die Umorientierung der amerikanischen Politik, die in vieler Hinsicht einen radikalen Bruch mit amerikanischen Traditionen bedeutete, resultierte einerseits aus dem wachsenden Einfluss der großen Konzerne auf die amerikanische Politik und ging andererseits Hand in Hand mit einem neuerlichen Wandel im politischen und religiösen Denken nach rechts. Bis in die 60er Jahre hatten beide großen Parteien in der politischen Mitte gestanden. Das geographische Zentrum der Republikanischen Partei lag im Nordosten des Landes, wo sie die Unterstützung aus Finanzkreisen, aber auch von vielen Wählern aus der Mittelschicht hatte. Auch unter der ländlichen Bevölkerung im mittleren Westen gab es viele Republikaner. Die Demokratische Partei dagegen hatte zwei sehr unterschiedliche Flügel, die eigentlich nicht zusammenpassten, aber historisch seit dem amerikanischen Bürgerkrieg im 19. Jahrhundert – in Opposition zu den Republikanern – zueinander fanden: im Norden und in den größeren Städten des mittleren Westens zählten die Gewerkschaften, aber auch viele Wähler aus der Mittelschicht. Im damals noch überwiegend agrarischen Süden hatten die Demokraten ihre Wähler unter den Weißen, die den Republikanern ihre Rolle in der Sklavenbefreiung nicht verzeihen wollten. (Abraham Lincoln und die Republikanische Partei setzten schließlich die Aufhebung der Sklaverei durch.)

Im letzten halben Jahrhundert vollzog sich im Süden eine fundamentale Strukturänderung. Die Modernisierung der Wirtschaft hatte ein rapides Anwachsen der Städte zur Folge und führte zum Bruch mit der Demokratischen Partei. So wurden Gegenden, die vorher überwiegend demokratisch gewesen waren, überwiegend republikanisch. Der gemäßigte Flügel der Republikaner im Nordosten wurde nun von einem sehr weit rechts stehenden Flügel im Süden und Südwesten zunehmend unter Druck gesetzt. Gleichzeitig hatte die Abwanderung der Industrie in den Süden auch für den Norden strukturelle Folgen. Die Städte entvölkerten sich in der Weise, dass die Weißen in die Vorstädte zogen, während die Schwarzen und andere ethnische Minderheiten in den Städten blieben. So wurden die Vororte zu republikanischen, die Innenstädte oft zu demokratischen Hochburgen.

Die Probleme verschärften sich auch noch dadurch, dass die Vororte mit ihren eigenen Verwaltungen eine markante Benachteiligung der schwarzen und der Latino-Stadtbewohner, besonders im Schulwesen, entstehen ließen. Es ist schwer zu sagen, ob und welche Rolle der Rassismus in diesem Zusammenhang spielt. Er ist heute auch unter konservativen Wählern ein Tabu, da Schwarze und Latinos im öffentlichen Leben eine wichtige Rolle spielen. Drei Mitglieder von Bushs Regierung sind Schwarze, darunter zwei in sehr wichtigen Ämtern: Condoleezza Rice und Colin Powell. Umgekehrt werden besonders Schwarze und Latinos durch den Abbau der Sozialleistungen benachteiligt; die Flucht der Weißen in die Vororte war in vieler Hinsicht auch eine Flucht vor den Schwarzen.

4) Auch in den religiösen Anschauungen hat eine Verschiebung nach rechts stattgefunden, die eng mit der Veränderung im politischen Klima zusammenhängt. Die Vielfalt von protestantischen Konfessionen in Amerika sollte nicht darüber hinwegtäuschen, dass die wirkliche Trennlinie nicht zwischen den Konfessionen verläuft, sondern zwischen liberalen und fundamentalistischen Christen aller Konfessionen. In Amerika spielt die Religion nach wie vor eine wichtige Rolle; das hat sich auch heute – im Gegensatz zu den meisten europäischen Ländern – nicht geändert. Freilich waren die Unterzeichner der Unabhängigkeitserklärung und der Verfassung keine Fundamentalisten, sondern Kinder der Aufklärung gewesen; auch verordnete der erste Zusatzartikel der Verfassung entsprechend die Trennung von Staat und Kirchen. Dennoch wird jede Sitzung des Kongresses auch heute noch mit einem Gebet eröffnet, auf den Münzen steht »In God We Trust«, und die Kinder müssen in den meisten Schulen jeden Morgen einen Eid sprechen, der seit der konservativen Welle der 50er Jahre die Formel »one nation under God« enthält.

Der Fundamentalismus gewinnt heute weltweit an Bedeutung, nimmt dabei aber sehr verschiedene Formen in unterschiedlichen Kulturen an. So beruht der protestantische Fundamentalismus in den USA auf ganz anderen Traditionen als der muslimische. Was diesen auch mit orthodox jüdischen, hinduistischen und Shinto-Fundamentalismen verbindet, ist ein Unbehagen an modernen Lebensweisen. Man will zurück in eine traditionsorientierte Zeit, die in Texas anders aussieht als im Iran. Die humanistischen Ideale der Aufklärung, die seit der Amerikanischen Revolution ein Kernstück der amerikanischen Zivilgesellschaft bilden, sind jedem Fundamentalismus fremd. Seit dem späten neunzehnten Jahrhundert kam es dann aber zu einer Spaltung in den protestantischen Kirchen zwischen weltoffenen liberalen Christen, die im National Council of Churches organisiert sind, und den Fundamentalisten, die besonders im Süden stark sind.

In den letzten Jahrzehnten hat sich das Gleichgewicht verschoben; der protestantische Fundamentalismus hat an Einfluss gewonnen und ist ein bedeutender politischer Faktor geworden. Zwar ist er nicht ausschlaggebend in der Innen- und Außenpolitik der USA, in der ökonomische und machtpolitische Faktoren viel gewichtiger sind; aber die Bush-Regierung ist politisch auf die sogenannte »Christian Right« angewiesen und teilt auch in mancher Hinsicht deren Vorstellung von einer heilen amerikanischen Welt. Daher rührt auch die religiös verbrämte Rhetorik von Bush. In der Außenpolitik ist sie eng mit dem Glauben an eine göttliche Sendung Amerikas verbunden, in der Innenpolitik mit der Absicht, viele politische Entscheidungen rückgängig zu machen, die sich, wie etwa mit der Blockierung von Geldern für die Familienplanung in den Entwicklungsländern, auch auf die Außenpolitik auswirken. Es wird in Europa wenig wahrgenommen, dass Bush in der letzten Zeit versucht hat, die seit zwei Jahrhunderten bestehende Trennung von Kirche und Staat, zu beschneiden, indem er den Kirchen staatliche Gelder zukommen lassen will. Ein weiteres Beispiel ist die Politik seines Bildungsministers Paige, der in den staatlichen Schulen wieder Gebete einführen möchte.

5) Seit 200 Jahren gab es einen Antiamerikanismus in Europa, der mit stereotypen Vorstellungen von amerikanischer Kultur eine angebliche Amerikanisierung europäischer Lebensweisen abwenden wollte. Gleichzeitig rezipierten die selben Kritiker Amerikas sehr viel von der gehobenen wie auch der populären amerikanischen Kultur. Allerdings war Amerika für viele Europäer seit der Amerikanischen Revolution das Vorbild einer Demokratie, deren freiheitliche Traditionen keineswegs unterschätzt werden dürfen. Die heutige Kritik an Amerika ist also nicht gleichbedeutend mit simplem Antiamerikanismus; sie richtet sich vielmehr gegen die Arroganz der Macht, wie sie zur Zeit von der Bush-Regierung praktiziert wird. Diese Kritik wird von vielen Amerikanern geteilt.

Trotz des enormen Einflusses der großen Kapitalgesellschaften auf
die amerikanische Politik ist zu hoffen, dass die demokratischen Traditionen Amerikas stark genug sind, um eine Korrektur der Innen- und
Außenpolitik herbeizuführen. Es hat in der amerikanischen Geschichte in Zeiten der Bedrängnis immer wieder ultrapatriotische Versuche
gegeben, Andersdenkende auszuschalten, zuerst mit dem Alien and
Sedition Act von 1798 als Reaktion auf die Französische Revolution;
Beispiele im 20. Jahrhundert sind die Verfolgung von Kriegsgegnern
im Ersten Weltkrieg und von Linken gleich nach dem Krieg als Reaktion auf die Russische Revolution und später dann die McCarthy-Ära
in der Zeit des Kalten Krieges. Aber die amerikanische Demokratie hat
sich dennoch jedes Mal als genügend stabil erwiesen, um das Gleichgewicht wiederherzustellen. Heute ist die Demokratie in Amerika ge-
fährdeter denn je, aber dennoch ist die öffentliche Meinung trotz der
patriotischen Welle nach dem 11. September keineswegs gleichgeschaltet. Es gibt immer noch ein anderes Amerika, das viel mit dem von
Rumsfeld gescholtenen »alten Europa« gemeinsam hat.

CLAUS LEGGEWIE

Renaissance des Antiamerikanismus?

Zur Unterscheidung von Antiamerikanismus und Amerikakritik am Beginn des 21. Jahrhunderts

Nach dem Zweiten Weltkrieg stiegen die Vereinigten Staaten von Amerika im Ansehen der West-Deutschen auf einen Spitzenplatz, gefolgt von der Einbindung der zweiten Republik in die westlichen Bündnisse und einer kulturellen Amerikanisierung, die in den 1960er Jahren auf breiter Front einsetzte. Zwar war das Verhältnis zu den USA nie spannungsfrei, auch überdauerten althergebrachte Ressentiments an den Rändern des politischen Spektrums, am positiven Amerikabild der westdeutschen Bevölkerung änderte das aber insgesamt wenig. Verwestlichung hieß vor allem: Ausrichtung an der von Amerika repräsentierten Lebensweise und Populärkultur.[1]

Bundeskanzler Schröder stand also im Einklang mit der deutschen Bevölkerung, als er den USA nach den Terroranschlägen vom Elften September 2001 »bedingungslose Solidarität« versicherte. Doch seit der Vorbereitung des Irak-Krieges sank das amerikanische Ansehen in Deutschland beachtlich, genau wie in anderen westeuropäischen Ländern.[2] In den Kernländern Europas und Gründungsstaaten der EWG ist es mittlerweile, nach dem Beginn des Irak-Krieges und im Blick auf seine Umstände und Folgen, geringer als im Süden und vor allem im Osten des Kontinents; nur die russische Bevölkerung hat seit 2000 (ausgehend von niedrigen Werten) eine Annäherung an Amerika vollzogen.

Andernorts haben die Auswirkungen des Elften September den Amerikanern nicht mehr Sympathie eingebracht. Bedeutet dies, wie in der

---

1 Ich verweise hier auf mein Buch: Amerikas Welt. Die USA in unseren Köpfen, Hamburg 2000, und die dort referierte und aufgeführte Literatur.

2 Ich beziehe mich im Folgenden auf valide Umfragen angesehener Institute, namentlich die Studie Worldviews 2002, hrsg. vom Chicago Council on Foreign Relations und dem German Marshall Fund of the United States, die wechselseitige Wahrnehmungen in der EU und den USA analysiert, die Studie des Pew Research Center for the People & the Press, What the World Thinks in 2002, eine Meinungsumfrage über das Amerikabild und verwandte Fragen in 44 Staaten sowie den World Value Survey, eine seit 25 Jahren durchgeführte Umfrage zum Wertewandel in mittlerweile 78 Ländern, in denen 85 % der Weltbevölkerung leben. Eine gute Zusammenfassung findet man in The Economist 4.3.2003 (Special Report American Values).

publizistischen Debatte oft behauptet wird, eine *Wiederkehr des Anti-amerikanismus?* Man hätte es dann mit einem so nicht prognostizierten politisch-kulturellen *Konflikt innerhalb des Westens* zu tun. Samuel P. Huntingtons bekannte These vom »Kampf der Kulturen« postulierte eine »fault-line« (Verwerfung) zwischen dem Westen und dem Rest der Weltgesellschaft, die der Autor in vor allem religiös geprägte Kulturkreise unterteilte. Die Generalthese besagte, dass nach dem Ende des Kalten Krieges und der bipolaren Welt des Ost-West-Gegensatzes nicht mehr politisch-militärische Konstellationen die internationalen Beziehungen bestimmten, sondern normative und moralische Wertkonflikte. In dieser Perspektive stand in den 90er Jahren das Verhältnis zwischen den säkularen Gesellschaften des Westens, im Wesentlichen den Mitgliedsländern des Nordatlantikpaktes, und dem »islamischen Gürtel« von Marokko bis Indonesien im Mittelpunkt der Aufmerksamkeit, und der Elfte September konnte damit als Ausdruck einer fundamentalen Herausforderung des Westens durch islamische Protagonisten gedeutet werden.

Dagegen setzte man das Instrumentarium des kulturellen Dialogs ein, eine im Wesentlichen auf dem Feld der Kultur ansetzenden Konfliktprävention und Mediation. Unterdessen ist die Auseinandersetzung mit den arabisch-islamischen Staaten offensiver geworden. Dabei geht es den USA nicht allein um »präemptive« Gefahrenabwehr, i.e. »Entwaffnungskriege« gegen »Sponsoren des Terrors«, betrieben wird mit militärischen Mitteln nun auch die Demokratisierung der gesamten, von einem totalitären Islamismus beherrschten Region, wobei man stets (und zu Recht) betont, nicht »den Islam« als solchen bekämpfen zu wollen, sondern nur seine politische Instrumentalisierung und Perversion durch islamistische Fanatiker.

Auch wenn man diese dramatische Konfrontation als »Hauptwiderspruch« identifiziert, lassen sich Risse innerhalb der westlichen Wertegemeinschaft nicht mehr übersehen; schon vor den jüngsten transatlantischen Streitigkeiten war von einem »Kulturbruch mit Amerika« (Werner Weidenfeld) die Rede. Unter konfliktsoziologischen Gesichtspunkten kann man also die Frage stellen, ob es sich im Verhältnis zwischen dem »alten Europa« und den USA nur um konjunkturelle, vorübergehende Interessenkonflikte handelt, oder ob sich eine strukturelle Differenz der Werte zwischen den beiden Polen der westlichen Welt auftut.

Jüngste empirische Erhebungen (vor dem Irak-Krieg) zeigen, dass es keine generelle Renaissance des Antiamerikanismus gibt, wohl aber einen wachsenden Interessenkonflikt in zentralen Arenen der internationalen Politik. Amerika tritt schon seit der Reagan-Ära »revolutionär« auf, wobei diese Dynamik eine neokonservative und restaurative ist; seit dem

Elften September 2001 ist diese Orientierung noch deutlicher geworden. Die spürbar wachsende Distanz der politischen Öffentlichkeit Westeuropas, genau wie der arabischen Welt, ist nicht per se Ausdruck eines kulturellen Antiamerikanismus, sondern Resultat einer politischen Amerikakritik. Doch in Reaktion auf den imperialen, religiös fundierten *American exceptionalism* konnte auch ein solches kulturelles Ressentiment wieder Platz greifen.

Damit ist eine grundsätzliche und notwendige Unterscheidung getroffen zwischen politisch fundierter Kritik und kulturell getöntem Ressentiment, auch wenn sich beides im landläufigen Amerikabild immer wieder vermischt. Die konkrete Auseinandersetzung mit bestimmten Repräsentanten und Führungspersonen der Vereinigten Staaten und dem, was sie im einzelnen *tun*, ist etwas anderes als die diffuse und pauschale Ablehnung »der« Amerikaner, wie sie angeblich *sind*. Eine Mittelstellung nimmt die in Mediengesellschaften typische Personalisierung ein, womit der amtierende Präsident George W. Bush im Ausland für Amerika insgesamt wahrgenommen wird. US-Präsidenten haben immer schon als Repräsentanten der USA gegolten. Das seinerzeit hohe Renommee eines John F. Kennedy kontrastiert mit der abschätzigen Meinung über Ronald Reagan, es gleicht sich aber in der Simplifizierung, die vielschichtige Erscheinungsformen einer Gesellschaft auf wenige, vermeintlich typische Charakterzüge zurechtschneidet. Vor allem politische Karikaturen und Protestplakate verfahren derart ethnisierend und mit symbolischen Ersatzhandlungen; in diesem Sinne ist das Sternenbanner die ohne Zweifel am häufigsten zerrissene, mit Füßen getretene und in Brand gesetzte Nationalflagge der Welt. Es sei allerdings nicht verschwiegen, dass dieses Muster auch einen großen Teil der Bush-Kritik in den USA selbst bestimmt.

Für andere bleiben die *stars & stripes* jedoch eine Projektionsfläche großer Sympathien und einer ungebrochenen Identifikation mit Amerika, woran sich die strukturelle Verwandtschaft von Anti- und Proamerikanismus demonstrieren lässt. So wie prononcierte Amerikahasser das Land und seine Bewohner pauschal verdammen, neigen erklärte Liebhaber dazu, alles zu idealisieren. Konnte man gegen Ende des vergangenen, »amerikanischen Jahrhunderts« den Eindruck gewinnen, solche Leidenschaften nähmen in Bezug auf das gelobt-gehasste Land ab und das Bild Amerikas verlöre im wirtschaftlichen und kulturellen Globalisierungsprozess von Marken und Symbolen an Kraft, haben die Nachwehen der Terroranschläge und die Militäraktionen der USA markante Pro- und Kontra-Positionen wieder hervorgebracht. Man findet sie in vielen Privatgesprächen sowie in der veröffentlichten Meinung, zum Teil werden Gefühle zu den USA und ihren Repräsentanten auch in Umfragen erhoben.

Diese belegen zunächst aber, dass Kultur und Gesellschaft der Vereinigten Staaten, mit Ausnahme der islamisch-arabischen Länder, weltweit bei mehr als fünfzig Prozent der jeweiligen Bevölkerung beliebt bis sehr beliebt geblieben sind. Und auch von Marokko bis Indonesien gilt, dass jenseits telegener Exorzismen mehr die amerikanische Politik in der Region am Pranger steht als die von den USA repräsentierten Werte von *freedom & democracy* – und noch weniger der von US-Marken symbolisierte Konsumkapitalismus, der allerdings widersprüchliche Gefühle auslöst. Vorbehalte dagegen finden sich übrigens, wenig überraschend, im öffentlichen und privaten Diskurs in den USA selbst, das heißt die vermeintlichen Mängel, die »den Amis« draußen in der Welt angeheftet werden (wie z.B. die Fast-Food-Kultur und Fettleibigkeit, der verschwenderische Energieverbrauch oder Gewaltexzesse), findet man in polemischen, selbstironischen und satirischen Selbstdarstellungen vom Typ des sehr erfolgreichen Michael Moore. Man könnte sogar sagen, dass sich Amerikaner in der Präzision und Pointiertheit der Kritik von keinem Ausländer übertreffen lassen – die klassische, mit dem Amerikareisenden Alexis de Tocqueville eingeübte Spiegelung nationaler Eigenschaften durch einen neutralen Beobachter hat sich selten wiederholt, aber ein selbstkritisches Bewusstsein keineswegs verhindert und vermindert.

Gewiss gibt es aber einen kulturellen Antiamerikanismus, Aversionen und Ressentiments gegen den *American Way of Life*, die sich in Deutschland wiederholt im Slogan »Kein Blut für Öl« zusammengeballt haben, dessen Herkunft bekanntlich in der deutsch-nationalen und faschistischen Rhetorik zu suchen ist. Solche Stereotypen sind mit dem Antisemitismus verwandt, der nach dem Elften September als Parallelkritik an Amerika und Israel laut wurde, als diverse Quellen die Terroranschläge und Selbstmordattentäter den USA und/oder einem zionistischen Komplott zuschrieben, gekrönt durch das zynische Statement, beide hätten bekommen, was sie verdienten. Ein starker Affekt gegen das angeblich materialistische und kulturlose Amerika ist rechtsaußen wie linksaußen verbreitet, aber manche Auguren hören das Gras wachsen, wenn sie jedem polemisch dahin gesagten Satz eine derartige Tiefenschicht und vor allem Breitenwirkung nachsagen. Der Amerikaverächter Nikolaus Lenau, auf den hier fast regelmäßig Bezug genommen wird (übrigens ein enttäuschter Liebhaber der Neuen Welt), wird zwar häufig zitiert, ist aber im Übrigen so gut wie niemandem mehr bekannt.

Wer sich ernsthaft dem Thema Antiamerikanismus zuwendet, muss also zunächst eine Methodenkritik leisten. Viele publizistische Beiträge zum Thema zeichnen sich zwar durch leidenschaftliche Rhetorik und Polemik aus, die meisten Autoren suchen sich aber einigermaßen wahllos

Zitate aus verschiedenen Kontexten und Zeiten heraus, montieren sie zu einem in sich schlüssig wirkenden Panorama der Amerikaverachtung und kümmern sich dabei weder um die konkrete Rezeption der Amerikamythen noch um die Resonanz ihres hastig zusammengeflickten Amerikabildes. Lockere Kompilationen aus Zeitungsquellen berücksichtigen selten die Minimalerfordernisse von Inhalts- und Rezeptionsanalysen, und sie konstruieren, wo sie auf die Widersprüche des Amerikabildes abheben, oft einen ideellen Gesamtsprecher, dem keine wirkliche Figur oder Gruppe entspricht.

Widersprüche im Amerikabild gibt es allerdings, zuletzt, wenn in der Kritik am Irak-Krieg den Amerikanern der krude Materialismus ihrer Öl-Interessen in der Golfregion vorgeworfen wird und im gleichen Atemzug der christlich-religiöse Hintergrund der amerikanischen Mission getadelt wird. Solche Argumentationssprünge zeigen, dass der Antiamerikanismus ein vorgegebenes Denkmuster ist, das sich Beispiele willkürlich sucht und durch Redundanz, nicht Präzision beeindrucken möchte. Dieses Denkmuster ist mit dem in den USA verbreiteten »paranoiden Stil« (Richard Hofstaedter) politischen Denkens verwandt, das sich pseudokritisch in Verschwörungstheorien ergeht und, wo immer empirische Belege und logische Stringenz gefragt wären, in einen argumentativen Zirkelschluss verfällt. Antiamerikanismus, genau wie ein kompensatorischer und überidentifikatorischer Amerikanismus ist in Zeiten des Krieges gerade in intellektuellen Zirkeln besonders verbreitet, dabei geböten gerade solche Zeiten höchste intellektuelle Redlichkeit und ungeteilte Radikalität.

Dabei ist nochmals zu betonen, dass schrille, antiamerikanische Einzelstimmen eine immer noch breite Amerikafreundlichkeit, ja -faszination in der öffentlichen Meinung fast aller europäischer Gesellschaften überdecken: Drei Viertel der Deutschen und mehr als zwei Drittel der Europäer haben eine durchweg positive Meinung von den Vereinigten Staaten, und die von dort ausgehende Verwestlichung hat alle gesellschaftlichen Systeme erreicht – mit Ausnahme der Religion, wo das säkulare Alt-Europa und die USA tatsächlich grundverschieden sind.

Wozu also die permanente Beschwörung des Antiamerikanismus? Sie könnte vor allem bei der politischen Rechten kontraphobisch begründet sein, war doch in der Vergangenheit vor allem sie (und am ärgsten die Nationalsozialisten) zutiefst gegen Amerika eingestellt, während die Linke kulturell »durchamerikanisiert« ist und eine Art nachholenden Proamerikanismus an den Tag gelegt hat. Wer den Popanz des Antiamerikanismus aufbaut, ist offenbar daran interessiert, politische Kritik, wie sie europäische Regierungen nach 2001 mit guten Gründen und zumeist in sehr moderater Form an den amerikanischen Verbündeten formuliert haben, zu diskreditieren.

Der Proamerikanismus pflegt, ähnlich wie der Philosemitismus, formal analoge Amerika-Stereotypen, nun vom durchgängig »guten« und über jede Kritik erhabenen Amerika, in dessen Schatten das »alte Europa« und der Rest der Welt ein Zwergendasein führen. Hier kann man grob zwei Varianten unterscheiden. Zum einen gibt es einen instrumentellen Amerikanismus, der Änderungen in der deutschen und europäischen Gesellschaft, Wirtschaft, Politik und Kultur über den Verweis auf das US-Modell (heute auch: die Globalisierung) zu erreichen zielt. Diese Technik gehörte zum Verwestlichungsprogramm der Bundesrepublik oder sollte Euro-Sklerose beheben (man erinnere sich an J.J. Servan-Schreibers Bestseller *Le Défi américain*). Als Beispiele kann man auch die Elogen auf den Manager-Kapitalismus in den 1920er und 1950er Jahren oder auf den shareholder value als Business-Modell der 1990er Jahre anführen. Solche rhetorischen Verbeugungen vor den USA haben eine heute nur noch lächerlich wirkende Amerikabewunderung hervorgetrieben, die vor allem in einer durch den Zusammenbruch der New Economy kompromittierten Wirtschaftspresse zuhauf zu finden und in Deutschland – etwa beim Axel-Springer-Verlag – durch eine quasi-religiöse Amerika-Bindung überhöht sind.

In Frankreich und Südeuropa, wo es starke kulturelle Ressentiments gegen die amerikanische (Un-)Kultur sowie eine lange Tradition der Großmachtkritik gibt, hat sich ebenfalls ein kompensatorischer Amerikanismus ausgebildet, der auch eine implizite Abrechnung mit der Vorrangstellung und kulturellen Hegemonie der sozialistisch-kommunistischen Linken darstellt. Oft genug transportieren solche Stereotypen eine »Rhetorik der Reaktion« (Albert O. Hirschman), die bestimmte Errungenschaften eines auf soziale Gleichheit und Gerechtigkeit verpflichteten Wohlfahrtsstaates zu revidieren sucht und zum Teil ausdrücklich an den autoritären Liberalismus der Reagan- und Thatcher-Ära anschließt.

Daneben gibt es die Spielart des kompensatorischen Amerikanismus, der auf eine politische Konversion zurückgeht: Beispiele sind der Bundesaußenminister Fischer und andere Protagonisten der »68er«-Generation, die für eigene Jugendsünden (oder im Fall Fischers eher solche der eigenen Alterskohorte) büßen; publizistisch ist diese Konvertiten-Haltung ausgeprägt bei einem Leitartikler der Frankfurter Allgemeinen, der als ehemaliger Linksradikaler die Attitüde des Musterschülers sowohl gegenüber George W. Bush als auch gegenüber Silvio Berlusconi einnimmt. Emphatische Proamerikaner neigen übrigens dazu, auch selbstkritische Amerikaner eines besseren zu belehren. Oft wird dabei ein transatlantisches Hochamt gelesen, dessen falsche Emphase den Verdacht aufkommen lässt, man habe es hier eher mit unsicheren Kantonisten oder Wellenreitern zu tun, die bei nächster Gelegenheit doch wieder abspringen.

Interessanterweise wird das Vorhandensein von Amerikakritik amerikanischer Provenienz als Argument dafür benutzt, deutsche Amerikakritik mundtot zu machen. Obwohl diese oft genau dasselbe sagt wie amerikanische Quellen, man häufig für jede in Europa geäußerte Kritik eine luzide, oft viel treffendere Selbst-Kritik anführen kann, obwohl man »drüben« hiesige Plattheiten (Kein Blut für Öl!) auch im amerikanischen O-Ton hören kann (No Blood for Oil!), untersagen sich Europäer und hier namentlich Deutsche dies, als ob saubere politische Urteilsbildung vom Besitz eines Passes oder der ethnischen Herkunft abhängig sei. Da auch drastische Darstellungen (wie die von Sigmar Polke), bis März dieses Jahres im *Dallas Museum of Art*, also im Herzen von Texas, ausgestellt und von der amerikanischen Kritik als Bildsprache des Elften September gewürdigt wurden, sollte man aufhören, jede Art von Amerikakritik vulgärpsychologisch zu sezieren und gewisse Obertöne abzuhorchen, die in einem Argument angeblich mitschwingen und dessen Gebrauch verböten. Auch maßlose Kritik und plattester Antiamerikanismus genießen Meinungsfreiheit, wenigstens das können die Amerika-Pathetiker von den wirklichen Vereinigten Staaten lernen!

Die erwähnten Vergleichstudien zeigen zunächst, dass in den Bevölkerungen der westlichen Länder weiterhin eine so hohe reziproke Wertschätzung besteht, dass von einem »Kulturbruch« im Westen oder dergleichen Zerwürfnissen keine Rede sein kann. Die Wahrnehmung der anderen Seite fällt ähnlich positiv aus wie die Selbsteinschätzung, und im Unterschied zur tief besorgten Kommentarlage und Elitenmeinung resümierte der *Economist* deshalb nüchtern: »the ordinary folk in either side of the Atlantic continue to like each other« (S. 18). Das war so trotz erheblicher Meinungsverschiedenheiten in bedeutenden Policy-Fragen, vor allem in Hinblick auf das militärische Vorgehen der Hegemonialmacht; dieses brachte die amerikanische Führung aber nicht nur in einen Konflikt mit der europäischen und arabischen Bevölkerung, sondern hob sich auch von großen Teilen der öffentlichen Meinung in den USA selbst ab. An der Kritik am Regime des Irak konnte auch in Europa kein Zweifel bestehen, die markanteste Abweichung zwischen Amerikanern und Europäern betraf vielmehr die Haltung zu Israel bzw. zu politischen Forderungen der Palästinenser. Ansonsten bestand eine ziemlich übereinstimmende Wahrnehmung globaler Gefahren, deren Dramatik, abgesehen vom Thema der Erderwärmung, in den USA jeweils höher eingestuft wird. Dort haben nach dem Elften September die Themen Terrorbedrohung und islamischer Fundamentalismus das Gefahrenbild des Sowjet-kommunismus abgelöst, womit auch Russland für die Amerikaner an Be-deutung verlor (Das bedeutet, dass Deutschland und die westeuropäi-schen Länder ebenfalls unwichtiger für die Amerikaner geworden sind).

Chancen und Risiken der wirtschaftlichen Globalisierung werden ebenfalls ähnlich ambivalent eingeschätzt; die beiderseits des Atlantik ver-breiteten Sorgen über negative Auswirkungen der weltwirtschaftlichen Verflechtung machen die erstaunliche Resonanz der Globalisierungskriti-ker diesseits wie jenseits des Atlantiks plausibel. Was die weltwirtschaft-lichen und weltpolitischen Gewichte betrifft, wird die gegebene »Hack-ordnung« in Europa und den USA gleich gesehen, wobei die ökonomische Dominanz in beiden Regionen für wichtiger angesehen wird als die je-weilige militärische Kapazität. Es gibt also keinen Hinweis darauf, dass die amerikanische *Bevölkerung* überwiegend auf militärische Stärke setzt, wenn sie die Position Amerikas in der Welt beurteilt. Überraschend, vor dem Hintergrund der bisherigen Ergebnisse aber nur konsequent, ist, dass vor dem Irak-Krieg der Multilateralismus in den USA hochgeschätzt und einseitigen Aktionen eindeutig vorgezogen wurde. Auch die Mehr-heit der Amerikaner schätzten und respektierten die Vereinten Nationen, weniger jedoch die (sehr viel stärker von den USA bestimmten) Inter-nationalen Währungsfonds und die Weltbank. Die Amerikaner brachten sogar stärker als die Franzosen zum Ausdruck, dass die UN gestärkt wer-den müsse, und es bestand ein breiter Konsens darüber, dass eine Irak-Intervention nur über ein UN-Mandat und im Bündnis mit den Alliier-ten erfolgen solle.

Angesichts der amerikanischen Politik war es aufschlussreich, dass die Amerikaner in großer Mehrheit für die Unterzeichnung bzw. Ratifizie-rung des Kyoto-Abkommens (64%), des Landminenverbots (75%) und für die Einrichtung des Internationalen Strafgerichtshofes (71%) eintra-ten; noch stärker setzten sie sich für einen Nuklearteststop (81%) ein. Die Summe dieser Daten zeigt, dass die größte Meinungsverschiedenheit nicht etwa zwischen Amerikanern und Europäern bestand, sondern zwi-schen der Mehrheit der Amerikaner und ihrer Administration. Was die »Weltinnenpolitik« oder »Gesellschaftswelt« betrifft, dürften sich Ameri-kaner und Europäer ähnlich nahe gerückt sein wie schon seit längerem Franzosen und Deutsche. Man sieht daran, welch großes Potenzial an Bündnispartnern in der öffentlichen Meinung der USA bestand, das von der gouvernementalistischen Außenpolitik der EU-Staaten und in den Massenmedien weitgehend ignoriert wurde. Lediglich die kritische Posi-tion der katholischen Bischöfe zum Irak-Krieg wurde entsprechend her-vorgehoben.

Wie stand es parallel beim Verhältnis zwischen den USA und der arabisch-islamischen Welt und deren Perzeption des Westens, lag hier nicht doch der berühmte »clash of civilizations« vor? In der Tat war in der islamischen Welt die im internationalen Vergleich größte Verschlechterung des Images der Vereinigten Staaten seit 1999 zu verzeichnen. Positive Einschätzungen schrumpften bei den Pakistani von ohnehin geringen 32 Prozent auf 10 Prozent, noch dramatischer verhielt es sich beim NATO-Partner Türkei (von 52 auf 30%). Dagegen stieg Amerikas Ansehen etwa in Nigeria von 46 auf 77%. Aber auch in der islamischen Welt wurde und wird Amerika nicht so sehr um seiner selbst willen gehasst, sondern weil die arabischen Massen, genau wie das liberale Bürgertum, der Politik der US-Regierungen in der Region misstrauen. Damit werden nicht nur die Unterstützung Israels und der mangelnde Nachdruck für die Herbeiführung einer als gerecht empfundenen Friedenslösung für Palästina moniert, sondern auch die Unterstützung autoritärer Regime in der arabischen Welt durch die USA in den vergangenen Jahrzehnten. »Freedom and Democracy«, das mit den USA identifizierte Programm wirtschaftlicher Liberalisierung und politischer Verwestlichung, wurde noch knapp positiv gewertet (etwa 55%), die US-Politik hingegen verzeichnete eine Zustimmung von unter zehn Prozent. Eine ähnliche Diskrepanz war bei den Iranern anzutreffen, wo wenige Wochen nach dem Irak-Krieg auf den Straßen deutliche Sympathien für den *American way of life* demonstriert wurden, andererseits war aber eine Distanz zu einer Intervention von außen ebenso ausgeprägt.

Daraus folgt eine für den interkulturellen Dialog wichtige Differenzierung: Die Demokratie westlichen Typs wird nicht aufgrund religiöser Überzeugungen im Islam abgelehnt, vielmehr hat die große Zahl der moderaten Muslime eine ähnlich hohe Neigung zu dieser Herrschafts- und Lebensform wie westliche Christen. Die von Huntington aufgestellte These von der prinzipiellen Demokratieferne »des« Islam kann damit nicht bestätigt werden. Wenn nämlich nach der Unterstützung demokratischer Ideale, der Haltung zu starken Führern und der tatsächlichen Performanz von Demokratie gefragt wird, besteht zwischen dem Westen und der islamischen Welt keine größere Diskrepanz als etwa zwischen dem alten »West-Rom« und »Ost-Rom«, also den Gebieten des westlich-säkularen Christentums (nach der Reformation und Aufklärung) und dem Gebiet der griechisch- und russisch-orthodoxen Christenheit. Die Huntington-These, von deutschen Adepten wie Bassam Tibi und Hans-Ulrich Wehler in polemischer Sicht aufgegriffen, lässt sich auch hier wieder falsifizieren. Sie besagt nämlich, dass »Werte« vornehmlich in religiösen Kulturen gründen und diese die Hauptquelle internationaler und intranationaler Konflikte seien. Auch die Auswertung von weltweit erhobenen Daten durch Norris/Inglehart (2000) hat gezeigt, dass im Blick auf Menschen- und Bürgerrechte die größten Differenzen nicht zwischen dem Westen und dem Islam vorliegen. Schwerwiegende Unterschiede zwischen westlichen und islamischen Kulturen gibt es in der Tat, aber diese betreffen vor allem das Geschlechterverhältnis und die Bewertung abweichender sexueller Orientierungen wie der Homosexualität.

Im Westen bestehen auch nach dem Irak-Krieg überwiegend gemeinsame Werte. Es herrscht weiterhin gegenseitige Wertschätzung, und im Großen und Ganzen stimmen auch die Politikziele überein. Die Gründe für den zunehmenden Dissens und die wachsende Distanz nach dem September 2001 dürften in der Behandlung fast aller weltpolitischer *Issues* durch die Bush-Adminstration liegen, angefangen bei Disputen in der Handelspolitik über die Sonderrolle der USA bei der Errichtung des in Europa überwiegend begrüßten Internationalen Strafgerichtshofs bis zu Fragen der Umweltpolitik, in denen die Bush-Administration wie schon ihre Vorläufer inhaltlich eine große Indolenz und in der Form ein hohes Maß an Arroganz erkennen ließen. Solche Stilfragen sind im internationalen Verkehr nicht unbedeutend, und sie können, noch angeregt durch das borniere Verhalten amerikanischer Stellen in Konflikten wie bei der Schadensregulierung des Cavalese-Zwischenfalls, brisante und dramatische Formen annehmen.

Wenn in der europäischen Presse breit und aufgeregt diskutierte Vorgänge wie das Lügengespinst der Vereinigten Staaten zur Erzwingung des Irak-Krieges hinzukommen, muss man sich nicht wundern, dass der sprichwörtlich gewordene »amerikanische Freund« in den letzten Jahren an Wertschätzung verloren hat. Das ist vermutlich eine fast automatische Abwehr-Reaktion, die seit der Vormachtstellung des alten Rom und Spaniens im 16. Jahrhundert jedem Hegemon zugestoßen ist. Hybris und Präpotenz von Sprechern der Vereinigten Staaten tun ein übriges, um die transatlantische Allianz so weitgehend und nachhaltig zu ramponieren, dass auch amerikanische Wissenschaftler und Politiker ihrer tiefen Sorge Ausdruck geben. Auch sie kritisieren den Rechtsruck, den ihr Land seit den 1980er Jahren und verschärft seit der Übernahme der Regierungsmacht durch George W. Bush durchgemacht hat.

Postskriptum:
Der in Genshagen gehaltene Vortrag wurde vor dem Beginn des Irak-Krieges im März 2003 verfasst und anschließend nur stilistisch redigiert. Danach erschienene Umfragen konnten nicht mehr berücksichtigt werden. Sie zeigen erstens, dass sich die in der amerikanischen Öffentlichkeit

konstatierte Differenzierung erhalten hat, das heißt: Eine anhaltende patriotische Grundstimmung ist durch Besorgnisse überdeckt, dass Amerika sich in der Welt isoliert (und übernimmt). Zweitens ist die Distanz zwischen Amerika und dem Rest der Welt tatsächlich gewachsen; dabei nehmen auch antiamerikanische Ressentiments und Aversionen zu. Ein Jahr nach dem Irak-Krieg ist auf beiden Seiten des Atlantiks klarer geworden, dass dieser Krieg, jenseits der damit verbundenen Meinungsmanipulation und Völkerrechtsverstöße, nicht die adäquate Antwort auf den Terror war; zugleich hat spätestens der Terroranschlag in Madrid vor Augen geführt, dass ein weiteres gefühlsmäßiges und strategisches Auseinanderdriften im Sinne des islamistischen Terrors wäre, der die westlichen Werte und Institutionen überall bedroht.

HANNES BÖHRINGER

Europas Entführung nach Westen
Eine europäische Sicht auf amerikanische Mythologie im Film

Bevor 431 vor Christi der Peleponnesische Krieg ausbrach, in dem sich
Athen politisch ruinierte, trafen in Sparta Gesandtschaften aus Korinth
und Athen aufeinander, schreibt Thukydides. Die Korinther beklagten
athenische Übergriffe und versuchten, die Spartaner aufzurütteln:

> Habt ihr denn je bedacht, wie diese Athener sind ... wie in allem das
> Gegenteil von euch? Sie sind Neuerer, leidenschaftlich Pläne auszuden-
> ken und Beschlossenes wirklich auszuführen, ihr aber, das Bestehende
> zu wahren, ja nichts zu erfinden und im Handeln auch das Notwen-
> dige nicht zu erfüllen. Und wiederum sind sie Draufgänger über ihre
> Macht, waghalsig über jede Vernunft und in Nöten hoffnungsvoll;
> eure Art ist es, weniger zu tun, als ihr Macht habt, der Vernunft trotz
> aller Sicherheit nicht zu trauen und aus Nöten keine Befreiung zu er-
> warten. Und immer gehen sie frisch ans Werk gegenüber euch Zaude-
> rern, sind Weltfahrer gegen euch Nesthocker; die einen glauben eben,
> in der Ferne etwas zu gewinnen, und ihr, durch Fortgehen noch das
> Vorhandene zu gefährden ... eure ganze Lebensform (ist) altväterlich
> im Vergleich mit ihnen. Notwendig aber, wie beim Handwerk, setzt
> sich immer das Neueste durch; im tiefsten Frieden mag für einen Staat
> das unantastbare Herkommen vorzüglich sein; wer aber allseits zu han-
> deln gezwungen ist, hat auch alle Neuerungen nötig. Eben darum ha-
> ben ja auch die Athener mit ihrer reichen Erfahrung viel mehr als ihr
> auf den heutigen Stand gebracht.[1]

Es klingt wie eine Beschreibung des heutigen Streites, wenn man für
Sparta Europa und für Athen Amerika einsetzt.

Die Athener verteidigten sich, sie verwiesen auf ihre Verdienste beim
gemeinsamen Sieg über die Perser und fuhren dann fort:

> So muß man sich auch über uns nicht wundern, wir folgen der
> menschlichen Natur, wenn wir eine Herrschaft, die sich anbot, ange-
> nommen haben und behalten wollen, besiegt von drei so starken
> Mächten wie Ehre, Furcht und Vorteil; wir sind ja auch nicht die

---

1   Thukydides, Der Peleponnesische Krieg I 70, 71 (Übersetzung Georg Peter
    Landmann, 1973).

ersten, die dies angefangen haben, sondern es ist immer so gewesen, daß der Mindere sich dem Mächtigen fügen muß; auch glauben wir, dieses Reiches würdig zu sein, und auch ihr hieltet uns dafür, bis ihr jetzt, euren Vorteil berechnend, mit der Gerechtigkeit kommt, der zuliebe noch nie jemand eine Gelegenheit zu gewaltsamer Bereicherung verschmäht und auf seinen Vorteil verzichtet hat. Ja, wir verdienen noch Lob, daß wir zwar der menschlichen Vernunft gemäß andere beherrschen, aber dabei gerechter bleiben, als wir unserer tatsächlichen Macht nach sein müßten.[2]

Ganz anders Europa. Es, bzw. hier noch Hellas, ist offener Streit, aufgedeckter Unterschied, die ständige Anstrengung, ihn zuzulassen und zu zähmen, statt ihn zu unterdrücken oder zu verschweigen. Europa ist der Übermut, sich die Freiheit zum Streiten zu leisten. So kann der Streit spielerisch und sprachlich werden: Wettstreit und Streitgespräch. Hesiod unterschied guten und schlechten Streit (Eris): der eine führte zu Hader und Feindschaft, den anderen hatte Zeus »in die Wurzeln der Erde, den Männern zu größerem Segen« gesetzt. »Der Nachbar läuft mit dem Nachbarn um die Wette nach Wohlstand; so nützt diese Eris den Menschen.«[3] Die im sophistischen Streitgespräch, die in Rede und Gegenrede befragte Weisheit wird zur Philosophie, die in Frage gestellte Wahrheit zum unabgeschlossenen Erkenntnisprozess der Wissenschaften. Fragen fordern Antworten, Handlungen Verantwortung. Offenheit und Öffentlichkeit des Streits ermöglichen Partizipation und Parteinahme. Auch andere können mitreden.

Streit verlangt Umgangsformen, eine Kultur des Ausgleichs, der Mäßigung, Gerechtigkeit, Residuen der Gemeinsamkeit, Schonung des Unstrittigen. (Der platonische Dialog unterscheidet sich von der sophistischen Streitkunst, mit der Thukydides die gegnerischen Gesandtschaften reden lässt, allein darin, dass er jene Residuen zu seinen Prinzipien macht.) Eine Streitkultur kann es sich leisten, das Machtwort, die Beendigung des Streitens, auf das Unabdingbare und Allernötigste zu beschränken. Das Gleichgewicht einer auf Streit in guten Umgangsformen angelegten Gesellschaft ist labil und dynamisch. Jederzeit kann es in Zwist und Krieg (schlechte Eris) abstürzen oder in eine Herrschaftsform, die den Einzelnen vom Streit der Meinungsvielfalt und der Ungewissheit der Wahrheit entlastet, indem sie Widerspruch unterdrückt. Doch liegt die Stärke des labilen Gleichgewichts im Gefühl ihrer ständigen Krise.

2 Ebenda I 76.
3 Hesiod, Werke und Tage 11-24 (Übersetzung Albert von Schirnding, 1985).

So ist auch Europas Gleichgewicht schwankend. Schwankend aber ist Europa auch nicht ortsgebunden, an das zerklüftete Vorgebirge der asiatischen Landmasse gekettet, sondern beweglich. Europa, sagt Cacciari, ist ein Archipel: Inseln im Meer.[4] Die Inseln schwimmen, gehen unter und tauchen anderswo wieder auf. Europa passiert, ist temporär, geschichtlich. Es kommt nicht aus Europa und bleibt nicht in Europa. Der Mythos wusste das: Europa ist eine orientalische Prinzessin, die sich nach Kreta entführen ließ von einem weißen Stier, in den Zeus, höchster Gott, sich verwandelt hatte, der Gott der neuen Zeit.

Der Mythos verzaubert Geschichte in Natur zurück und denkt in Genealogien und Wiederholungen. Auch Europas Schwiegertochter Pasiphae, Frau des kretischen Königs Minos, verliebt sich in einen schönen Stier, versteckt sich in einem von Dädalus gebauten Kasten mit Öffnung und lässt sich von dem Stier bespringen. Sie gebiert den Minotaurus. Europa ist hybrid, Kreuzung von Tier und Mensch, Aufpfropfung des Kultivierten, Domestizierten auf das Wilde, Naturwüchsige, Verschränkung von Naturzustand und Staat, Gewalt und Recht, Freiheit und Knechtschaft. Europa ist Entführung, Vergewaltigung und Aneignung und dann erst Freiheit, Recht und Schonung. Und so wurde Europa weiter entwendet: von den Römern, deutschen Kaisern, von Spanien, Frankreich, England, von Amerika.

Auch dort wird Europa nicht immer bleiben. Amerika ist nur die letzte ihrer Metamorphosen. Amerika setzt das Projekt Europa fort. Amerika haftet noch weniger an einem bestimmten Kontinent. »Now we are engaged in a great civil war,« sagt Lincoln 1863, »testing wether that nation or any nation so conceived and so dedicated, can long endure.«[5] Es fragt sich, ob diese *oder jede andere Nation* (Volk, Staat, wörtlich Geburt), die dem Grundsatz verpflichtet ist, dass alle Menschen gleich geschaffen sind, lange aushalten und dauern kann. Das europäische Naturrecht muss sich an einem anderen Entführungsfall bewähren, der Versklavung und Verschleppung der Afrikaner nach Amerika.

Als die Mauer fiel, die Sowjetunion zusammenbrach und Deutschland wiedervereinigt werden konnte, schien es, ein Loblied auf die Vereinigten Staaten sei an der Zeit. Denn ihnen verdankte Deutschland seine Wiedervereinigung in erster Linie. So entstand später ein Buch über Western und Gangsterfilme mit dem Titel »Auf dem Rücken Amerikas«:[6] Europa sitzt

4   Massimo Cacciari, Der Archipel Europa, Köln 1998.
5   Abraham Lincoln, Gettysburg Address 1863. Mit einem Essay von Ekkehart Krippendorff, Hamburg 1994, S. 9.
6   Hannes Böhringer, Auf dem Rücken Amerikas, Berlin 1998.

auf dem Rücken des amerikanischen Stiers. Die Entführung nach Westen war nicht nur Raub, sondern auch Rettung. Dreimal im letzten Jahrhundert musste sich dieses Europa hier von den Vereinigten Staaten retten lassen.

Der Western- und Gangsterfilm ist mehr als Kunst und Unterhaltung: Er ist Mythologie, Moral und Zivilreligion. Der Mythos verzaubert Menschen und Götter in Tiere. Der Cowboy treibt seine Herde nach Westen, die elternlosen Einwanderer ins gelobte Land. Manchmal hat er seine Herde und Aufgabe verloren und ist auf der Suche nach ihr. Da kreuzt seinen Weg ein anderer, spiegelbildlicher Zug nach Westen. Er trifft auf eine Wagenburg, ein Westernstädtchen in Not, bedrängt vom Naturzustand, von außen feindliche Naturwesen, Indianer, im Inneren die Macht von Banditen oder alten Viehzüchtern, saturnähnliche Gestalten, die ihre zahlreichen Söhne erbarmungslos einen nach dem anderen opfern, die eigene Nation verschlingen. Der Westernheld rettet die Gemeinschaft, er steht für den Heroismus, den ständig drohenden Rückfall in den Naturzustand aufzuhalten. Der antike Hero gründete Städte und gab Gesetze, der Westernheld setzt die Gesetze nur in Kraft. Er bricht das Recht des Stärkeren durch eine kurze Übersteigerung der Gewalt. Dadurch steht er, selbst als outlaw, über dem Recht, das er wiederherstellt. Deshalb muss er sterben oder weiterreiten, es sei denn, er legt nach einer Entsühnung den Heldenstatus ab und heiratet. Meistens nimmt er nicht die leidenschaftliche Mexikanerin, sondern die sittsame Lehrerin aus Neuengland: Europa. Sie zähmt den wilden Mann aus dem Westen.

Der Cowboy tanzt, er jubelt und jodelt. Er hat die Herde zur Eisenbahnstation getrieben. Dort werden die Tiere verladen und in die Schlachthöfe der großen Städte gebracht. Da wachen sie aus ihrer mythischen Verzauberung auf. Der Gangsterfilm, besonders der Film Noir, ist die Enttäuschung über das gelobte Land Amerika, seine mythische Entmythologisierung: graue Großstadt, verstädterte Landschaft, Gefängnis, Todeszelle. Die Menschen sind zum Tode verurteilt und rennen ihm entgegen, indem sie ihm entgehen wollen. Mit äußerster Gewalt versuchen sie, aus diesem Gefängnis auszubrechen. Sie brechen aus und brechen ein, weil sie keine Zeit haben, nur eine Galgenfrist. Sie wollen immer mehr, am liebsten alles auf einmal und sofort. So machen sie sich alle schuldig, betrügen die anderen und sich selbst. Am Ende sind sie tot.

Ihre wilde Gier nach mehr ist nicht nur das alte Laster der Maßlosigkeit, sondern enttäuschtes Gottverlangen. Amerika hatte Heil versprochen, aber seine unendliche Weite ist zu einem Gefängnis geworden, aus dem es kein Entrinnen mehr gibt, weil dieses Gefängnis überall ist. Der Selbstbeherrschung des pagan-stoischen Helden, der als letzter schießt, steht die haltlose Gier und Ungeduld des Gangsters gegenüber, der sagt: »Do it first and keep on doing it!«,[7] des gewalttätigen christlichen Sünders ohne Gott, denn der hat sich, scheint es, von dieser Welt abgewandt.

Seit der Französischen Revolution verlangen und suchen europäische Denker nach einer »neuen Mythologie« (Friedrich Schlegel), die Volk und Vernunft versöhnt. Bolschewisten und Faschisten haben vergeblich versucht, eine solche Mythologie zu schaffen. Der Western- und Gangsterfilm hebt sich von der reichen Mythenproduktion Hollywoods, ihren kosmologischen und technologischen Märchen dadurch ab, dass in seiner neuen Mythologie die beiden wesentlichen Traditionen Europas bewahrt werden: die antik-pagane und die jüdisch-christliche, beides Entführungen aus dem Orient.

Die korinthische Gesandtschaft bewunderte und fürchtete Athens Sinn für Neuerungen und warf den Spartanern vor, am Altbewährten zu hängen. Die jüdische Eschatologie verschärfte das Neue zum Umstürzend-Neuen, zum Anbruch der Endzeit, des Gottesreiches. Die Christen leben in einer Zwischenzeit, wo die alte Zeit noch nicht aufgehört hat, die neue aber schon angebrochen ist. Die Transzendenz Gottes ermöglicht die »Entzauberung« (Max Weber) der Welt, bis der Geist der Aufklärung sich sogar gegen die Religion selbst wenden kann. Aber die von Heilserwartung gesteigerten, an politische und technische Revolutionen geknüpften Hoffnungen, sie seien Zeichen einer neuen Zeit und einer neuen Welt, überleben den »Tod Gottes« (Nietzsche).

Der Hoffnung folgt die Enttäuschung. Neue technische Errungenschaften, neue Freiheiten: neue Knechtschaft. Trotz aller rückwärtsgewandter Verklärungstendenz zeigt auch der Western, dass die Überwindung des Naturzustands eine ständige Überforderung ist und nur mit Glück und heroischem Beistand gelingt. Der Film Noir ist die Desillusionierung der großen Hoffnungen und Helden. Seine Wahrheit ist nicht farbig, nicht schwarzweiß, sondern schwarzgrau. Der Westernheld kommt immer noch gerade rechtzeitig, der Detektiv des Gangsterfilms kommt immer zu spät. Er findet nur noch Sterbende und Tote.

Wo auch immer Europa-Amerika sich gegenwärtig aufhält, lebt es im Widerstreit zwischen Ungeduld und Abwarten, zwischen Zuvorkommenwollen und der gierig gewordenen Ungeduld im letzten Moment Einhalt gebieten zu können, verrät es sich in der Hochspannung von geschicht-

7 Robert Warshow, The Westener, in: The immediate Experience, New York 1964, S. 93.

licher Erwartung und Enttäuschung. Die Erwartung spaltet sich in Hoffnung und Furcht. Das alte Europa spielt die Rolle Spartas, während Amerika den Part Athens einnimmt: »in Nöten hoffnungsvoll«. Filme wie »Terminator 1 und 2«, »Matrix« oder auch »The Gladiator« zeigen, dass es nicht den Glauben verlieren will an Retter- und Erlösergestalten – eher gnostisch als christlich –, die das Verhängnis der Welt im letzten Moment abwenden. Von Christus unterscheiden sie sich dadurch, dass sie Gewalt anwenden.

Die Mythologie des Westerner und Gangster intoniert den Jubelruf und Klageschrei Europas. Nicht nur die attische Tragödie, wie Nietzsche meinte, auch das Kino entsteht aus dem Geist der Musik, der Westernfilm aus dem Country- und Western-Song und der Film Noir aus dem Blues und Jazz.

Hegel behauptet: gegen das absolute Recht des Volkes, das in einer Epoche den Weltgeist vollstreckt, indem es Europa weiterentführt, sind die Geister anderer Völker »rechtlos«.[8] Wie unwiderstehlich dieser Weltgeist ist, beweist der Siegeszug der vom amerikanischen Rhythm and Blues ausgelösten Musik über den Jazz und Rock zum Rap. Generationen verschiedenster Völker sind mit der Lyrik dieser Songs aufgewachsen. Es sind internationale Volkslieder geworden. Ihr synkopierter Rhythmus hat nicht nur die Musik grundlegend verwandelt, sondern auch das Körper- und Lebensgefühl der Menschen.

Der Blues entsteht aus der Entführung und Vergewaltigung Afrikas, aus der Kreuzung von afrikanischem Gesang und alttestamentarischen Klagelied. Die versklavten Afrikaner sehen sich in Amerika in babylonischer Gefangenschaft. Sie sitzen an den Flüssen Babylons und weinen. »The blues dropped on those willow leaves, and it rolled right down on me,« singt Bessie Smith. Der Blues besingt das Elend der Sklaverei wie das Elend der Befreiung, das nicht zu behebende Elend des Lebens.

Amerika löst sich allmählich, so scheint es, aus der assoziativen Gleichsetzung mit Nordamerika und den Vereinigten Staaten. Lateinamerikanische Rhythmen dringen vor. Die Figur des Mischlings, des Mestizen, früher verdächtig, wird zum Vorbild. Die kulturelle »Contraconquista«[9] der kolonisierten Völker kommt auf Europa zurück. Europa-Amerika – vor nicht langer Zeit konnte man noch sagen: Westen, Okzident – ist selbst Hybridisierung: Kreuzung von Tier und Mensch, wild und zivilisiert, natürlich und künstlich, unfrei und frei, alt und neu. Der Weg nach Westen,

---

8   G. W. F. Hegel, Grundlinien der Philosophie des Rechts § 347.
9   Jose Lezama Lima, Die amerikanische Ausdruckswelt, Frankfurt 1992, S. 46.

sagt Hegel, ist der Weg zur Menschheit.[10] Von Amerika wird Europa über-allhin weiterentführt. Die in seiner Streitkultur ausgelösten Kräfte der Modernisierung sind unwiderstehlich und gewaltsam. Also fällt immer ein Klageschrei in den Jubel ein. Der Stier, Europa und der technische Apparat des Dädalus scheinen auch immer labyrinthischer zusammenzu-wachsen.

Wir im alten Europa können nicht sicher sein, ob wir uns noch auf einer ihrer schwimmenden Inseln oder an einem von ihr schon wieder verlassenen Ort befinden. Fast haben wir uns an die Gewalt gewöhnt, die uns in den Filmen entgegenschlägt. Vielleicht spiegeln sie die Gewalt der Neuerungen, die in unser Leben eingreift, die Gewalt der verzweifelten Abwehr und die Gewalt, die nötig wäre, beides zu bändigen.

Der durch Technologie und Eschatologie verschärfte Widerstreit zwischen alt und neu, die »Entzweiung« (Hegel) von Herkunft und Zu-kunft – das sich ständig überbietende Neue setzt das Alte außer Kraft, aber das Alte hört nicht auf zu wirken – ist die eigentliche Kontroverse im offenen Streit Europas mit sich selbst, wohin auch immer es gerade ent-führt wird, im Widerstreit von Weitergabe, Verrat und Bewahrung, im Streit um die »Tradition« Europas.

Der amerikanische Cowboy zieht weiter nach Westen und rettet die Bedrängten im melancholischen Bewusstsein, dass er so lange weiter-machen muss, bis einer schneller zieht als er. Der Blues einer Weltmacht, die ihren Übermut verliert, als einzige übriggeblieben, in ihren Aufgaben überfordert und alleingelassen, von fast allen gehasst und von keinem geistig ebenbürtigen Gegner herausgefordert, muss noch angestimmt wer-den. Der Kaiser Marc Aurel in »The Gladiator«, der stoische Philosoph, der sein Leben in Feldherrnzelten verbracht hat und nun sein Ende spürt, vermittelt eine Ahnung davon.

10 Joachim Ritter, Europäisierung als europäisches Problem, in: Ders.: Meta-physik und Politik. Studien zu Aristoteles und Hegel, Frankfurt 1969, S. 321-340.

PIERRE RIGOULOT

Antiamerikanische Stereotypen im heutigen Frankreich

Der Antiamerikanismus speist sich oft aus der Kritik an der Globalisierung. Doch ist der Antiamerikanismus selbst zu einem globalen Phänomen geworden. Das gilt für die weltweit vorhandene Kritik am amerikanischen Imperialismus und der amerikanischen Überheblichkeit.

Doch im Unterschied zu objektiv fundierter und berechtigter Kritik handelt es sich beim Antiamerikanismus um eine Leidenschaft, die auf Scheitern, Frustration und Bitterkeit zurückgeht und in der sich daher die sozialen, kulturellen und historischen Gegebenheiten ihres Entstehungsorts widerspiegeln.

So erstaunt es nicht, dass sich in Frankreich, einem Land, dessen wirtschaftliche, diplomatische und wohl auch kulturelle Stellung im Verhältnis zu anderen Staaten der Welt im Laufe eines Jahrhunderts geschwächt wurde, ein stark traditionalistisch gefärbter Antiamerikanismus entwickelt hat. Dieser bedient sich kultureller und ethischer Argumente: Frankreich als Herold ewiger Werte wider die Geißel amerikanischen Profitstrebens, Frankreich als Garant unantastbarer Prinzipien gegen eine als erniedrigend empfundene historische Faktizität.

Kultur

Im Unterschied zum früheren Antikommunismus, dessen Kritik auf den politisch-sozialen Bereich beschränkt war, greift der Antiamerikanismus nicht nur politische Aspekte an, sondern auch die amerikanische Kultur – bzw. das angebliche Nichtvorhandensein einer solchen. Man vergisst dabei Henry James und Walt Whitman, Faulkner und Dos Passos, Jack London und Philip Roth. Die kulturlosen Amerikaner: Das ist ein grundlegender Topos des französischen Antiamerikanismus, bei dem gern übersehen wird, dass bestimmte Bestandteile des eigenen kulturellen Ruhms blasse Widerspiegelungen amerikanischer Vorbilder sind. So schreibt Michel Crépu (Revue des deux mondes, 7/2002):

> Ellis, der Autor von *Glamorama* hat einen Houellebecq, einen Beigbeider regelrecht *hervorgebracht.* Der literarische Rang dieser beiden Bestseller-*Frenchies* ist jedoch nicht höher einzuschätzen als der Rang eines Johnny Halliday für die Rockmusik: eine verwaschene, laue Version amerikanischer Vorlagen – in einem Wort: ein Abklatsch.

Die alte Leier vom amerikanischen Kulturdefizit hören wir schon seit der Gründung der Vereinigten Staaten. Unter vielen anderen griff sie ein Georges Duhamel Ende der 20er Jahre in seinen *Scènes de la vie future* wieder auf. Das überaus erfolgreiche Buch suchte die Schuld für den Kulturverfall bei der Schallplatte, bei der Jazz-Musik und beim amerikanischen Film. Schallplatten sind laut Duhamel »Konservenmusik aus dem Musik-Schlachthof«; im Jazz sieht er den »Triumph barbarischer Dummheit«, eine Musik, die »verrückt spielt, rülpst, scheißt und fröhlich die Musik beleidigt.« »So tötet man die Musik – Neger schneiden ihr die Kehle durch wie den Ferkeln in Middle West.« Der amerikanische Film schließlich: der beste Weg in schlimmste Dekadenz. Allgemein spricht Duhamel von »krasser« amerikanischer Ignoranz: »Wie viele Amerikaner halten Konstantinopel für eine der kuriosesten Städte Frankreichs, wie viele halten Piräus für einen männlichen Vornamen?« Duhamel selbst weiß natürlich, wie die meisten Franzosen, wo Nebraska liegt, und wie die Hauptstadt von Ohio heißt. In *Les Américains,* in den 70er Jahren publiziert, fühlte sich der ehemalige Außenminister Michel Jobert bemüßigt, das Argument wiederaufzugreifen – mit einer nicht zu übersehenden Originalität: »Die Vereinigten Staaten wissen nichts über die anderen. Liegt Neapel auf demselben Breitengrad wie Paris? …Wo liegt Djibuti? Muss man das wissen? Wahrscheinlich nicht.«

Zu den schlimmsten Zeiten des Kalten Krieges erreichte der übersteigerte Antiamerikanismus in Frankreich seinen Gipfel – was nicht heißt, dass er Allgemeingut war. Doch der Einfluss der KPF auf die Intellektuellen dieser Zeit machte ihn bereits zu einem nicht marginalen, aber elitären Phänomen. Man warnte vor dem *Reader's Digest* als einem »Taschen-Volksverdummer«, der die Mythen der amerikanischen Zivilisation propagiere, ein »Narkotikum für Kleingeister« mit praktischen Ratschlägen für den Alltag, die darauf abzielten, die Wechselfälle des »wahren Lebens« zu vertuschen.

Solche Mahnungen richten sich jedoch an ein Individuum, das nicht gänzlich Spielball seiner Lebensumstände ist. Solchen Pragmatismus mag man weder grandios noch tragisch nennen – er ist wohl weit entfernt vom Marxismus, der damals, um es mit einer berühmten Wendung Sartres zu sagen, ein unabdingbarer »horizon indépassable« war, und er ist ein Werkzeug, mit dem man jede intellektuelle Hervorbringung be- und verurteilen kann.

Jede intellektuelle, aber auch jede materielle Hervorbringung, wie es die immer wieder auftretende Kritik an den Haushaltsgeräten zeigt, die auf den Markt kamen, wurde als offenkundiger Beweis einer gefährlichen Amerikanisierung angesehen. So sagte der oft und gern zitierte Vailland über den Kühlschrank, dieser diene nur dazu, »kleine Eiswürfel für den Whisky herzustellen, dessen Geschmack dadurch Schaden nimmt.« Der Kühlschrank, das amerikanische *gadget*, sei vollkommen überflüssig: »In Frankreich ist es kalt genug, dass ein herkömmliches Speisebrett auf der Fensterbank ausreicht, um die Reste des Sonntagsbratens bis Mittwoch frisch zu halten.«

Eine Generation später ist der Kalte Krieg nur noch ferne Erinnerung, doch die Phobie der amerikanischen Massenkultur bleibt lebendig. Handelt es sich um eine alte Tradition der Linken? Das könnte man auf den ersten Blick glauben, wenn man an Jack Langs Weigerung denkt, am amerikanischen Filmfestival von Deauville 1981 teilzunehmen, oder daran, dass Lang im Juli 1982 in Mexico von amerikanischer Antikultur sprach, die die Nationalkulturen nivelliere. Aber: Auch viele Gaullisten glauben, dass die amerikanische Kultur die nationalen Werte und Waren, die Menschen und die Dinge verflache, und die extreme Rechte gesellt sich auf diesem Jahrmarkt der Klischees gern hinzu. Alain de Benoist, Vertreter der so genannten Neuen Rechten, greift den *sabir angloide* an, das anglisierende Kauderwelsch, das Frankreich – neben der materialistischen Einstellung – von den Vereinigten Staaten aufgezwungen werde. Die Eröffnung von Euro Disney, dem Freizeitpark in Marne La Vallée, inspirierte ihn zu folgenen Worten:

> Hinter Disneyland zeichnet sich eine ganze Welt ab. Eine Welt, die dem Planeten Erde ähnelt, wie die Amerikaner sich ihn erträumen, eine befriedete, eingelullte, kindische und durchsichtige Welt, eine Welt, in der man die Realität durch eine rosa Brille sehen kann.

Eine Einheitsfront der Intellektuellen aller Schattierungen erhob sich gegen den Freizeitpark. Und was der extremen Rechten recht war, konnte den Liberalen, der Mitte, der Linken nur billig sein. Alain Finkielkraut, Max Gallo, Marc Fumaroli meldeten sich zu Wort. Julliard hoffte auf einen Brand, der den Freizeitpark zerstörte; Ariane Mnouchkine sprach von einem »kulturellen Tschernobyl«.

Wenn sie schon nicht lesen und nur Filme der leichten Muse sehen, wenn diese grobschlächtigen Individuen schon das geistige und moralische Niveau herabziehen – verfügen sie wenigstens über eine Esskultur? Nein, Fehlanzeige. Dieser Topos kursiert auch schon seit ewigen Zeiten, und oft wird Talleyrand zitiert, der sagte, es gebe in den Vereinigten Staaten 32 Religionen, aber nur ein Hauptgericht.

Die amerikanische Küche sei einfach nur lächerlich, weiß Duhamel, der sich erkühnt, von Einheitsfraß in Einheitsrestaurants zu sprechen. Dasselbe wird heute noch gesagt: Das ganze in Amerika vorhandene

gastronomische Potenzial werde im Namen des Profits zu einem Einheits-
brei gemacht. Statt ein historisch so reichhaltiges Getränk wie den Wein
zu schätzen, ein Getränk, das so subtil ist in seiner Vielfältigkeit, seiner
sich nur dem Kenner erschließenden Blume, seiner Rebsorte, seiner Herkunft und Reife, statt all dies zu ästimieren – trinken sie Coca-Cola. Als
die KPF ein paar Jahre nach dem Krieg den Cola-Konsum verbieten wollte, geschah dies, wie es hieß, »aus Furcht vor der Mischung aus Koffein,
Phosphorsäure und Kolanuss und der Gefahr einer Art von Drogenab-
hängigkeit.« Doch die Ächtung der Cola war vor allem ein Element des
politischen, ökonomischen und wirtschaftlichen Kampfes: »Nennen wir
die Dinge beim Namen«, polterte *Témoignage chrétien*, »sagen wir, was
Coca-Cola wirklich ist: Die Vorhut einer Kolonisierungsoffensive gegen
die wir uns auflehnen müssen.«

Heute hat McDonald's diesen Platz eingenommen – stellvertretend für
die »malbouffe«, das schlechte Essen, aber auch für Amerika selbst, für die
Kolonialisierung, das Einheitsdenken, die Plutokratie. »McDonald's will
uns *fast food* für alle aufzwingen, McDonald's will uns zum Einheitsfraß
in der ganzen Welt zwingen«, proklamieren José Bové und seine Freunde.
Niemand regt sich über tausende italienische oder chinesische Restau-
rants auf. Sie stellen keine Bedrohung dar für die französische Esskultur.
Sie sind nicht mit dem entehrenden Makel behaftet, amerikanisch zu
sein – eine Eigenschaft, die McDonald's seine Stärke verleiht und zugleich
ein Feindbild schafft: Wie eine Pest, eine Ölpest am besten, verbreitet sich
McDonald's auf der ganzen Welt. Einzig Albanien und Afrika sind noch
resistent geblieben. Wichtig ist hier das Thema der Uniformität, des
Traums von einer befriedeten Gesellschaft. Der Schrecken besteht in einer
Welt ohne Unterschiedlichkeiten, ohne nennenswerte Konflikte, ohne
Klassenkampf. Doch »die Kritik an der Amerikanisierung, die der Unifor-
misierung gleichgesetzt wird, ist in Wahrheit die Furcht vor der sozialen
Gleichmacherei«, schreibt zu Recht Philippe Roger. Was hier den Unter-
schied zwischen Amerika und Europa ausmacht, ist der Gegensatz zwi-
schen einer moralischen Selbstgerechtigkeit und einer Unruhe, die zum
Denken, zur geistigen Offenheit führen soll. Bedel in Frankreich, Henry
Miller in den Vereinigten Staaten, spinnen die Metapher von der »air
condition« aus, auch das Bild des Plastikbechers mit dem immer gleichen
faden Eiswasser, der süßen, einschmeichelnden und euphorisierenden
Musik, deren einziges Ziel es sei, zum Konsum anzutreiben.

In »L'Amérique au jour le jour« beschreibt auch Simone de Beauvoir
dieses angebliche Charakteristikum der amerikanischen Gesellschaft, wobei sie besonders die Entfremdung des Individuums durch Gegenstände
hervorhebt:

Das Individuum ist zu sehr damit beschäftigt, sich des Telefons, der Kühlschränke und Aufzüge zu bedienen, zu sehr von technischen Utensilien in Anspruch genommen, als dass es seinen Blick auf das Jenseits oder auf das Diesseits richten könnte.

Moral

Der französische Antiamerikanismus stellt sich – ferner – im Namen der Moral streng gegen die soziale Ungerechtigkeit in den Vereinigten Staaten. Unser Gewerkschaftswesen, nicht das amerikanische, verteidigt hiernach entschieden die Interessen der Arbeiter. Die Geschichte der amerikanischen Gewerkschaften ist hingegen eine Geschichte von Schrecken und Verrat: die Schrecken der Repression, die den Arbeiterstreiks Ende des 19. Jahrhunderts folgt, der Verrat der Gewerkschaftsführer, die Unterdrückung durch die Arbeitgeberschaft und durch die Regierung. Die Verräter heißen Samuel Gompers, Gründer der AFL (Alberta Federation of Labour), Verfechter eines von allen politischen Parteien unabhängigen Gewerkschaftswesens und, in den 50er Jahren, Walter Reuther. Beide sind sie – zum Schrecken unserer Klassenkämpfer – davon überzeugt, dass Verhandlungen zu einem Gleichgewicht führen können, einem Gleichgewicht, das, innerhalb eines Unternehmens und ohne staatliche Intervention, sowohl der Unternehmerschaft als auch den Arbeitern zugute kommt.

Die französische Presse hält sich gern und lange mit der Gewerkschaft der *teamsters*, der Lastwagenfahrer auf, weil dort die Korruption und die Verwicklung mit der Mafia am offensichtlichsten sind. Oder mit den wilden Streiks gegen die Gewerkschaften, die immer zum Verrat an ihren Mitgliedern bereit sind – wenn nicht im Gegenteil der Verrat gerade von den Arbeitern selbst ausgeht. Zum Mitleid mit den amerikanischen Arbeitern, die angeblich zum Kampf gegen die Unternehmerschaft *und* gegen ihre Gewerkschaften gezwungen sind, gesellt sich die Ansicht des Antiamerikanismus, dass die amerikanische Arbeiterklasse sich in einer Art konsumismusbedingtem Betäubungszustand befinde.

In jüngster Zeit bezichtigte *Le Monde diplomatique* (März 2002) – als unerwartete Verteidigerin der traditionellen Familie – die amerikanische Unternehmerschaft, den Arbeitsplatz zu einer Art zweitem »Heim« machen zu wollen, zu einer Ersatzfamilie, die mit einer der wenigen Domänen konkurrieren wolle, die noch vom Geld unverdorben seien: der Ehe und der Familie. *Le Monde diplomatique* bezeichnet das als *surexploitation joyeuse*, als freundliche Ausbeutung. Wie schade! Es gibt keine zänkischen und autoritären Chefs mehr, keine Kaffeemaschinen in tristen und verrauchten Räumen. Heute arrangiert man sich zum Wohlergehen des Angestellten, auf dass er sich unter besseren Bedingungen abrackere.

Aber mehr als die Arbeitsbedingungen nährt das Phänomen der Gewalt den Antiamerikanismus. Das Bild Amerikas ist in Frankreich noch das Bild aus »Tim und Struppi«. Chicago, das ist Unterwelt, Unsicherheit – trotz einer Schnelljustiz mit Verurteilungen zum elektrischen Stuhl.

Nun ist es abwegig, die Todesstrafe in einigen amerikanischen Bundesstaaten zu verteidigen. Es sei nur auf die Voreingenommenheit und die Simplifizierungen hingewiesen, die nicht einer differenzierten Kritik des amerikanischen Rechtssystems, sondern einer antiamerikanischen Leidenschaft eignen.

Ohne Zweifel haben in den Vereinigten Staaten die Gegner der Todesstrafe an Terrain gewonnen. Doch die in Frankreich publizierten Artikel gegen die Todesstrafe in den USA sind weitaus zahlreicher als Artikel gegen die Todesstrafe in China (wenigstens 3000 Exekutionen im Jahresdurchschnitt), in Saudi-Arabien (79 Exekutionen im Jahr 2001), oder im Iran (139 Exekutionen im Jahr 2001, gegen 66 in den USA).

Außerhalb des Zusammenhanges mit der Justiz und der Armut haben die unterschwelligen oder expliziten Anklagen gegen den Rassismus der amerikanischen Gesellschaft an Schärfe verloren. Doch das Thema eines falschen *melting pot*, des gleichgültigen oder auch feindseligen Nebeneinanders der Rassen und Kulturen hat nichts an Wirksamkeit eingebüßt. Als »Kontrastprogramm« hat es seit den 80er und 90er Jahren einen gewissen Erfolg gehabt. Die extreme Rechte greift den »amerikanischen Tribalismus« an, der dem französischen republikanischen Modell gegenübersteht – das so hervorragend funktioniert, wie man es an einem gewissen Fußballspiel Frankreich-Algerien und an der Entwicklung des radikalen Islamismus in den Vorstädten französischer Großstädte sehen kann.

Wenn die Kritik des gegen die Schwarzen gerichteten Rassismus heute nicht mehr verfängt – Harlem ist nicht mehr Harlem und die Bürgermeister von Chicago und Washington sind Schwarze –, bleibt immer noch das Unrecht, das den Indianern angetan wurde. Massaker, Alkohol und Krankheiten haben bis 1900 die Zahl der Indianer von einer Million auf 250.000 reduziert (heute sind es wieder 700.000).

Diese Tatsachen sind kaum zu bestreiten, doch die antiamerikanische Leidenschaft macht es sich damit leicht und nutzt das Prestige, das sie in der Öffentlichkeit besitzt, so für sich aus, dass es leicht zu Übertreibungen kommt. In *Mobile* macht sich Michel Butor über das Los, das die Indianer angeblich heute noch haben, lustig:

Die Indianer in den Vereinigten Staaten, etwa 500.000 an der Zahl, leben meist in über das ganze Land verteilten Reservaten, wo man sie eingepfercht hat ... Es wäre allerdings nicht nett, sie mit Konzentrationslagern zu vergleichen – es gibt auch einige Reservate, die als Touristenattraktion dienen.

Schließlich der Antisemitismus. Doch Amerika erscheint nicht oft als antisemitisch – aus dem guten Grund, dass die Vereinigten Staaten sich zum Judentum bekennen. Dieses Thema hatte, wie man sich denken kann, Hochkonjunktur im Frankreich der Kollaboration. Niemand sprach von *Jew York*.

Amerika, das ist die Demokratie, und das sind die Juden. »Das Scheitern Amerikas ist das Scheitern der Demokratie; die Gräuel Amerikas sind jüdische Gräuel«, schreibt Cousteau.

Das ist ein Thema, das leider heute im Milieu des radikalen Islamismus Konjunktur hat. Man hat die Gerüchte gehört, die den Mossad für das Attentat vom 11. September verantwortlich machten – Gerüchte, die auch das – in Frankreich 200.000-fach verkaufte – Buch *L'incroyable imposture* von Meyssan belebten, in dem erklärt wurde, es habe kein Attentat gegen das Pentagon gegeben ...

Wie sollte unter solchen Umständen nicht vom Faschismus oder vom schleichenden Totalitarismus der Vereinigten Staaten gesprochen werden – ein Thema, das es schon einmal gegeben hat? Drei Jahre nach der Landung in der Normandie werden die amerikanischen Soldaten von einem Teil der französischen Linken mit Nazis oder mit Faschisten verglichen, wie aus vielen Memoiren hervorgeht. »Wir hatten sie sieben Jahre vorher so geliebt, diese großen Soldaten in Khaki, die so friedfertig aussahen«, schreibt Simone de Beauvoir. »Sie standen für unsere Freiheit. Doch jetzt verteidigten sie ein Land, das urplötzlich die Diktatur und die Korruption unterstützte ... Ihre Uniformen bedeuteten für uns Abhängigkeit und eine tödliche Bedrohung.«

Die Bezeichnung *mccarthysme* wurde zu einer gern und immer wieder benutzten Chiffre für die antikommunistische Wut, die von den Vereinigten Staaten Besitz ergriffen hatte – und für jedwede Art lächerlicher hysterischer, intoleranter Einstellung. Doch das Problem ist komplexerer Natur. McCarthy selbst, ein Politiker mit einem dehnbaren Moralbegriff, hatte seine Mitbürger, die sich in keiner Weise der schwerwiegenden Spionagearbeit der UdSSR auf amerikanischem Territorium bewusst waren, nützlicherweise wachgerüttelt. Es sei daran erinnert, dass Wallace atomare Geheimnisse mit Stalin teilen wollte und dass die amerikanische Armee den Sowjets erlaubte, in Fort Monmouth, New Jersey ein Laboratorium für Kommunikationstechnik zu betreiben ...

In den achtziger Jahren kam ein neuer Aspekt hinzu. Als Frankreich sich das Totalitarismus-Konzept zu eigen machte, wurde dieses ausgerechnet auf die Vereinigten Staaten angewendet. In *Le Monde* vom 20. Mai 1981 schrieb Alain de Benoist, es gebe

> zwei sehr unterschiedliche Formen des Totalitarismus – unterschiedlich in ihrer Wesensart wie in ihren Auswirkungen, aber beide gefährlich. Die erste, im Osten, verhaftet, verfolgt, foltert, lässt aber immerhin die Hoffnung bestehen. (!) Die andere, im Westen, schafft glückliche Roboter. Sie akklimatisiert die Hölle und tötet die Seelen.

Und mit Michel Winock ergänzte er, der Helm der Roten Armee sei ihm lieber als ein Leben in Brooklyn, wo man Hamburger essen müsse.

Was die extreme Linke betrifft, so ist es interessant, dass die neue antiamerikanische Generation, die heute Bücher und Artikel schreibt, *Le Monde diplomatique* liest, zur Anhängerschaft von *Attac* gehört und der *démontage* (so der üblich gewordene Terminus) einer McDonald's-Filiale applaudiert, nicht direkt von der nicht mehr existierenden kommunistischen Bewegung abstammt. »Das System McDonald's erinnert an die Sowjetunion unter Breschnew«, schreibt Paul Ariès, ein Lyoner Hochschullehrer. »Niemand musste daran glauben; es genügte, so zu tun und eine uniforme ideologische Landschaft zu kritisieren, die von einem kleinformatigen Totalitarismus normalisiert wurde.«

Schließlich erklärt die Stärke des antiamerikanischen Ressentiments in Frankreich die Renaissance eines alten Themas: des Verrats Frankreichs durch die Vereinigten Staaten.

Der erste Verrat fand während der Großen Revolution statt. Zur Verblüffung und zum Ärger der Konventsmitglieder schritten die Vereinigten Staaten nicht ein, um die junge französische Republik zu unterstützen. Der zweite Verrat war die Glückwunschadresse des Präsidenten Grant an Bismarck und den neuen deutschen Kaiser im Februar 1871. Victor Hugo und die anderen, die darüber indigniert waren, vergaßen nur, dass die Bonapartisten im Sezessionskrieg die Südstaaten unterstützt hatten.

Die Geschichte zeigt noch andere Beispiele für diesen immer wieder auftauchenden Verrat. Am Ende des Zweiten Weltkriegs bestand er darin, Deutschland zu helfen, wo doch Frankreich die Unterstützung so dringend nötig gehabt hätte. Vincent Auriol, der erste Präsident der Vierten Republik, schrieb in seinem Tagebuch:

> Die Franzosen sind der Gefälligkeiten, die Deutschland erwiesen werden, überdrüssig, und sie verstehen den Verrat nicht, dessen Opfer sie in den afrikanischen Angelegenheiten geworden sind.

Welche afrikanischen Angelegenheiten? Roosevelt fragte sich, ob es nach dem Krieg statthaft sei, dass »eine Million Menschen in den Zustand der Halb-Sklaverei zurückfallen.«

Viele werten diese Weigerung, Frankreich bei der Aufrechterhaltung seines Imperiums zu helfen, als Zeichen des amerikanischen Eroberungswillens. Und während des Algerienkrieges sabotierte die amerikanische Führung die Politik Französisch-Algeriens. Sie wollte Algerien im westlichen Lager halten. Irving Brown, der amerikanische Gewerkschafter, spielte hier eine aktive Rolle.

Aber das ist nicht alles. Selbst wenn die Amerikaner an der Seite Frankreichs in einem Krieg kämpfen, werden sie kritisiert – nicht so sehr für ihr Tun selbst, sondern für die Art ihrer Kriegsführung und für ihre Absichten. Während des Ersten Weltkriegs behauptete man, die amerikanische Intervention sei vor allem aus Eigeninteresse geschehen: Die Blockade der englischen und der französischen Küste schade der amerikanischen Wirtschaft, weil die Frachtschiffe in den amerikanischem Häfen festsäßen. Dadurch kam es zum Meinungsumschwung der Getreideproduzenten im Mittleren Westen, die bis dahin einem Kriegseintritt zögerlich gegenübergestanden hatten. Daneben konnten zusätzliche Kredite für Frankreich und Großbritannien nur durch Bürgschaften der amerikanischen Regierung gewährt werden, wodurch diese ihre Neutralität einbüßte.

Dieselbe reservierte Haltung gibt es in Bezug auf den Zweiten Weltkrieg: Die Amerikaner landeten im Juni 1944 in der Normandie – in Ordnung, aber mit welcher Verspätung! Ohne Pearl Harbour hätten sie sich wahrscheinlich nicht vom Fleck gerührt! Der Antiamerikanismus insinuiert auch ganz widersprüchliche Hypothesen und spricht gleichzeitig vom kriegerischen Machiavellismus Roosevelts, der den japanischen Angriff auf Pearl Harbour gegen die amerikanische Flotte bewusst in Kauf genommen habe, um den Kriegseintritt der Vereinigten Staaten zu rechtfertigen. Für die antiamerikanische Leidenschaft müssen immer die Amerikaner die Schuldigen sein – was sie auch tun. Wie sollte man sich im Land der Herrschaft des schnöden Mammons auch vorstellen können, es könnte einmal eine uneigennützige Intervention geben? Marschall Sokolovski erklärte in *Le Monde* vom 10. Mai 1949 schulmeisterlich, dass »die Amerikaner den deutschen Konkurrenten vom Weltmarkt verdrängen wollten, dass sie aber vor entschlossenen Maßnahmen gegen das faschistische Deutschland zurückschreckten und sich auf Kriegsoperationen auf Nebenschauplätzen beschränkten.«

Fünfzig Jahre nach der Landung in der Normandie glaubte fast die Hälfte der Franzosen (46%), dass der Hauptgrund für den Kriegseintritt der Amerikaner der Schutz ihrer ökonomischen und strategischen Interessen gewesen sei, 15% glaubten, dass es ihnen um die politische Vorherrschaft in Europa ging.

Meine Schlussfolgerung ist einfach: Monotone Wiederauflagen und widersprüchliche Argumentationen charakterisieren nicht die ernsthafte Kritik an Amerika, sondern den Antiamerikanismus. In Frankreich ist dieser ein Phänomen, das über die politischen Lager hinausgeht. Er ist allerdings am stärksten in der extremen Linken und in der extremen Rechten, die beide die Verteidigung der französischen Identität gegen die gleichmacherische amerikanische Modernität auf ihre Fahnen geschrieben haben.

Aus dem Französischen von Matthias Drebber

JOACHIM RIECKER

Amerika – das neue Rom?

Das europäische Amerikabild und die Antike

Nimmt Europa in der neuen Weltordnung gegenüber Amerika eine ähnliche Rolle ein wie Griechenland gegenüber Rom in der Antike? Seit dem Fall der Mauer am 9. November 1989 und vor allem seit den Terroranschlägen vom 11. September 2001 drängt sich diese Analogie immer wieder auf. Zum 40. Jahrestag des Elysée-Vertrages warnte beispielsweise Helmut Schmidt Deutschland und Frankreich davor, »in die unbedeutende, hilflose Rolle Athens zu Zeiten des Imperium Romanum abzurutschen«. Und der konservative Washington-Post Kolumnist Charles Krauthammer steht mit seiner Feststellung nicht allein, »dass kein Land seit dem Römischen Reich in der Weltgeschichte kulturell, wirtschaftlich, technologisch und militärisch so dominant gewesen ist wie jetzt Amerika«.

Die Analogie ist aktuell, aber keineswegs neu. Der Vergleich Rom/Amerika und Griechenland/Europa zieht sich durch das gesamte 20. Jahrhundert und spiegelte immer wieder das jeweilige Selbstverständnis von Europäern und Amerikanern wider. Nach dem Ersten Weltkrieg etwa war unter deutschen Intellektuellen die Überzeugung weit verbreitet, nun sei das Zeitalter einer »Pax Americana« oder »Pax Anglosaxonica« angebrochen. So schrieb wenige Tage nach Bekanntwerden der Versailler Friedensbedingungen der Mitgestalter der Weimarer Verfassung, Friedrich Naumann, der englisch-amerikanische »Riesenimperialismus« strebe die Errichtung eines neuen römischen Imperiums auf der gesamten Erdoberfläche an.[1] Ebenfalls unter dem Eindruck von Versailles schrieb der Historiker Friedrich Meinecke im August 1919, der Versailler Vertrag erinnere ihn in fataler Weise an den Moment in der antiken Geschichte, wo Rom die Weltherrschaft zufiel.[2] Gemeint war die Schlacht von Pydna 168 v. Chr, bei der Rom Makedonien vernichtend schlug und in der Folge endgültig seine Vorherrschaft über Griechenland etablierte. Seit diesem Zeitpunkt habe sich der »Schatten der Unfreiheit« über das Völkerleben des Mittelmeeres gesenkt und der »innere Abstieg der antiken Kultur« begonnen.

---

1   Naumann, Friedrich, Kriegschronik, in: Die Hilfe, Nr. 20, 15. Mai 1919, S. 241-243.
2   Meinecke, Friedrich, Weltgeschichtliche Parallelen unserer Lage, in: Ders., Nach der Revolution. Geschichtliche Betrachtungen über unsere Lage, München Berlin 1919, S. 72-106.

Doch wie einst die »Pax Romana« Griechenland befriedet habe, könne vielleicht eines Tages auch die »Pax Americana« die Nationen Europas zum Frieden zwingen. Der Preis dafür sei allerdings hoch: Unter der »Glasglocke angelsächsischer Weltherrschaft« würden die europäische Nationalstaaten politisch immer machtloser werden und am Ende »eingetrockneten Mumien« gleichen – die Angst vor einem »alten Europa« gab es schon 1919.

Während sich viele deutsche Intellektuelle nach 1918 mit dem Schicksal der Griechen im zweiten Jahrhundert vor Christus identifizierten, hatte der amerikanische Präsident Theodore Roosevelt seinem Land bereits zu Anfang des Jahrhunderts eine ähnliche Weltmachtrolle prophezeit wie sie Rom in der Antike innehatte. So sagte er im April 1903, Amerika werde im 20. Jahrhundert wegen seiner Größe, seiner Wirtschaftskraft und seinem politischen System ähnlich wie Rom in der Antike »zu einer Position der Vormacht und Führung in der Welt emporwachsen, wie sie bislang noch keine andere Nation erreicht hat«.[3] Und zwei Wochen später forderte er in San Francisco, Amerika müsse zu jenen Nationen der Weltgeschichte gehören, die »wie Rom ihren unauslöschlichen Stempel auf die Jahrhunderte gedrückt haben«.[4]

Die Rolle, die Theodore Roosevelt für sein Land bereits 1903 vorausgesehen hatte, nahm es allerdings erst nach dem Zweiten Weltkrieg ein. Erneut wurde in Deutschland die Erinnerung an die Unterwerfung Griechenlands durch Rom wach, nun allerdings unter ganz anderen Vorzeichen. 1957 appellierte der CDU-Politiker und Althistoriker Hans Erich Stier an die Europäer, genau jene Fehler zu vermeiden, die die Griechen mehr als zweitausend Jahre zuvor gegenüber Rom begangenen hätten.[5] Ähnlich wie jetzt habe sich auch im zweiten Jahrhundert vor Christus die politische Macht vom »alten Zentralgebiet« Griechenland an die Ränder verlagert, zu Rom, Karthago und den hellenistischen Großreichen. Auch Europa als einstige »Herrin des Erdballs« sei nun abhängig geworden von »den Mächten der Peripherie« Amerika und Sowjetunion.

3 Roosevelt, Theodore, At Odeon Hall, St. Louis, Mo., before the National and International Good Roads Convention, April 29, 1903, in: Presidential Addresses and State Papers of Theodore Roosevelt, Part 1, Reprint New York 1970, S. 336-341.

4 Ders., At Mechanics' Pavilion, San Francisco, Cal., May 13, 1903. in: Presidential Addresses and State Papers of Theodore Roosevelt, S. 390-397.

5 Stier, Hans Erich, Roms Aufstieg zur Weltmacht und die griechische Welt, Köln 1957.

Stier argumentierte, dass Griechenland nach dem ersten Eingreifen Roms im Osten 197 v. Chr. die Chance zur dauerhaften Sicherung der eigenen Freiheit unter dem Schutze Roms gehabt habe. »Aber Hellas versagte.«

Stier nannte auch den Hauptgrund dafür und argumentierte ähnlich wie 2003 die CDU in der Irak-Krise: Die Griechen hätten es versäumt, von ihrer Freiheit maßvoll Gebrauch zu machen und die Grenzen ihrer Macht zu erkennen. Wer, wie viele Griechen damals, allein in Roms Übermacht eine Bedrohung der griechischen Freiheit gesehen, bediene sich des gleichen Arguments, mit dem man die Europäer gegen »den Garanten ihrer Freiheit«, die USA, aufzuwiegeln trachte. Durch das renitente Verhalten der Griechen sei schließlich Misstrauen an Stelle von Idealismus der beherrschende Zug von Roms Außenpolitik geworden – mit dem Ergebnis, dass Griechenland seine Freiheit und Unabhängigkeit vollständig verlor. Auch der britische Universalhistoriker Arnold Toynbee stellte wenig später fest, man könne an die anfängliche Aufrichtigkeit Roms ebenso glauben wie an die guten Absichten Amerikas. »Im Falle Roms wissen wir allerdings, wie die Sache ausging«.[6]

In einer Situation, die der heutigen durchaus ähnelt, erinnerte auch Henry Kissinger im Frühjahr 1974 an die Unterwerfung Griechenlands durch Rom und verband dies mit einer unverhüllten Drohung. Auf dem Höhepunkt der Ölkrise hatte die Europäische Gemeinschaft damals auf Initiative Frankreichs beschlossen, unabhängig von den USA eigene Verhandlungen mit der OPEC aufzunehmen. Kissinger empfand dies als Provokation und sagte, dass größte Problem für seine Außenpolitik sei nicht der Wettstreit mit Amerikas Gegnern. Das größte Problem sei vielmehr, »unseren Freunden klarzumachen, dass es gemeinsame Interessen gibt, die höher stehen sollen als der Drang zur Selbstbestätigung«. Es stelle sich die Frage, »ob die Länder des Westens, konfrontiert mit einer absolut vorhersehbaren Gefahr, gemeinsam vorgehen können – oder ob sie sich wie die griechischen Stadtstaaten gegenüber Mazedonien und Rom verhalten und aufsplittern und im Wettbewerb miteinander mit einer Situation fertig zu werden versuchen, für die es keine Wettbewerbslösung gibt«. Für den Westen sei dies »sowohl ein moralisches als auch ein politisches Problem.«

Die USA hätten keine Einwände gegen eine unabhängige Politik der Europäer. Aber sie hätten Einwände, wenn diese Unabhängigkeit die Form grundsätzlicher Feindschaft gegen die Vereinigten Staaten annehme. »Wir haben Einwände, wenn die Europäer in einer Krise, die nur ge-

6   Toynbee, Arnold J., America and the world revolution. Public lectures delivered at the University of Pennsylvania, Spring 1961, London 1962. dt.: Die Zukunft des Westens, München 1964.

meinschaftlich angegangen werden kann, eine Wettbewerbshaltung einnehmen.« Doch falls es zu einem solchen Wettbewerb zwischen Europa und Amerika komme, »dann werden wir ihn gewinnen, weil wir unendlich mehr Hilfsquellen zur Verfügung haben.«[7]

Die Analogie von Amerika und Rom, die Kissinger 1974 gegen die Europäer ins Feld führte, wurde auch von Gegnern des Vietnam-Kriegs und später der Nachrüstung aufgegriffen. So veröffentlichte 1970 der Berliner Politologe Ekkehart Krippendorff eine Analyse der weltpolitischen Rolle Amerikas aus neomarxistischer Sicht. So wie Rom in Griechenland die aristokratische Partei gegenüber der populistischen makedonischen Partei gefördert habe, unterstütze auch Amerika ihm genehme Politiker in befreundeten und abhängigen Ländern. Die weltweite Verbreitung amerikanischer Kultur verglich Krippendorfff mit der von Rom organisierten Kaiserverehrung im Reich. Als weitere Parallele zwischen Rom und Amerika nannte er die Fähigkeit, sich ohne dauerhafte Schäden Fehler leisten zu können, da »die verfügbaren Ressourcen eine relativ große Handlungs- und damit auch Fehlermarge ermöglichen«. Was den Römern ihr Cannae und Carrhae, wurde für Amerika Vietnam.[8] 1985 verglich schließlich der Bochumer Theologe und Anhänger der Friedensbewegung Klaus Wengst römische und amerikanische Rüstungspolitik. So wie die »Pax Romana« beruhe auch die Dominanz Amerikas auf einem waffenstarrenden Gewaltfrieden, der eine echte Aussöhnung zwischen den Völkern unmöglich mache. Mit der »Festungsmentalität« einer »Pax Romana« oder »Pax Americana« hätten Christen nichts zu schaffen.[9] Ronald Reagan lobte die Nato hingegen wenig später dafür, dass sie Europa durch ihre Militärmacht die längste Epoche des Friedens seit dem Untergang Roms gesichert habe.[10] Der Blick zurück auf Rom ließ bereits 1991 den französischen Arzt und Politikwissenschaftler Jean-Christophe Rufin zu der verblüffend genauen Voraussage kommen, dass der Ost-West-Konflikt künftig von einem Nord-Süd-Konflikt abgelöst werde. In seinem Buch »Das Reich und die neuen Barbaren« vertrat er die These, die westliche

7 Kissinger Calls Allies' Cooperation Biggest Problem, in: New York Times, 12. März 1974.
8 Krippendorff, Ekkehart, Die amerikanischen Strategie, Frankfurt/M. 1970.
9 Wengst, Klaus, Pax Romana, Anspruch und Wirklichkeit. Erfahrungen und Wahrnehmungen des Friedens bei Jesus und im Urchristentum, München 1986.
10 Reagan, Ronald, Remarks at the Annual Conference of the Veterans of Foreign Wars, March 7, 1988, in: Ronald Reagan, Public Papers, 1988, Bd. I, S. 296-299.

Welt unter Führung der USA befinde sich nach dem Fall der Mauer in einer ähnlichen Situation wie Rom nach der Zerstörung Karthagos 146 v. Chr.[11] Wie Amerika mit der Sowjetunion habe Rom mit Karthago seinen letzten gleichrangigen Gegner verloren. »Von nun an sah es sich ganz allein gestellt der restlichen Welt gegenüber. Einem Nichts, einem Staubhaufen uneiniger Völker, die zugleich schwach und gefährlich, turbulent und ohnmächtig sind.«

Unter Berufung auf Elias Canetti schreibt Rufin, dass jede Masse zu ihrem Erhalt den Anblick oder zumindest die starke Vorstellung einer zweiten Masse brauche. Bis zum endgültigen Sieg über Karthago habe Rom zunächst in Italien und später im Mittelmeerraum immer wieder eine solche »Gegenmasse« gefunden. Doch nach dem Fall Karthagos sah sich Rom einem Vakuum gegenüber. Als erster setzte der griechische Historiker Polybios diesem Vakuum »die begeisternde Idee einer imperialen Verantwortung, einer universellen Mission« entgegen. Er habe den Römern das Bewusstsein dafür vermittelt, das ihr Aufstieg kein Zufall war, sondern Teil eines höheren Daseinszweckes: »Rom hatte von Anfang an den Auftrag, ein Werk des Friedens, der Gerechtigkeit und der Weisheit zu vollbringen.«

Mit genau diesem Gedanken wird in der neuen amerikanischen Sicherheitsstrategie das Recht auf Präventivkriege begründet. So schreibt Präsident Bush im Vorwort dieses Dokuments, Amerika werde »die Gunst der Stunde nutzen« – gemeint ist der 11. September 2001 – »um die Vorzüge der Freiheit in der ganzen Welt zu verbreiten. Wir werden uns aktiv dafür einsetzen, die Hoffnung auf Demokratie, Entwicklung, freie Märkte und freien Handel in jeden Winkel der Erde zu tragen.«

Auch aus römische Sicht befand sich alles, was außerhalb des Reiches lag, in einer beklagenswerten Situation. Rom hatte die Pflicht, den Barbaren die Zivilisation zu bringen oder aber sie zu bekämpfen, falls sie auf ihrem Archaismus beharren und es bedrohen. Reich und Barbarei bildeten für Rom auf allen Gebieten ein Gegensatzpaar: Rom verstand sich als Garant des Friedens und der Harmonie; die Barbaren führen ständig Krieg. Rom ist eine Republik, in der das Volk herrscht; jene gehorchen gewalttätigen Monarchien. Rom wird zusammengehalten durch seine Kultur und seine Sprache; jene sind zersplittert und können sich nicht miteinander verständigen. Rom ist rational, und seine Religion trägt zur Ordnung im Gemeinwesen bei, jene sind von Fanatismus ergriffen. Rom

---

11 Rufin, Jean-Christophe, L'empire et les nouveaux barbares, Paris 1991. dt.: Das Reich und die neuen Barbaren, Berlin 1993.

übt Gerechtigkeit und achtet das Recht; sie lassen sich nur mit Gewalt zügeln. Und so wie Augustus einen intensiven Kult um die personifizierte Göttin des Friedens »Pax« betrieb, an den Grenzen des Reiches aber fast ständig Krieg führte, verkündet auch Präsident Bush unablässig, er wolle den Irak nur »for the sake of peace« angreifen.

Das von Polybios propagierte Begriffspaar Reich/Barbaren hat sechs Jahrhunderte überdauert bis zum Untergang Westroms. Auf den Trümmern dieses Reiches entstand eine neue Welt, beherrscht von einem Gleichgewicht der Kräfte, die ihren Gipfel im globalen Ost-West-Gegensatz fand. Doch nach dem Fall der Mauer vollzog sich, so Rufin, »eine neuerliche polybische Revolution«, bei der dem Süden die Rolle der Barbaren zufalle, während der Norden »als wiedervereinigt, als imperial, als Wahrer der universellen Werte der freiheitlichen und demokratischen Zivilisation vorausgesetzt wird.«

Doch während sich Amerika als missionarischer Vorreiter der Freiheit in den Ländern der Welt definiert, die für seine militärischen und wirtschaftlichen Interessen von Bedeutung sind, wächst im Süden die Bereitschaft »zum Bruch mit dem westlichen und rationalen Denken, auch dem marxistischen«. Diese »Ideologie des Bruchs«, so Jean-Christophe Rufin schon 1991, sei gekennzeichnet durch die konsequente Negation aller »griechisch-lateinischen Werte« wie wissenschaftliche Bildung, technischer Fortschritt, Menschenrechte, politische Demokratie, Freizügigkeit der Sitten und vor allem ökonomische Rationalität. Die gewaltsame Aktion gegen die Unterdrücker wird zum zentralen Motiv dieser neuen revolutionären Bewegungen, die sich von allen rationalen, dem Westen entlehnten Denkmodellen verabschiedet hätten. Der gewaltsame Ausbruch der Kolonisierten wird getrieben von dem übermächtigen Wunsch, »vom Verfolgten zum Verfolger« zu werden und »die koloniale Welt in die Luft zu jagen, in die verbotenen Städte einzutauchen«. Wie schrieb schon 1961 Frantz Fanon in seinem Klassiker »Die Verdammten dieser Erde«: »Wenn ein Kolonisierter einen Diskurs über die westliche Kultur hört, dann zieht er seine Machete.«

Nach blutigen Kriegen brachte Rom dem Mittelmeerraum Jahrhunderte von Frieden, Wohlstand und zivilisatorischem Fortschritt. In Europa haben die USA einen ähnlichen Anspruch zumindest nach 1945 verwirklicht. Dass Gleiches den Amerikanern auch in der arabisch-muslimischen Welt gelingen wird, erscheint als ebenso große wie gefährliche Illusion.

Literaturhinweise

Kissinger Calls Allies' Cooperation Biggest Problem, in: New York Times, 12. März 1974.

Krippendorff, Ekkehart, Die amerikanischen Strategie, Frankfurt/M. 1970.

Meinecke, Friedrich, Weltgeschichtliche Parallelen unserer Lage, in: Ders., Nach der Revolution. Geschichtliche Betrachtungen über unsere Lage, München Berlin 1919, S. 72-06.

Naumann, Friedrich, Kriegschronik, in: Die Hilfe, Nr. 20, 15. Mai 1919, S. 241-243.

Roosevelt, Theodore, At Odeon Hall, St. Louis, Mo., before the National and International Good Roads Convention, April 29, 1903, in: Presidential Addresses and State Papers of Theodore Roosevelt, Part 1, Reprint New York 1970, S. 336-341.

Ders., At Mechanics' Pavilion, San Francisco, Cal., May 13, 1903. in: Presidential Addresses and State Papers of Theodore Roosevelt, S. 390-397.

Rufin, Jean-Christophe, L'empire et les nouveaux barbares, Paris 1991. dt.: Das Reich und die neuen Barbaren, Berlin 1993.

Stier, Hans Erich, Roms Aufstieg zur Weltmacht und die griechische Welt, Köln 1957.

Toynbee, Arnold J., America and the world revolution. Public lectures delivered at the University of Pennsylvania, Spring 1961, London 1962. dt.: Die Zukunft des Westens, München 1964.

Wengst, Klaus, Pax Romana, Anspruch und Wirklichkeit. Erfahrungen und Wahrnehmungen des Friedens bei Jesus und im Urchristentum, München 1986.

JEAN-PIERRE CHEVÈNEMENT

Wahrnehmungsunterschiede zwischen den USA und Europa und die gegenwärtige Krise der Aufklärung

Sieht man einmal vom Kommunismus und vom Faschismus im 20. Jahrhundert ab, so teilen die Vereinigten Staaten und Europa seit Ende des 18. Jahrhunderts das Erbe der demokratischen Werte der Aufklärung: Individualismus, Freiheit, Gleichheit, Vernunft, Fortschritt und Glück.

Natürlich gibt es einen deutlichen Unterschied zwischen dem amerikanischen und dem französischen Demokratieverständnis – hier das republikanisch-staatsbürgerliche französische Modell mit seinem Unitarismus und der Wertschätzung des öffentlichen Dienstes, dort das föderale und von den Werten des freien Unternehmertums geprägte amerikanische Modell.

Beide Vorstellungen beruhen auf der unterschiedlichen Entwicklung der Amerikanischen und der Französischen Revolution – ein Unterschied, auf den schon die nach Amerika ausgewanderten französischen »Revolutionsemigranten« Ende des 18. Jahrhunderts hingewiesen haben.

Doch im Wesentlichen teilen Europa und die Vereinigten Staaten ein reiches gemeinsames – vor allem auf einer starken individualistischen Tradition beruhendes – Erbe, das eine Affinität zwischen beidern Völkern geprägt hat.

Diese gemeinsamen demokratischen Werte sind als universale Werte konzipiert – auch wenn die geschichtliche Erfahrung gezeigt hat, dass sie missbräuchlich angewendet werden können. So können sie unterworfenen Nationen durch eine imperialistische Macht – im Namen einer segensreichen zivilisatorischen Mission – auf oft groteske Art aufgezwungen werden (französische Kolonialpolitik im 19. Jahrhundert, amerikanische Unterstützung wenig demokratischer Regime in Lateinamerika oder Asien während des Kalten Krieges bzw. heimlicher Interventionismus, der sich auf ein »Recht auf Einmischung« des Stärkeren beim Schwächeren stützt). Nichtsdestotrotz haben die Vereinigten Staaten und Europa eine besondere Verantwortung für die Zukunft der Demokratie in der Welt.

Die wachsenden Wahrnehmungsunterschiede seit dem 11. September

Das Trauma des 11. September in den Vereinigten Staaten

Der Terrorismus weltweit operierender islamistischer Organisationen (Al Qaida) beruht auf der Globalisierung des Islam und dem Aufeinanderprallen der wirtschaftlichen Globalisierung mit der arabisch-muslimischen Welt, der Konfrontation von Petrodollars und fundamentalistischer Radikalisierung – auch bei bestimmten Jugendlichen in westlichen Vorstädten. Auf diesen neuartigen Angriff reagierten die Vereinigten Staaten mit einer Kriegserklärung an den Terrorismus. Ich gehöre zu denen, die die Beseitigung des Taliban-Regimes in Afghanistan als legitime Notwehrreaktion billigten. Doch hat seltsamerweise heute das Bedrohungspotenzial des Irak der Al Qaida-Organisation den Rang abgelaufen – obwohl sich beide doch ideologisch gesehen diametral gegenüberstehen und es nach wie vor keinen wirklich überzeugenden Beweis dafür gibt, dass der Irak des Saddam-Regimes etwas mit dem Terrorismus zu tun hat.

Der 11. September und der amerikanische Unilateralismus

Nach einer verständlichen patriotischen Reaktion verfolgte die amerikanische Administration eine Tendenz zum Unilateralismus weiter, die schon vor dem 11. September spürbar geworden war (Verweigerungshaltung gegenüber der Ratifizierung internationaler Konventionen wie dem Kyoto-Protokoll, der Schaffung eines internationalen Strafgerichtshofs, der Konvention gegen Anti-Personen-Minen, Abwertung des Dollar um mehr als 30% in einem Jahr). Im Namen einer heilbringenden Mission wurde die künftige neue Rolle der USA in der Welt verkündigt, die den Rückgriff auf Präventivkriege – notfalls auch ohne völkerrechtliche Legitimation durch die Vereinten Nationen – beinhaltet.

So schrieb Präsident Busch in dem im September 2002 veröffentlichten Bericht »The National Security Strategy of the USA«:

> Die Vereinigten Staaten befürworten seit längerer Zeit eine Präventivmaßnahme als Antwort auf eine schwere Bedrohung der nationalen Sicherheit. Je schwerer die Bedrohung ist, desto größer ist das Risiko der Passivität und desto wichtiger ist es, zur Sicherung unserer Verteidigung präventive Maßnahmen zu ergreifen – auch wenn über Ort und Zeitpunkt eines angekündigten Angriffs noch Unklarheit besteht … Die Vereinigten Staaten behalten sich die Möglichkeit vorweggreifender Handlungen vor.

Was ist der Unterschied zwischen einem Präventiv- und einem Angriffskrieg? Man kann sich diese Frage stellen – der Modellfall eines Präventivkriegs war der Erste Weltkrieg. Die neoimperiale Mentalität der amerikanischen Administration trat schon im Wolfowitz-Bericht von 1992 zutage. Wolfowitz schrieb, die USA müssten um jeden Preis das Entstehen einer rivalisierenden Macht – im deutsch-französisch bestimmten Europa oder im japanisch-chinesisch geprägten Asien – verhindern.

Die unilateralistische Tendenz der USA und ihr Einfluss auf Politik und öffentliche Meinung in Deutschland und Frankreich.

Dominique de Villepin äußerte am 30. Juli 2002:

> Sicherheitspolitik allein kann nicht zu einer neuen, stabilen und friedlichen Weltordnung führen. Hierzu bedarf es vielmehr eines Friedenswillens, politischer Initiativen und konkreter Hoffnungsgründe – ohne diese Elemente kann die Sicherheits-Obsession zu einem Unsicherheitsfaktor werden.

Aus der Äußerung des französischen Außenministers spricht die Erfahrung des »alten Europa«. Die Kritik an der amerikanischen Sicherheitspolitik zeigt sich auch in der öffentlichen Meinung – etwa in einer weltweit durchgeführten Umfrage des Pew Research Center in Washington, deren Ergebnisse Madeleine Albright als »verblüffend« bezeichnete. Die gemeinsame Haltung Frankreichs und Deutschlands in der Irak-Frage (für eine friedliche Lösung durch Entsendung, Verlängerung und eventuell Verstärkung der UN-Waffeninspektionen) hat wichtige politische Tatsachen geschaffen. Trotz der Stellungnahme von acht europäischen Staats- und Regierungschefs in der »Times« vom 30. Januar 2003 – übrigens gegen die Bevölkerungsmehrheit ihrer jeweiligen Staaten – ist die Entschlossenheit Frankreichs und Deutschlands, den Sicherheitsrat der UN nicht zum Instrument der Verhinderung einer friedlichen Lösung werden zu lassen, von entscheidender Relevanz. Denn die amerikanische Öffentlichkeit steht einem Präventivkrieg gegen den Irak ohne die völkerrechtliche Legitimierung durch die UN reserviert gegenüber. Die Stellungnahme der »Acht« ist deutlich sichtbar von amerikanischer Einflussnahme geprägt.

Fünf Meinungsverschiedenheiten im transatlantischen Verhältnis

a) die Einschätzung der Bedrohung durch den Irak, die aus Sicht der europäischen Öffentlichkeit eher eine Eindämmungsstrategie (Aufrechterhaltung der UN-Waffeninspektionen) als eine militärische Intervention rechtfertigt.

b) die Unangemessenheit militärischer Mittel zur Bewältigung gesellschaftlicher Probleme (Islamismus, Demokratie-Defizit usw.). Bin Laden ist noch auf freiem Fuß, und Afghanistan ist nicht dauerhaft befriedet – die Bedrohung durch Al Qaida dauert an. Die Demokratisierung kann nicht von außen geschehen, sondern hängt zuerst von endogenen Faktoren ab (politische Tradition, Entwicklung der mittleren Gesellschaftsschichten, Bildung usw.). Die Analogsetzung des Mittleren Ostens und Deutschlands oder auch Japans 1945 ist nicht plausibel. Die wirtschaftliche Entwicklung Deutschlands begann bereits mit der Gründung des Deutschen Zollvereins. Die parlamentarische Tradition war dort seit fast einem Jahrhundert verankert, und 1914 war Deutschland das fortschrittlichste Land Europas – mit einer besonders mächtigen Arbeiterbewegung. Der Niedergang der Demokratie in Deutschland hatte nach 1933 nur zwölf Jahre gedauert. Und Japan hatte seit der Meiji-Ära Mitte des 19. Jahrhunderts den Weg der Europäisierung eingeschlagen. Im Mittleren Osten dagegen wird der kulturelle und religiöse Faktor weit unterschätzt.

c) die Einschätzung der Risiken einer militärtischen Intervention im Irak (Zukunft des Irak nach der Intervention, Folgen für die Anrainerstaaten Türkei und Iran, Destabilisierung gemäßigter arabischer Regime, anspornende Wirkung für den islamischen Fundamentalismus und Terrorismus, Erstarken antiamerikanischer und antisemitischer Tendenzen).

d) der Vorrang einer Lösung des israelisch-palästinensischen Konflikts.

e) das Verschweigen wirtschaftlich-geostrategischer Eigeninteressen (Erdöl) und der geopolitischen Neugestaltung auch über die Region hinaus.

Ein neuer Niedergang der Aufklärung?

Vergleichende Hypothese:
Der Unterschied zwischen der heutigen Zeit und der Zeit vor 1914

Ist das 20. Jahrhundert, nach Eric Hobsbawm das »Zeitalter der Extreme«, nur eine einmalige Episode? Francis Fukuyama sieht im Zusammenbruch der UdSSR das »Ende der Geschichte«, und Ernst Nolte relativiert die Einmaligkeit des Nationalsozialismus durch den Vergleich mit dem Bolschewismus. Sind wir wieder in einer Epoche angelangt, die mit der

Zeit vor 1914 zu vergleichen wäre? Ein paar Anmerkungen mögen zur Be-
antwortung dieser Fragen beitragen:

Kommunismus und Faschismus sind in Europa nicht zufällig entstanden, sondern auf der Grundlage bestimmter ideologischer Elemente, die
schon vor dem Kriegsausbruch 1914 vorhanden waren, etwa der ideologische Konflikt von Reformisten und Revolutionären in den westeuropäi-
schen Arbeiterbewegungen und die Entstehung einer bolschewistischen
Partei aus der russischen Sozialdemokratie. Der Nährboden des Faschismus und des Nationalsozialismus war bereits 1914 bereitet und für den
Ausbruch des Ersten Weltkriegs entscheidend (imperiale Eroberungen
wie im Falle Frankreichs und Englands oder irrationale Begehrlichkeiten
wie im Falle des Pangermanismus, des Panslawismus, des Antisemitismus).
Der Erste Weltkrieg hat diese Tendenzen erst aktiviert und zu ihrem Ausbruch beigetragen.

Die heutige Situation ist freilich ganz anders: Die Zeit des rivalisierenden europäischen Imperialismus liegt hinter uns; wir schreiben die Epoche der Globalisierung, in der es neue Akteure gibt: China, Brasilien, die
Staaten der Südhalbkugel, die arabisch-muslimische Welt usw. Es gibt nur
noch eine Supermacht: die Vereinigten Staaten, die keine abstrakte, unbe-
wegliche Idee sind, keine »Entelechie«, sondern eine lebendige Realität,
deren Entwicklung es zu verstehen gilt. Eine kritische Analyse sollte nicht
von vornherein diskreditiert und als Auswuchs einer »antiamerikanischen
Neurose« (Alain Minc) abgetan werden.

Die Entwicklung der amerikanischen Gesellschaft

Die ideologische Entwicklung der amerikanischen Gesellschaft in den
letzten 25 Jahren ist einer solchen kritischen Analyse zu unterziehen –
etwa die Entstehung neokonservativer, auf das Big Business der Energie-
wirtschaft und der Militärindustrie gestützter Strömungen (als Reaktion
auf die Roosevelt-Ära und auf die Gegenkultur der Siebziger Jahre) oder
das Aufkommen einer radikalen Rechten (christliche Fundamentalisten
wie die »Christian Coalition«) deren Einfluss unaufhörlich zunimmt.
Und nicht zuletzt gehört in diesen Zusammenhang die von George W.
Bush erklärte neoimperiale, auf einer Mission der USA gegründete Sicherheitsstrategie, in deren Namen Präventivkriege geführt werden können.

Die genannten, latent schon seit Jahren vorhandenen Tendenzen
haben sich mit den Anschlägen vom 11. September radikalisiert. Es ist
keineswegs unangebracht oder respektlos, heute die Frage nach dem Unterschied zwischen einem Präventiv- und einem Angriffskrieg zu stellen.
Mit dem angekündigten Krieg gegen den Irak entfernt sich der »große

Krieg gegen den Terrorismus« von seiner ursprünglichen Zielsetzung – und läuft damit Gefahr, sich selbst zu widersprechen und dem Terrorismus durch die vorhersehbare Radikalisierung der arabisch-muslimischen Welt weiteren Vorschub zu leisten. Auf diese Weise nimmt der »Clash of civilisations«, von dem Samuel Huntington 1993 sprach, Gestalt an.

Die Entwicklung der amerikanischen Gesellschaft in den letzten 25 Jahren, besonders die Rolle der Medien und der »Kommunikation« und die großen Linien der amerikanischen Politik (allgemeine Deregulierung, interventionische Außenpolitik und damit der Bruch mit den Traditionen des New Deal und des Keynesianismus), wirft die Frage auf, ob nicht heute viele Europäer von einem überkommenen Bild der Vereinigten Staaten befangen sind.

Die Gefahren einer imperialen Überdehnung (Paul Kennedy)

Schon 1987, also noch vor dem Zusammenbruch der Sowjetunion, untersuchte Paul Kennedy in seinem Buch »Aufstieg und Fall der großen Mächte«, ob es den Vereinigten Staaten möglich sei, ein vernünftiges Gleichgewicht zu halten zwischen ihrem vielfältigen Engagement im Mittleren Osten, in Lateinamerika oder in Ostasien und der »relativen Erosion der technologischen und ökonomischen Grundlagen ihrer Macht. Dies alles angesichts der fortschreitenden Entwicklung globaler Produktionsstrukturen«, was Kennedy von einer »imperialen Überdehnung« sprechen ließ. Er äußerte seine Besorgnis darüber, dass die Vereinigten Staaten zur Erhaltung ihrer Stellung in der Welt gezwungen seien, mehr und mehr Kapital einzuführen, was bereits den einstmals größten Gläubiger der Weltwirtschaft zum größten Schuldner gemacht habe. Die enorme Verschuldung der USA (doppelt so hoch wie die Gesamtschuld der Entwicklungsländer) könne zu einem rapiden Verfall des Dollarkurses führen.

Aus diesem Grunde wies Paul Kennedy der amerikanischen Staatsführung die Zukunftsaufgabe zu, den Verfall der Großmacht Amerika, den er zwar für unvermeidbar, aber doch für steuerbar hielt, nicht durch eine kurzsichtige Politik zu beschleunigen. Hatte Paul Kennedy mit seiner Vision nicht Recht – und dies trotz des Zusammenbruchs der Sowjetunion?

Jedenfalls ist festzuhalten, dass die USA – bei ihrer enormen Verschuldung und einem jährlichen Handelsbilanzdefizit von etwa 500 Milliarden Dollar, fünf Prozent des Bruttosozialprodukts – ihre wachsende ökonomische Abhängigkeit von ausländischem Kapital nur durch eine Zusammenziehung der weltweiten Rücklagen kompensieren können. Dieses einzigartige, auf lange Sicht kaum aufrechtzuerhaltende Privileg wird ihnen natürlich durch den Status als einzige Supermacht und durch die Rolle des Dollar als Weltwährung ermöglicht.

Der wachsende Interventionismus (Grenada, Panama, Irak) lässt sich wohl als eine Art Flucht nach vorn erklären, bei der tradierte Grundsätze der Weltordnung außer Kraft gesetzt werden (Ablehnung von Präventivkriegen, also von Kriegen, die nicht als Notwehrmaßnahme gegen eine Aggression verstanden werden können, Autorität des Sicherheitsrats der Vereinten Nationen, Achtung des nationalen Selbstbestimmungsrechts).

Ein neuer Obskurantismus?

Ich möchte zwei amerikanische Intellektuelle zitieren: Georg Iggers, der in seinem Beitrag zur Amerika-Tagung des BBI (s. S. 99-104 in diesem Band) gezeigt hat, wie sehr die Vereinigten Staaten einem religiös geprägten Patriotismus zuneigen, und Lewis Lapham, der George Bushs manichäistische Position (»Achse des Guten – Achse des Bösen«, »Wer nicht für uns ist, ist gegen uns«) mit Papst Urban II. und dem 1066 in Clermont Ferrand begonnenen Kreuzzug vergleicht.

Diese Abirrung in religiösen Patriotismus und patriotisch motivierten Manichäismus ist politisch und ideologisch im Zusammenhang mit dem 11. September zu sehen. Mag aber der patriotische Reflex verständlich sein – er darf keine nationalistischen Auswüchse zeitigen. Ist die Hypothese eines neuerlichen, dem Obskurantismus von 1914 vergleichbaren Niedergangs der Aufklärung ganz von der Hand zu weisen? Leider hat die These eines Zivilisationskrieges gegen die arabisch-muslimische Welt nichts von einer Wahnvorstellung. Die Radikalisierung des israelisch-palästinensischen Konflikts, der Aufstieg fundamentalistischer Bewegungen – auch in unseren Vorstädten –, die Bedrohung durch den Terrorismus, die wachsende Intoleranz könnten den Auftakt zu einem neuen Obskurantismus bilden, bei dem sich der islamistische Djihad und der »amerikanische Djihad«, von dem Lewis Lapham spricht, gegenüberstehen – einem Obskurantismus, den Hubert Védrine untertreibend als »simplisme« bezeichnet hat.

Wider die Maßlosigkeit, wider die Hybris, die Kardinalsünde der Griechen

a) Die demokratische Tradition in den Vereinigten Staaten.
   Glücklicherweise gibt es in den Vereinigen Staaten eine historisch verwurzelte, auf den New Deal zurückgehende demokratische Tradition, die nach wie vor lebendig ist. Davon zeugen die Reaktionen der vierzig amerikanischen Nobelpreisträger, der Historiker Arthur Schlesinger

und Lewis Lapham auf den Krieg im Irak ebenso wie die Stellungnahmen wichtiger demokratischer Politiker wie Ted Kennedy.

b) Das gemeinsame Interesse: die Rolle des alten Europa.

Die Tendenz zur Maßlosigkeit ist nicht umkehrbar: Unsere Länder haben eine große Verantwortung, ihr Einhalt zu gebieten – im Interesse der Menschheit und der westlichen Zivilisation und im Interesse der Vereinigten Staaten selbst. Blieben die USA in den Untiefen der arabisch-muslimischen Welt stecken, hätte dies weit schlimmere Folgen als während des Vietnam-Krieges; Europa wäre an vorderster Front. Es ist dem europäischen Bewusstsein mit seiner historischen Erfahrung anheimgestellt, den Vereinigten Staaten zu helfen, der Versuchung von Großmachtsbestrebungen zu widerstehen, für die ihnen auf lange Sicht die Mittel fehlen, und in einer multipolaren Welt wieder zu der großen Nation zu werden, die sie sind.

c) Die Grundlagen eines wahren Bündnisses: Vertrauen und Offenheit.

Bei allen Unstimmigkeiten diesseits und jenseits des Atlantiks haben wir darauf zu achten, dass das Ende dieser Krise es erlaubt, das Vertrauen und die Offenheit wiederherzustellen, die ein wahres Bündnis kennzeichnen.

Ein deutsches Sprichwort sagt: »Man muss den Teufel entteufeln.« Das gilt für Amerika ebenso wie für den Antiamerikanismus.

Die Grundlagen der Wiederherstellung des Vertrauens sind einfach zu formulieren:

1. Die Grundsätze einer stabilen und gerechten Weltordnung müssen festgelegt werden.

2. Die schwelenden politischen Konflikte sind zu lösen (der israelisch-arabische Konflikt durch die Schaffung eines palästinensischen Staates).

3. Das immense Problem der südlichen Länder muss gelöst und damit einem Ressentiment der Boden entzogen werden, das sich nicht nur gegen die Vereinigten Staaten richtet. Auch Europa hat im Lauf der Geschichte schwere Verantwortung auf sich geladen. Es entzieht sich leichthin der Aufgaben, die ihm normalerweise zukämen (Robert Malley). Diese Kritik kann man heute an Europa üben. Es setzt sich nicht in ausreichendem Maße für eine andere Politik ein.

d) Die Rolle der öffentlichen Meinung und der deutsch-französischen Partnerschaft.

Europa sollte zur Schaffung eines neuen Vertrauensbündnisses sein ganzes Gewicht in die Waagschale legen. Das kann nicht nur die Rolle der öffentlichen Meinung des jeweiligen Landes sein, der Gerhard Schröder und Jacques Chirac sicher näher sind als Tony Blair, José Maria Aznar und Silvio Berlusconi. Deutschland und Frankreich haben einen Markstein gesetzt, der sich nicht mehr entfernen lässt: das Recht durch die Rolle der Inspektoren und eine internationale Nahostkonferenz.

Diese Position der Verantwortung gegenüber der Welt ist etwas anderes als eine »Verschweizerung«, ein simpler pazifistischer Reflex des »alten Europa«. Die deutsch-französische Partnerschaft ist die *conditio sine qua non* des aufzubauenden Europa – und nicht acht europäische Staats- und Regierungschefs, die der Richtung der Politik George Bushs folgen.

e) Auf dem Weg zu einer multipolaren Welt.

Die Vereinigten Staaten müssen dazu gebracht werden, sich in den Rahmen einer multipolaren Welt einzufügen (Europa, China, Japan, Indien, Brasilien und natürlich die USA). Sie brauchen verlässliche Partner, nicht willfährige Helfershelfer, denn sie können sich allein nicht der Komplexität – und der Feindseligkeit – der Welt stellen. Der Kampf gegen den Hyperterrorismus erfordert eine enge Zusammenarbeit mit den Bündnispartnern und eine mehrdimensionale politische und ökonomische Anstrengung. Nur so können die Brüche behoben werden, die die Welt immer weiter spalten, nur so kann die Glaubwürdigkeit wirklich universaler Werte begründet werden.

Es sind unsere gemeinsamen Werte, und auf sie müssen wir uns stützen, um unsere Verantwortung für die Welt zu beweisen.

Aus dem Französischen von Matthias Drebber

BERNDT OSTENDORF

Antiamerikanismus von Rechts?

Zum Anschwellen des Antiliberalismus im Zeitalter der Globalisierung

Kritische Einstellungen zu den USA sind bei der alten und neuen Linken, in der politischen Mitte wie auch in den konservativen Eliten in Deutschland und Europa weit verbreitet.[1] Was jedoch diese weitverbreitete und *en detail* durchaus berechtigte Kritik an Amerika vom rechten Antiamerikanismus unterscheiden sollte, ist der Glaube an die Problemlösungskapazität und an die Selbstheilungskräfte der liberalen Demokratie, also der Glaube an die globale Zukunft des liberalen Systems. Doch kaum hat man diesen Satz geschrieben, stellen sich Zweifel ein, ob der Glaube an die amerikanische Version der liberalen Demokratie im vereinigten Deutschland noch in dieser Eindeutigkeit existiert und ob dieser Glaube je tief verwurzelt war. Denn die Vorbehalte gegen den amerikanischen Liberalismus haben eine alte Tradition, die von de Maistre über Carl Schmitt bis zum radikalen Kern der Kommunitaristen reicht und der heutzutage im Rahmen der Globalisierungsdebatte neue Legitimation erhält. Auf die Globalisierung reagiert ein neuer, nicht nur rechter Lokalismus, der alte deutschnationale Ressentiments gegen Kosmopolitismus und Liberalismus wieder zum Leben bringt. Der »lange Weg nach Westen« (Heinrich Winkler) war immer schon mit stereotypen Ressentiments gepflastert, deren narrative Stabilität bemerkenswert ist.[2] In diesen narrativen Mustern überlagern sich antiwestliche und antiliberale, amerikakritische und antiamerikanische Motive.

1 Auszug eines schon in Frank Trommler (Hrsg.): *Deutsch-amerikanische Begegnungen. Konflikt und Kooperation im 19. und 20. Jahrhundert.* Stuttgart-München 2001, veröffentlichten Artikels. Eine kürzere und frühere Version des Artikels ist als »Rechter Antiamerikanismus: kulturalistische Ausdeutungen der Globalisierungsangst.« *Journal für Konflikt und Gewaltforschung*, 2. Jg. Heft 2 (2000), 163-184 erschienen.
2 Dank gilt Jutta Ostendorf und meinen Mitarbeitern Stephan Fuchs, Götz Opitz und Britta Waldschmidt-Nelson, deren Kritik das Argument stärkte.

Narrative Stereotypen: Fortschritt oder Degeneration

Zunächst sei auf zwei Denkfiguren hingewiesen, die bis heute ebenso hartnäckig wie prägend auf die Diskurse zur Amerikanisierung einwirken. Die eine Seite der europäischen Projektionen geht davon aus, dass eine welthistorische Evolution von Osten nach Westen stattgefunden habe. »Westward the course of empire takes its way« beginnt Bischof Berkeley (1684-1753) sein Gedicht über Amerika. Sein Bild von der nach Westen fortschreitenden Modernisierung wurde von Schelling aufgegriffen und von Simmel bestätigt. Im gleichen Zeitrahmen, also seit dem 18. Jahrhundert, wuchs eine gegenläufige, europäische Fantasie heran, die die Neue Welt als einen furchtbaren Niedergang begreift. Beide Denkfiguren, Amerika als Modell des (eher technischen) Fortschritts und Amerika als Symptom des (eher kulturellen) Niederganges, stabilisierten sich gegenseitig in einer manichäischen »killer opposition« und treten besonders grell in der Globalisierungsdebatte wieder in Erscheinung.

Die Degenerationsthese hat vielfältige Transformation erlebt.[3] Während sie im späten 18. Jahrhundert als physiokratisches Argument, das von einer zutiefst gestörten amerikanischen Natur ausging, begann, fand im frühen 19. Jahrhundert eine subtile Übertragung von Natur auf Bildung statt, später, zur Mitte des Jahrhunderts, auf Rasse und Geschlecht. Danach legte sich die metaphorische Unterstellung über die Kultur, in den zwanziger Jahren über die Sozial- und Wirtschaftsstruktur und schließlich auf das liberale politische System tout court. Die Grundthese änderte sich nicht, es fand nur eine ständige Verschiebung oder Metaphorisierung statt. Man sollte daran erinnern, dass diese Angst vor dem Niedergang nicht nur die Antiamerikaner in Europa beflügelte, sondern auch die inneramerikanischen Selbstzweifel nährte. Dies wurde besonders im Kontext der Rassenpolitik und der nativistischen Vorbehalte gegen die Einwanderung deutlich. Warnungen vor einer Mongrelisierung oder Bastardisierung durch Rassenvermischung wurden zur Zeit des Bürgerkriegs lauter und führten zu einem Aufblühen der Eugenik im späten 19. Jahrhundert.

Im neunzehnten Jahrhunderts gesellte sich eine zweite Furcht zur Degeneration dazu, die der Verweiblichung. Den Ursprung dieser Angst, dass die koloniale Situation die Menschen »kreolisieren« und »feminisie-

---

3 Die Widmung meines Lehrstuhls »Nordamerikanische Kulturgeschichte« stößt in bürgerlichen deutschen Kreisen auf spontane Verwunderung: »Die Amerikaner haben doch weder das Eine noch das Andere.« Hegel kann als Vater dieses Vorurteils identifiziert werden.

ren« würde, kann man schon früh in den Zentren der Kolonialmächte, in London, Paris und Madrid ausmachen. Heute erlebt diese Furcht eine Renaissance bei der radikalen Rechten in Deutschland wie in Amerika. Der rechtsradikale Guru William Pierce, der unter dem Pseudonym Andrew MacDonald jene notorischen *Turner Diaries* verfasste, die Timothy McVeigh inspirierten, das Federal Building in Oklahoma in die Luft zu jagen, schreibt dort, dass der Liberalismus amerikanischer Machart »weiblich und weich« sei. Pierce pflegt seine Kontakte zur NPD, wie er in einem ZDF Bericht freimütig zugibt. Rolf Winter sekundiert mit Carl Schmitts Originalton, wenn er den amerikanischen Liberalismus »ordnungsunfähig« nennt, wobei man ihm die Meinung unterstellen darf, dass Ordnung wohl eher männlich und hierarchisch sei. In der Weimarer Republik machten Mitglieder des preußischen Landtags, allesamt männlich, vehement Front gegen die »amerikanische Girlkultur,« warnten aber auch vor einer »allgemeinen Informalisierung der Geisteskultur« der Deutschen. Auch der neue, rechte Nationalismus inszeniert sich mit Vorliebe über Rituale der Männlichkeit.

Rückkehr des volkstümlichen Antiamerikanismus

Die Degenerationsthese klingt besonder stark im volkstümlichen Antiamerikanismus wieder an. Cocakolonisierung und McDonaldisierung sind geflügelte Worte, die zur Abwehr der dem amerikanischen Liberalismus angelasteten kulturellen und wirtschaftlichen Degeneration dienen sollen. Die Denkfigur des Niedergangs, vor allem der Zivilgesellschaft, wird aber auch in der inneramerikanischen, kommunitaristischen Kritik am Liberalismus deutlich. In den USA stellen diese Niedergangsdiskurse beileibe keine Kritik am System dar, sondern sind ein Mobilisierungsinstrument, um die Reformbereitschaft wach zu halten. Außerhalb der USA wird sie oft missverstanden als Bestätigung des welthistorischen Irrtums seiner Gründung. Nun sind diese narrativen Muster des Degenartionsvorwurfs keineswegs exklusiv rechts. Auffallend jedoch ist, dass man in der deutschen Rechten die alten Degenerationsargumente von Buffon über Schmitt bis zu den neokonservativen Amerikanern in einer erstaunlichen Reinkultur vorfinden kann, etwa in Rolf Winters Buch von 1995 *Little Amerika. Die Amerikanisierung der deutschen Republik*, oder in Gustav Sichelschmidts *Deutschland eine amerikanische Provinz. Der große Seelenmord* aus dem Jahr 1996.

Die Rechte nutzt nun die Grauzone dieses wieder anschwellenden Zweifels, vor allem in den durch die Verwerfungen der Globalisierung hervorgerufenen subkulturellen Nischen der Republik, um den Glauben an die liberalen Bestandteile der Demokratie weiter zu durchlöchern. Das Ende des Kalten Krieges einerseits und die Globalisierungsangst andererseits stellten hierbei eine Art Wasserscheide dar. Nach 1990 und vor allem angesichts der Globalisierungsängste sind die Aussagen über einen rechten Antiamerikanismus komplizierter geworden. Das politische Kräftefeld, das den Begriffen und Gruppen vordem ihre scharfen Konturen gab, ist nach 1990 eingebrochen. Erstens sind die USA heute in der Tat der einzige globale Hegemon in einer unipolaren Welt. Nach dem Zusammenbruch der politischen Ordnung des Kalten Krieges (balance of power) äußerte sich der Führungsanspruch der USA als unilaterales Vorgehen bei internationalen Krisen wie im Kosovo und in Somalia oder im Ausscheren aus internationalen Abmachungen (UNO). Ein außenpolitisch motivierter Antiamerikanismus ist seitdem in ganz Europa, aber auch in der arabischen Welt, in Russland und China vernehmbar geworden. Zweitens kam der europäischen Rechten *und* Linken nach 1990 der Kommunismus als moralische und ideologische Orientierung abhanden. Amerika wurde sowohl zum positiven als auch zum negativen Maßstab der Modernisierung und zum alleinigen Sündenbock, dem man die Schuld für welthistorische Fehlentwicklungen zuweisen konnte. Drittens bewegen sich auf einer tiefen Ebene der *nationalen* Identität kulturell motivierte Ressentiments linker und rechter Provenienz gegenüber dem einzigen Feindbild, dem amerikanischen Liberalismus, aufeinander zu. Gemeinsamer Nenner ist der oben erwähnte kulturnationale Vorbehalt mit einer langen Vorgeschichte, der nach dem Ende des Kalten Krieges neue Brücken zwischen der klassischen Rechten und Linken schlagen konnte. Dieser reaktionäre, kulturnationalistische Antiamerikanismus gibt damit auch der Kritik an politischen, gesellschaftlichen und wirtschaftlichen »Sünden« der USA, die nicht nur in rechten Milieus abrufbar ist, einen neuen Nährboden. Viertens ist aus der Sicht vieler Nichtamerikaner die derzeitige Globalisierung eine verkappte Amerikanisierung, so dass ein unterschwelliger Antiamerikanismus auch in der politischen Mitte an Einfluss gewinnen kann.

Die breiten Wurzeln des Antiliberalismus

Der umfassendste theoretische Rahmen für eine Analyse des rechten Antiamerikanismus wäre mit einer Anatomie des Antiliberalismus und mit einer Geschichte der Ablehnung der politischen Aufklärung zu leisten. Die neuen Rechten verbindet eine grundsätzliche Ablehnung der Werte und Prinzipien der liberalen Zivilgesellschaft. Diese Ablehnung ist aber nicht auf die Rechte beschränkt. Daher greift aber auch die Diagnose anti-liberaler Einstellungen für eine Definition des »rechten Antiamerikanismus« zu kurz. Denn neben jenen Gruppen und den sogenannten »Einzel-tätern«, die ihren Antiliberalismus in rechtsextreme Praxis umsetzen und damit ins Visier der Strafverfolgung geraten, gibt es weit verbreitete anti-liberale Stimmungen in Deutschland, vor allem in der Definition der Staatsangehörigkeit. Der völkisch definierte antiliberale Nationalismus und sein wichtigstes Instrument, der Rassismus, können in vielen politi-schen, philosophischen und gesellschaftlichen Kontexten gefunden wer-den. Dieser gebremste Rassismus wurde von der ebenso verbreiteten wie falschen Annahme, dass Deutschland kein Einwanderungsland sei, ge-nährt. Trotz der nachweislichen Integration der »ausländischen Mitbür-ger« blieb diese kognitive Sperre wirksam. Politische Parolen wie »Kinder statt Inder«, die Kampagne der hessischen CDU zur Doppelstaatsbürger-schaft und der Vorschlag der CSU, Einwanderer in nützliche und schäd-liche einzuteilen, und das missverständliche Wort von der deutschen Leit-kultur haben für die Stabilisierung einer fremdenfeindlichen Abgrenzung gesorgt, die es den Rechtsradikalen erlauben, sich als Vollstrecker eines unartikulierten Volkswillens zu verstehen. Selbst der neue Wirtschafts-kosmopolitismus, der in den Reihen der großen Volksparteien einen be-grüßenswerten Wandel in der Einstellung zur Einwanderung hervorge-rufen hat, hat einen problematischen Unterboden. Denn es sind gerade nicht die moralischen Prinzipien einer liberalen Zivilgesellschaft, die als Argumente wirksam eingesetzt werden, sondern die Drohung mit dem wirtschaftlichen oder außenpolitischen Schaden. Jene liberale, zivilgesell-schaftliche Souveränität des »citoyen«, die eine ethnozentrische Grund-stimmung mit ihrer Fremdenfeindlichkeit »aus prinzipieller Überzeugung« verurteilt, bleibt offensichtlich flach verwurzelt und bedarf der Stützung von außen.

Für das randständige Potential der Rechten oder für die struktur-schwachen Milieus Ostdeutschlands ist das Argument des »Schadens für den Standort Deutschland« wenig stichhaltig, da sie bereits im Schatten des zu schützenden Wohlstands stehen. Weiter haben in der DDR jene kulturnationalistischen Wertbestände, die der SED-Herrschaft zum Sy-stemerhalt dienten, im tiefgefrorenen Zustand überlebt. Abweichende so-ziale Fermente, die eine Auflösung dieser homogenen Milieus hätten bewerkstelligen können, entzogen sich durch Flucht in den Westen. Das konnte auch die Währungsunion nicht verhindern. Damit hat in den ost-deutschen Provinzen eine Art zivilgesellschaftliche Negativauslese und eine Stabilisierung kulturnationaler Milieus stattgefunden. Diese post-DDR-Milieus stellen in den Worten von Hellmuth Plessner eine doppelt verspätete Nation dar.[4] Auch die Bekämpfungsstrategien gegen den Rechtsextremismus sind nicht unproblematisch, da zu schnell mit dem Entzug der Grundrechte, also mit antiliberalen Mitteln gearbeitet wird. Ein Verbot der NPD wäre eine solche Maßnahme, die den Teufel mit Belzebub austreiben möchte. Es wäre sicherlich besser, wenn das Vertrauen in unsere Fundamentalliberalisierung stabil genug wäre, um die NPD politisch und nicht durch Verbote zu bekämpfen.

So werden die Argumentationsstrategien des rechten Antiamerikanismus dreifach stabilisiert. Einmal aus einer deutschen historisch-nostalgischen Erinnerung. Zweitens berufen sich Autoren der neuen Rechten ebenso auf den internationalen antiamerikanischen Konsens. Drittens wird von einigen besser informierten, rechten Kreisen die Liberalismuskritik der amerikanischen jeremiadischen Tradition zur Kenntnis genommen. Diese inneramerikanische Selbstkritik verschafft der rechten Ablehnung Amerikas weitere Glaubwürdigkeit. Hans Jürgen Syberberg, Gerd Bergfleth und Botho Strauss stärken die antiaufklärerische, theoretische Flanke. Dies entspricht der Intention der rechten Theorieklasse um Ernst Nolte oder Armin Mohler, die sich vom Parteiengezänk und rechtsextremen Aktionismus distanziert hat und neue Koalitionen in der Mitte sucht. In diesem Prozess spielt die neue intellektuelle Rechte um die *Staatsbriefe* oder die *Junge Freiheit* eine wichtige Rolle, denn sie hat eine Art Scharnierfunktion, die die vielfältige Formen des Antiamerikanismus und seiner historischen Ätiologien bündelt sowie metapolitisch und theoretisch aufbereitet.

Außenpolitischer Antiamerikanismus

Kurz vor seinem Tode forderte Senator Alain Peyrefitte im *Figaro* (15. April 1999) eine europäische Monroe-Doktrin, um die »Hypermacht« USA daran zu hindern, sich in die Angelegenheiten des Altkontinents einzumischen, eine Meinung, die der sozialistische Außenminister Vedrine anderenorts ähnlich formulierte. Klaus Harprecht und Peter Rodman

---

4 Interessant ist in diesem Zusammenhang der Hinweis von Joachim Gauck, dass in der DDR schon längst vor dem Fall der Mauer viele Jugendliche ihr dumpfes Ressentiment gegen den verordneten Sozialismus mit einer Verherrlichung der nationalsozialistischen Vergangenheit quittierten. Gerade die Nationale Volksarmee (NVA) sei eine Kaderschmiede für Neonazis gewesen: »Die Jugendlichen gingen als Sozialisten rein und kamen als Nazis raus.« Joachim Gauck in »Zeitzeugen« Phoenix, 9. November 2000, 20:15.

führen die Wiederbelebung dieses außenpolitischen Antiamerikanismus in erster Linie auf das Gefühl der europäischen Schwäche zurück.[5] Die Selbstverständlichkeit, mit der die USA seit 1989 in der Wahrnehmung ihrer Interessen weltweit vorgehen können, hat in der Tat diesen globalen Antiamerikanismus beflügelt. Die unilaterale Versuchung und die weltweite Reaktion darauf lassen sich aus dem Ende der balance-of-power Logik erklären. Heute müssen sich Präsident und Kongress lediglich die Frage stellen, ob bei internationalen Krisen ein unilaterales oder multilaterales Vorgehen *innenpolitisch* leichter durchsetzbar ist. Daher schlägt sich auch der innenpolitisch dominante Exzeptionalismus außenpolitisch als missionarischer Unilateralismus nieder. Von Europa aus wird dieses Selbstverständnis der USA als moralische oder gar rechtliche Instanz zusehends kritischer kommentiert. Die Fremdbestimmung der globalen Außenpolitik durch die innenpolitischen Prioritäten im amerikanischen Kongress und der unilaterale Führungsanspruch der USA sind die Ursachen für eine Neuorientierung der Einstellungen zu Amerika. Sie erklären aber ebenso schlüssig die Irritationen im nicht rechten Lager, und das erschwert eine eindeutige Trennung zwischen einem rechten Antiamerikanismus und der berechtigten Kritik an Amerika.

Geopolitische Festung Europa

Eine Variante der nationalen Wagenburg stellt der neu entstehende Schulterschluss der europäischen Rechten dar. Das einigende Element ist also nicht so sehr eine genuin europäische Plattform, sondern das Ressentiment gegen Amerika. Europa müsse aus der politischen Kolonisierung Amerikas befreit werden, argumentieren deutsche und französische Vertreter im europäischen Parlament. Dabei wird gerne Carl Schmitts Forderung nach einer kontinentalen Unabhängigkeit zitiert, die er 1939 als »völkerrechtliche Großraumordnung mit Interventionsverbot für raumfremde Mächte« zum Schutz der Interessen des deutschen Faschismus verlangt hatte. In diesem Sinne diskutieren rechte Vertreter aus Deutschland und Österreich im europäischen Parlament eine Neuzeichnung der Grenzen Europas und votieren für einen Wandel der Orientierung von Westen nach Osten. Typischerweise sehen die europäischen Rechten eine Erneue-

---

5 Dass Harprechts altlinke Rechtenschelte ausgerechnet im Manager Magazin Online erschienen ist, macht die ideologische Verortung seiner Intervention nicht leichter.

rung eher im nationalistischen Osten, weil sie vom amerikanisch domi-
nierten Westen eine allzu rapide Modernisierung, den Zerfall der lokalen
Traditionen und vor allem die Aufhebung der nationalen Regionen mittels Globalisierung fürchten. Zudem gibt es eine Ähnlichkeit mit den
Grundpositionen der neuen russischen Rechten, deren Antiamerikanismus sprichwörtlich geworden ist.

Sündenbock Amerika

Vor der Ära Gorbatschow waren im Koordinatensystem der deutschen
Politik die USA als Gegengewicht zur Sowjetunion schlichtweg unver-
zichtbar gewesen. Konsequenterweise hatte das bürgerliche Lager bis 1990
seinen kulturellen Antiamerikanismus unterdrückt. Nach Wegfall der
Sowjetunion als »Reich des Bösen« wurde die im Rahmen des Kalten
Krieges politisch-instrumentelle Legitimation des amerikanischen Inter-
nationalismus entbehrlich. Nun wurden die kulturellen Vorbehalte des
bürgerlichen und rechten Spektrums gegenüber der amerikanischen
Zivilgesellschaft wieder laut und erhielten ihre älteren politischen Be-
gründungen zurück, die von Comte de Buffon, Joseph de Maistre, von
der konservativen Revolution der Weimarer Republik vorformuliert
worden waren. Es ist ebenso erschreckend wie interessant, wie stabil die
narrativen und rhetorischen Muster geblieben sind und wie stark sie das
alltägliche Reden der Deutschen über Amerika bestimmen. Das Modell
Amerika stellt heute den einzigen Maßstab dar, an dem sich nicht nur die
proamerikanischen Modernisierer, sondern vor allem auch die Verteidiger
des europäischen Abendlandes orientieren. Im Maße der neuen Entwick-
lungsdynamik erhielten der Diskurs über und die Furcht vor der Amerikanisierung Deutschlands und Europas nach 1989 erheblichen Auftrieb:
Amerika als Traum oder Alptraum, als leuchtendes Modell oder abschrek-
kendes Beispiel.[6] Hierbei kommt es in Deutschland zu interessanten
neokonservativen Differenzierungen in der Haltung zur Amerika: Je nach
Interessenlage kann eine positive Bewertung der wirtschaftlichen oder der
technischen mit einer leidenschaftlichen Ablehnung der gesellschaftlichen
oder kulturellen Amerikanisierung einhergehen, wie es etwa das bayeri-
sche Motto »Laptop und Lederhosen« andeutet. Es ist vor allem die
neuerliche *Dynamik* in der Globalisierung der Finanzen, der Märkte, der

---

6 Im Zusammenprall der europäischen und amerikanischen Rechtskulturen
   (Familienrecht, Wirtschaftsethik) wird in Zukunft noch weiterer Zündstoff
   für latenten Antiamerikanismus liegen. Hierzu die Tagung der Bayerischen
   Amerika Akademie im Mai 2001.

Politik, der Erziehungssysteme und der populären Kultur, die die Positionen rechter und linker Gesinnung in Aufregung versetzt. Die Tatsache, dass sich in dieser Alarmstimmung Ängste leicht abrufen lassen, spielt bei der politischen Instrumentalisierung des Antiamerikanismus durch den europaweit wachsenden Rechtspopulismus eine erhebliche Rolle.

»Rinks und Lechts«

Vordem linke und rechte Positionen haben sich in dem neuerlichen Aufleben alter Ressentiments gegenüber Amerika hoffnungslos vermischt. Zwischen der leninistischen Linken und hegelianischen neuen Rechten in Deutschland zeichnen sich antiamerikanische Koalitionen ab, wie auch in Frankreich zwischen der Kommunistischen Partei und Alain de Benoist. Der Ex-SDSler und jetzige Parteigänger der Rechten, Reinhold Oberlercher, nennt sich in einem bemerkenswerten historischen Spagat einen Nationalmarxisten. Der RAF-Anwalt Horst Mahler entpuppt sich nach Entledigung seiner »Irrtümer» als deutschnationaler Rechtshegelianer und als Apologet der rechten, subkulturellen Szene, deren Nähe er sucht. Bernd Rabehl, vormaliger Berliner Chef des SDS, identifiziert als größten Irrtum der 68er Führungsschicht, dass sie trotz eines politischen Antiamerikanismus durch die *Inszenierung ihres Protests* die Westintegration und damit die Amerikanisierung Westdeutschlands vorwärts getrieben habe. Die Demontage der alten nationalen Eliten und ihrer Sekundärtugenden wie Pflicht, Treue, Ehre, Gehorsam habe der *reeducation* der Amerikaner erlaubt, so Rabehl, diese Leerstellen zu füllen. Die radikalen 68er seien dummerweise der amerikanischen Protestkultur und ihrer Forderungen nach Solidarität, Emanzipation, Individualismus, Graswurzeldemokratie und Hedonismus auf den Leim gegangen, ohne zu merken, dass sie damit Grundpositionen des amerikanischen Liberalismus übernahmen. Heute schmieden diese Wortführer der damaligen Studentenrevolte an einer neuen »APO von rechts«, die eine völkisch-nationale »Reformation« in Gang setzen soll.

Als nach 1990 die programmatische Opposition Kommunismus-Kapitalismus aufweichte, war es die »globale Amerikanisierung», die eine neue Polarisierung in alte und neue Befürworter, alte und neue Gegner in Gang setzte. Im Maße der Bewusstwerdung der Globalisierung sortierte sich das Freund-Feindbild neu und zwar quer zu den alten ideologischen Koordinaten von Links und Rechts. Neue Schlachtlinien und Gegnerschaften überlagern heute palimpsestartig die alten: Ging es damals in erster Linie um internationale Solidarität und Klassenkampf, so geht es heute um ethnische Solidarität und Nationalismus. Die Gegnerschaft

zum Liberalismus und zum Monopolkapitalismus bleibt ein verbinden-
des Scharnier, mit dem Unterschied, dass heute vor allem jüdischen Bank-
häusern in New York als seine Verursacher und Nutznießer gelten. Die
neuen Polarisierungen verlaufen zwischen Universalismus und Partikularismus, monoethnischem Nationalismus und multiethnischem Globalismus, bodenständigem Lokalismus und liberalem Kosmopolitismus,
zwischen Zivilgesellschaft oder Volksgemeinschaft. Kurz gesagt, die alte
ideologische Markierung zwischen Links und Rechts wird zusehends von
einer neuen sozialen Kluft zwischen global orientierten Kosmopoliten
(und Gewinnern) und lokal orientierten Besitzstandwahrern (und Verlierern) abgelöst: Statt Linke und Rechte stehen sich *cosmopolitans and
locals* gegenüber. Im Maße der Polarisierung zwischen den Gewinnern
und Verlierern einer Amerika angelasteten Globalisierungswelle, werden
vor Ort ethnozentrische Ressentiments mobilisiert. In Deutschland, in
Österreich, in Italien, in Frankreich und in den USA haben populistische
Vertreter der neuen Rechten gar noch die antikapitalistische Rhetorik
übernommen, um »den kleinen Mann« und seine lokalen Traditionsbe-
stände vor der Globalisierung durch amerikanisches oder internationales
Spekulationskapital zu schützen, hinter dem sie, ganz in der Tradition
nationalsozialistischer Verschwörungstheorien, jüdisch-kosmopolitische
Interessen vermuten. In diesem neuen Mischverhältnis von Solidarität
mit den »Eigenen« und Abgrenzung gegenüber den »Anderen« hat eine
interessante Übernahme stattgefunden. Marcuses linkshegelianische Warnung vor einer eindimensionalen Entwicklung der Welt findet jetzt in
einem deutschnationalen, rechtshegelianischen Antikapitalismus einen
Nachhall.

Neurechte Intellektuelle wie Mahler und Oberlercher werben um neue
Koalitionen mit dem Hinweis, dass im Kampf gegen Amerika die alten
Schemata links und rechts bedeutungslos geworden seien. Die 1968er
Linke sei seinerzeit aufgebrochen, um den Monopolkapitalismus zu zer-
stören, habe jedoch das Projekt der Liberalisierung vorangetrieben und
jene Kultur der Sozialatome zur Vollendung gebracht, die alle Bürger der
Welt dem amerikanischen Moloch oder der Krake des Kapitalismus voll
aussetzten. Diese Fehleinschätzung der Mittel bedürfe jetzt der Korrektur,
hierfür sei ein neuer Nationalmarxismus zu reflektieren. Schon für die
sechziger Generation sei jedoch das Kollektiv wichtiger als das Individuum gewesen, meint Mahler entschuldigend. Daher habe schon damals
in der APO der Gedanke der Gemeinschaft stärker als der des Individualismus gewirkt. Durch Stärkung der Volksgemeinschaft müsse man heuer
gegen einen individualisierten Kosmopolitismus und Globalismus an-
gehen. Nur die Volksgemeinschaft sei ein in sich gegliedertes, »geistiges

Ganzes.« Dieser völkische Gemeinschaftssinn werde nun durch Schuld-gefühle (Holocaust) belastet, um der Krake des globalen Spekulations-kapitalismus von der Ostküste der USA, dem es erfolgreich gelungen sei, die Medien zu kooptieren, die Sache zu erleichtern. Daher ist es ein Ziel rechter Holocaust-Relativierer, die »Schulden und Hypotheken« des Na-tionalsozialismus herabzureden. Die Chance der Rechten, so Mahler, läge daher im Internet. Ganz bewusst müsse die Rechte Teile der Kapitalis-muskritik, vor allem am amerikanischen Liberalismus und neuerlich am Globalismus, von der alten Linken übernehmen.

Organisatorisch zeichnet die Westrechte zwar eine gewisse Organisa-tionsvielfalt aus, die aber durch eine andauernde Geschichts-, Theorie und Strategiedebatte, die in einer Vielzahl von Kommunikationsträgern stattfinden, zu Zersplitterung und Rivalität geführt hat. Es gibt inzwi-schen konkrete Anzeichen für eine erhöhte Koordination des rechten Spektrums mit Hilfe des Internet. In der Ostrechten herrschte bis vor kurzem ein unartikulierter, subkultureller Protest vor mit einem großen, latent rechtsextremen Umfeld. Die tendentiell organisationsfeindliche Mentalität in ostdeutschen Subkulturen machte es auch für die westlichen Parteien (Rep, NPD, DVU) anfangs schwieriger, dort Fuß zu fassen. Die programmatische Revision der NPD seit 1996 ist aber bemerkenswert er-folgreich, da sie bewusst eine kapitalismuskritische und sozialkritische Rhetorik wählt, die an die sozialistische DDR-Identität anknüpft, um mit diesem Köder das nationalistische Ressentiment der Ex-DDR zu mobili-sieren. Insgesamt kann man von einer Gewichtsverlagerung der rechten Aktivitäten, vor allem der NPD, von West nach Ost sprechen.

Rechtsradikalismus und Antiamerikanismus

Der alltägliche Antiamerikanismus rechter Gruppierungen blieb mit eini-gen Ausnahmen bis vor kurzem noch unartikuliert und fiel weder durch analytische Schärfe noch durch systematisches Denken auf. Sichtbar wer-den die militanten Gruppen durch ihre Vorliebe für antisystemische Sym-bolik und rassisch motivierte Gewalt, und das verbindet sie mit ähnlichen Bewegungen weltweit. Diese Internationalisierung im Internet bleibt nicht ohne Konsequenzen. Die radikale, militante Rechte hat inzwischen die Argumente und Strategien der alten Linken wie der neuen Rechten absorbiert, und macht diese Argumentation dank des Internets, in dem Horst Mahler die Zukunft der rechten »Reformation« sieht, verfügbar. Nach Angaben des Bundesinnenministeriums sind 400 Websites der rechten Szene bekannt. Die Dunkelziffer dürfte erheblich größer sein und wird inzwischen auf 800 geschätzt. Durch internationale Links im Inter-

net, die die Rechte mit großem Erfolg und wachsendem Enthusiasmus
nutzt, globalisieren sich die rechten politischen Subkulturen zusehends.
Die Anonymität der virtuellen Öffentlichkeit macht sie sorgloser und
brutaler, sowohl in ihrer Rhetorik als auch in den Handlungsanleitungen.
Viele der Websites deutscher Neonazis sind in den USA nur unter dem
Schutz des Ersten Verfassungszusatzes vor dem Zugriff der deutschen
Zensur sicher. Ihre politische Existenz wird also von dem System ge-
schützt, dessen kulturelle und wirtschaftliche Konsequenzen sie für die
moralischen Mängel der Welt verantwortlich machen. Das gibt der Inszenierung ihres Antiliberalismus und Antiamerikanismus, die in der Regel
einen Antisemitismus beinhalten, eine postmoderne Note, die jedoch
durchaus ein Echo in der deutschen Geschichte hat. Auch der Nationalsozialismus, dem sich diese neue Rechte verpflichtet fühlt, verband technische Modernisierung mit ethnokulturellem Traditionalismus. Doch es
gibt weitere, bedrohlich-postmoderne Tendenzen. Dem Amerikanisten
fällt auf, wie geschickt die amerikanischen Neonazis inzwischen univer-
salistische Argumente gegen die multikulturelle Gesellschaft scheinheilig
für ihre Zwecke instrumentalisieren. Aber sie setzen auch, wenn es passt,
die Rhetorik des bürgerrechtlichen Multikulturalismus für ihre Ziele ein.
In Anlehnung an die *National Association for the Advancement of Colored
People* (NAACP) nennt der Neonazi und ehemalige Grand-Dragon des
KuKluxKlan, David Duke, seine Kampforganisation die NAAWP, die *National Association for the Advancement of White People*. David Duke übernimmt das Pathos der Bürgerrechtler, wenn er die »partikularen Rechte
der weißen männlichen Minderheit« einklagt. Es ist nur eine Frage der
Zeit, bis sich diese theoretisch angereicherten Strategien und Argumenta-
tionsweisen bis in die deutschen Webpages hinein ausdehnen und gar
noch eine poststrukturalistische Amerikanisierung des Antiamerikanismus einleiten. Denn linke amerikanische Diskurswelten artikulieren kritische Positionen an der angewandten Aufklärung, die im gehobeneren
rechten Antiamerikanismus in Deutschland und in Europa ein spontanes
Echo finden. Diese transatlantische Verwirrung hat System, welches sich
einerseits aus dem Zusammenbruch alter Orientierungen, andererseits
aus der kognitiven Differenz in der Bestimmung linker und rechter Positionen in den USA und Deutschland erklären lässt. So beruft sich Alain de
Benoist gerne auf den Partikularismus der amerikanischen, poststruktura-
listischen Linken und ihrer Politik der Differenz.[7]

7 Berndt Ostendorf, »Politik der Differenz und soziale Gerechtigkeit? Theorie
und Praxis im deutsch-amerikanischen Vergleich« in: *wir/ihr/sie. Identität und
Alterität in Theorie und Methode*, Würzburg 2000.

Eine Warnung ist daher vonnöten. Abgesehen von der Frage des Rassismus oder des völkischen Ethnozentrismus gibt es keine eindeutig linken oder rechten, ideologischen oder programmatischen Besitzstände im Antiamerikanismus. Daher bedürfen alle antiamerikanischen Äußerungen einer historischen und kulturpolitischen Verortung. Ja, es ist gerade das Merkmal des neuen rechten Antiamerikanismus, dass er sich einer allgemeinen amerikakritischen Stimmung bedient. Wenn ich mich auf einige Wortführer wie Rolf Winter, Armin Mohler, Jörg Haider, Horst Mahler, Gustav Sichelschmidt, Karlheinz Deschner und Bernd Rabehl bezogen habe, dann aus dem Grunde, weil sie als Verstärker dieser diffusen antiamerikanischen Volksstimmung fungieren, diese eingehender begründen können und somit ihre eigenen Hintergrundannahmen deutlich machen. Die nun folgende Auflistung rechter Denkfiguren suggeriert jedoch eine höhere Kohärenz als irgendeine Äußerung eines einzelnen Rechten erkennen ließe. Nur auf einer tieferen kulturellen Ebene finden die Versatzstücke des Antiamerikanismus einen deutschnationalen, antiliberalen Zusammenhang, der an die konservative Revolution der Weimarer Zeit erinnert. Diese Kohärenz gewisser Hintergrundannahmen hat nicht nur eine lange Geschichte, sondern liegt als ordnende Kraft quasi vor den alten Unterschieden zwischen rechts und links.

Rechte Meinungen zu Amerika

In der Rechten ist die »organisch gewachsene Nation« der Ausgangs- und Endpunkt allen politischen Denkens. Der umfassende Horizont rechten Denkens in Deutschland wird vom völkischen Nationalismus definiert, eine historisch gewachsene, metaphysisch begründete, ethnische Wagenburg, die mit den Waffen des kulturellen Ethnozentrismus und biologischen Rassismus verteidigt wird. Nationalismus und Rassismus verhalten sich wie kommunizierende Röhren zueinander. Amerika spielt hierbei eine eigenartige Doppelrolle: Einerseits wird den USA die echte, kulturell begründete Volksgemeinschaft abgesprochen, andererseits wird die Macht der liberal-demokratischen Nation im Bereich der technischen Dominanz durchaus anerkannt. Die USA gelten als moralisch korrupt, technisch und strategisch jedoch führend. Generell jedoch überwiegt die Vorstellung des welthistorischen Niedergangs: ein bastardisiertes Einwanderungsland, das heute an den Widersprüchen und der Ordnungsunfähigkeit seiner liberalen Philosophie und den Auswüchsen seiner Einwanderungspolitik krankt. Mahler führt die Reduktion der Identität auf »Sozialatome«, die der Gier des Kapitalismus ausgesetzt seien, auf diese liberale Grundposition zurück. Beide Pole des Liberalismus, Individualismus und eine *laissez faire*

Wirtschaft, bedingen und verstärken sich. Die Ideologie des abstrakten, vorgesellschaftlichen Individualismus in einem Nachtwächterstaat löse alle Verankerungen von Familie, Haushalt, Klan und Nation als Kohärenzgeber auf. Die deutsche Rechte fürchtet durch Amerikanisierung und Pluralisierung der europäischen Nationalstaaten eine graduelle Auslöschung des deutschen Volkes. Daher müssen bei uns die Einwanderung gestoppt werden und auch die Gastarbeiter und ihre Kinder ins Ursprungsland heimkehren. Scheinheilig intoniert Mahler, dies sei allein aus Gründen postkolonialer Ethik geboten: die in Deutschland ausgebildeten Ausländer hätten die Pflicht, ihr in Deutschland gesammeltes Wissen zu Hause sinnvoll einzusetzten.

Immer wieder kehrt Carl Schmitts alte Warnung vor einer Säkularisierung der geistigen Welt Deutschlands oder Europas wieder. Das macht Sinn, da die neue Rechte »das Geistige« als eigentliche Kraft einer völkisch-gemeinschaftlichen Integration begreift. Das von Günter Grass sicher ganz anders gemeinte Reden von der »Kulturnation« Deutschland fände damit auch Rechts offene Ohren. Der Glaube an das Primat des Individuums und seiner abstrakten Rechte sei daher eine amerikanische Fehlplanung, und hier läge die Wurzel für den Vorrang abstrakter prozeduraler Regeln über substantielle Werte. »Rule of law« statt Geist. Die Vorspiegelung einer gerechten Welt mittels juristischem Proceduralismus sei nichts als eine liberale Heuchelei eines juristisch kodierten Sozialdarwinismus, eine Einschätzung, die hauseigene amerikanische Kritiker aus dem Lager des Kommunitarismus und der Critical Legal Studies durchaus bestätigen würden. Der geistig-moralische Verfall sei in einem liberalen System vorprogrammiert und führe zu einer Übertoleranz bis zum postmodernen anything goes. Der säkulare Humanismus amerikanischer Prägung rufe eine ausufernde Permissivität hervor und fördere einen moralischen Skeptizismus bis hin zum Nihilismus in ethischen Fragen. Dieser Skeptizismus sei direkt mit Kosmopolitanismus verbunden und beide seien typisch jüdische Strategien, die als Wegbereiter eines globalen Finanzkapitalismus fungierten. Horst Mahler ruft nach einer neuen »Bewegung des deutschen Volkes zur Bewahrung seiner Lebensinteressen«, die der Reformation Luthers an Bedeutung gleichkommen müsse. Wenngleich die dumpfe Rechte, vor allem im Osten, im konventionellen Sinne nicht religiös genannt werden kann, so gibt es doch bei den artikulierten Vertretern Sympathie für die Notwendigkeit der Religion. Daher werden die religiösen Erweckungsbewegungen im Islam oder im Christentum von Mahler durchaus positiv gewertet. Säkulare Vernunft, wie sie von den USA typischerweise vertreten werde, markiere den Verlust der Religion. Kurzum, die Rechte bedient sich des klassischen Katalogs antiliberaler Denkfiguren.

Beliebteste Regierungsform ist eine Version des Führerprinzips. Dieses bedeutet eine Entlastung der individuellen Bürger vom Politischen, immer schon ein Erkennungszeichen korporatistischer Ideologie. Parlamentarismus wird als Geschwätz und Parteien im Liberalismus werden als bloße Lobbies oder Interessenvertretungen abgetan. Das System einer liberalen Demokratie wird rundherum abgelehnt.

In ihren Aussagen zur amerikanischen Wirtschaft wird die unkritische Dominanz des liberalen Wirtschaftsprinzips und die Akzeptanz ökonomischer Regelungsmechanismen moniert. Der amerikanische Universalismus sei nichts als eine Verschleierung eines »Spekulationsmaterialismus« und jegliche Vorspiegelung von Gleichheit eine reine Heuchelei. Zudem wendet man sich immer wieder gegen die Ökonomisierung des geistigen Lebens und, pace Schmitt, gegen eine kontinuierliche Emanzipation des Erwerbsstrebens. In den Attacken gegen die Weltmacht USA kommt ein gerütteltes Maß an Antisemitismus eingebettet in Verschwörungstheorie zum Vorschein. So tönt etwa Umberto Bossi, dass amerikanische (will sagen jüdische) Bankiers eine Zerstörung der politischen Kultur der Welt zu verantworten hätten, die der Wurzellosigkeit ohne Kultur, ohne Religion und Gemeinschaft Vorschub leiste. Er wendet sich emphatisch gegen die multikulturelle Gesellschaft, die von (jüdischen) Freimaurern propagiert würde, um die schutzlosen atomisierten Individuen an die Wirtschaft des amerikanischen Mutterlandes auszuliefern. Und Horst Mahler moniert immer wieder, dass die USA weltweit ihren »aggressiven Liberalismus« mittels Globalismus durchgesetzt habe. Letztendlich sei dies der Grund, so mischt Haider sich ein, für die sichtbare Verflachung der europäischen Kultur. Die USA seien eine Hypermacht mit Ziel einer neuen Weltordnung, die von jüdischem, nomadisierendem Spekulationskapital angetrieben würde.

Reizworte, die heute in dieser Grauzone des Antiamerikanismus mit einiger Regelmäßigkeit auftauchen, sind: Individualismus, Subjektivismus, Rationalismus, Humanitarismus, Wurzellosigkeit, Permissivität, Relativismus, Pluralismus, Universalismus, Materialismus, Nihilismus, Kosmopolitismus und damit einhergehend die Dominanz jüdischer Intelligenz. Es handelt sich um Schlüsselbegriffe der deutschnationalen Reaktion auf die Moderne, die in die pathologische Form der Lingua Tertii Imperii eingegangen sind. Es fällt allerdings auf, dass in den programmatischen Äußerungen der Rechten die konkreten Errungenschaften des liberalen Staates selten angegriffen werden, etwa die Garantie persönlicher Sicherheit, der Schutz der freien Meinungsäußerung, die Unparteilichkeit des Gesetzes, die individuelle Freiheit und die partizipatorische Graswurzeldemokratie. In der Tat sind die Rechten durchaus gewandt in der Wahrnehmung

dieser Einrichtungen des liberalen Rechtsstaates, die sie als erstes ab-
schaffen würden.

Zusammenfassung

Eine klare Definition »rechter Positionen« im Antiamerikanismus ist also
problematisch geworden. Der Antiamerikanismus der Rechten wird von
einer allgemeinen deutschnationalen Grundhaltung stabilisiert, die starke
Anleihen bei de Maistre und der konservativen Revolution der Weimarer
Republik macht und die das Projekt der Aufklärung unter Hinzunahme
poststrukturalistischer Denkfiguren aus den USA in Frage stellt. Wie ich
mit der groben Ätiologie des Degenerationsvorwurfs zu zeigen versuchte,
haben sich im Terminus »antiamerikanisch« eine ganze Reihe von natur-
historischen, politischen, wirtschaftlichen und kulturellen Vorwürfen
und Ängsten gegenüber dem Projekt Amerika abgelagert, die im Maße
der Angst vor einer globalen Hegemonie der USA abrufbar sind. Der
Antiamerikanismus der Rechten wird von einer älteren und umfassende-
ren historischen *folie a deux* gefüttert, deren kulturalistische Verallgemeinerungen von aktuellen Ressentiments zusammengehalten wird. Diese
vermischte Debatte, in der sich linke und rechte Positionen überlappen,
ist selbst ein Faktor des realhistorischen Kulturaustausches zwischen Europa und Amerika sowie Symptom eines neuen kulturellen *realignments.*
Man kann das Fazit ziehen, dass alle alten Formen des Antiamerikanismus
im Zeitalter der Globalisierung neu instrumentalisiert werden können.
Die Rechte nutzt die Gunst der Stunde, um sich mittels allgemeiner
Ressentiments gegenüber Amerika Unterstützung und Legitimation zu
sichern. Ob sie den Sprung von bloßer Rhetorik in die Tagespolitik und
vom virtuellen Internet in die realen Institutionen schafft, mag zur Zeit
in Deutschland noch fraglich sein, in dem sich eine schleichende Fundamentalliberalisierung durchgesetzt hat. Wir können nur hoffen, dass der
DM-Nationalismus nicht zum rechtspopulistischen Ethnozentrismus
mutiert, sondern in eine Stärkung der (europäischen) Zivilgesellschaft
mündet. Die Auflösung des Koordinatensystems zwischen Links und
Rechts erlaubt dem neuen Antiamerikanismus, sich transideologisch,
transnational und global zu verkaufen. Ohne eine kritische Position gegenüber den USA aufzugeben, sollte die politische Öffentlichkeit es nicht
zulassen, dass die Rechte mit ihrem Antiamerikanismus und ihrer Funda-
mentalkritik an der Aufklärung in Europa satisfaktionsfähig oder normal
wird.

Adam Krzemiński

Amerika und Polen
Zum polnisch-amerikanischen Verhältnis heute

Den Angriff der Islamisten auf die Türme des World Trade Centers in
New York vom 11. September 2001 empfanden viele Polen wie einen Anschlag auf ihre eigenen Träume und ihr eigenes Sicherheitsgefühl. Nach
dem Angriff auf die USA legten die Warschauer einen breiten Blumentep-
pich vor der amerikanischen Botschaft nieder und zündeten Tausende
Kerzen an, um so ihr Mitgefühl tagelang zum Ausdruck zu bringen. Im
Unterschied zu Deutschland gab es in Polen auch keine größeren Widerstände gegen eine Unterstützung des amerikanischen Antiterrorkriegs in
Afghanistan.

Im Sommer 2002 ergaben zwar Meinungsumfragen nur eine recht gemäßigte Akzeptanz für eine Teilnahme Polens an einer amerikanischen
Aktion gegen den Irak. Doch niemand im Land murrte, als Staatspräsi-
dent Aleksander Kwaśniewski unzweideutig Präsident George W. Bush
unterstützte und sich damit von Bundeskanzler Gerhard Schröder distan-
zierte, zu dem er gewöhnlich einen sehr guten Kontakt hat und mit dem
ihn ein gutes Gespür für die deutsch-polnische Interessengemeinschaft
verbindet.

Trotzdem gilt, dass, vor die Wahl »Europa oder Amerika« gestellt, die
Polen ganz offenkundig in der Klemme sitzen. Dem gesunden Menschen-
verstand nach wissen sie, dass sich die Geographie nicht verändern lässt;
und nur besessene Politclowns wie der Chef der radikalliberalen, aber
winzigen Union für Realpolitik, Janusz Korwin-Mikke, sind der Ansicht,
dass Polen lieber der nordamerikanischen Zollunion NAFTA und nicht
der Europäischen Union beitreten solle. Doch die polnischen Herzen
schlagen oft heftiger für Amerika als für Europa; für viele Polen bedeuten
die USA nach wie vor eine Verheißung persönlichen Glücks, was die
langen Schlangen von Menschen belegen, die vor der amerikanischen
Botschaft in Warschau nach Visa anstehen. Amerika ist nicht nur ein »ge-
lobtes Land«, in dem man Geld verdienen und den Duft der weiten Welt
atmen kann, sondern ist auch das Land, in dem beinahe jede polnische
Familie irgendeinen Verwandten oder Bekannten hat, der Polen aus politischen, wirtschaftlichen oder beruflichen Gründen verlassen hat. Noch
bis vor kurzem galt Chicago als größte Agglomeration von Polen nach
Warschau und die amerikanische Polonia als eine wichtige politische Lobby, die in der amerikanischen Öffentlichkeit und Politik polnische natio-

nale Interessen vertritt. Kein Wunder also, dass 1990 in Polen Stimmen dafür laut wurden, Zbigniew Brzezinski, den bekannten amerikanischen Politologen polnischer Herkunft, zum Präsidenten der von sowjetischer Hegemonie befreiten Republik zu wählen.

Bei der polnischen Liebe zu Amerika kann es sich natürlich um eine einfache Projektion handeln. Während Europa die Polen zumindest seit dem 18. Jahrhundert immer wieder enttäuschte, ging der Aufstieg der Vereinigten Staaten von Amerika in der europäischen und der Weltpolitik im 20. Jahrhundert Hand in Hand mit Polens Wiedererlangung der eigenen Staatlichkeit.

Europa – das ist für die Polen nicht nur der römisch-katholische Glaube, die Renaissance und die Aufklärung, sondern auch und vor allem die reale Disproportion der Wirtschaftskraft und der zivilisatorischen Entwicklung zwischen Polen und seinen Nachbarn, hauptsächlich Deutschland in Gestalt Preußens und dem »halbasiatischen« Russland. Mit Europa konnte man aus polnischer Perspektive nicht nur die deut schen und die jüdischen Bürger assoziieren, die seit dem Mittelalter das Bild der polnischen Städte prägten, oder die italienischen Architekten, die auf dem Gebiet der Krone Polens und des Großherzogtums Litauen die Renaissanceresidenzen der Magnaten bauten, sondern auch das päpstliche Rom, das die Macht des Deutschen Ordens gegen Polen gestärkt hatte. Solange das moderne Europa durch Imperialismus und Kolonialismus vorherrschend in der Welt war und entweder ein Konzept der imperialen Mächte oder einen tödlichen Konflikt zwischen diesen inszenierte, gab es für Polen keinen Platz auf der politischen Karte Europas.

Auf sie kehrte Polen infolge der »europäischen Urkatastrophe« zurück, als die zuerst Thomas Mann und nach ihm George Kennan den Ersten Weltkrieg bezeichnete. Für diesen »allgemeinen Krieg der Völker«, der Polens Wiederauferstehung ermöglichen würde, hatte der Nationaldichter Adam Mickiewicz während des Völkerfrühlings 1848 gebetet. Faktisch hing die Rückkehr der »polnischen Frage« auf die europäische politische Agenda jedoch mit dem Friedensplan des amerikanischen Präsidenten Thomas Woodrow Wilson im Jahre 1918 zusammen, der die Einführung des Prinzips der Selbstbestimmung der Völker in Europa mit der Wiedererlangung der Unabhängigkeit durch Polen »mit einem Zugang zum Meer« verband. Mit der »polnischen Karte« hatten das gesamte lange 19. Jahrhundert hindurch auch die europäischen Mächte gereizt, so noch 1914 der russische Thronfolger, 1916 der deutsche Generalstab und 1917 Lenin. Doch erst Wilsons »Vierzehn Punkte« machten Polen wieder zu einem politischen Subjekt und – als Konsequenz davon – 1919 zu einem der Unterzeichner des Versailler Vertrags.

Aus amerikanischer Sicht blieb Polen wohl lediglich eine Episode am Rande Europas. Es genügt ein Blick in Henry Kissingers Geschichte der Diplomatie, um die marginale Bedeutung Polens in der amerikanischen Politik zu erkennen. Etwas anders sehen diese Proportionen natürlich aus der Perspektive von Zbigniew Brzezinski aus, der in seinen Büchern Polen eine recht wichtige Rolle bei der Demontage des sowjetischen Systems zumaß.

Nichtsdestoweniger darf man die Größenordnungen nicht aus dem Auge verlieren: Selbst wenn man davon ausgeht, dass Polen heute der am stärksten proamerikanische Staat in Ostmitteleuropa ist, lässt sich seine Bedeutung für die amerikanische Strategie nicht mit der Deutschlands vergleichen. Als ein wenig kurios konnten daher die Hoffnungen einiger polnischer Politiker im Sommer 2002 erscheinen, Polen könne die Rolle eines »Vermittlers« zwischen Amerika und Deutschland spielen. In der Praxis könnte eine solche Vermittlung bestenfalls darin bestehen, dass in Konfliktsituationen ein polnischer Diplomat auf einem Empfang einen deutschen und einen amerikanischen Kollegen zusammenführt, um sich dann diskret zurückzuziehen...

Trotz der geographischen Entfernung und der enormen wirtschaftlichen und militärischen Disproportion sowie der bis vor kurzem ausgeprägten Geringschätzung der Polen in den USA, die sich u. a. in den »polish jokes« ausdrückte, lassen sich einige strukturelle Analogien zwischen der amerikanischen und der polnischen politischen Tradition und den beiden Wirtschaftsmentalitäten erkennen.

Zwischen den Vereinigten Staaten des 18. Jahrhunderts und der einstigen Rzeczpospolita kann man durchaus manche Ähnlichkeiten entdecken. Polen (und das Großherzogtum Litauen) war vor den Teilungen nur nominell eine Monarchie. Tatsächlich war es eine Republik mit einem König, der die Rolle eines von der gesamten politischen Klasse – der vergleichsweise sehr breiten Schicht des Adels – gewählten Präsidenten auf Lebenszeit spielte. Das unterschied Polen grundsätzlich von Preußen. Selbstverständlich lassen sich die amerikanischen »Articles of Confederation« schlecht mit den »pacta conventa« vergleichen, dem faktischen Grundgesetz der seit dem 14. Jahrhundert bestehenden, aus freiem Willen geschlossenen polnisch-litauischen Union, auf die der König seinen Eid ablegte. Aber in Polen wird häufig angeführt, dass die Rzeczpospolita, als sie am 3. Mai 1791 (also noch vor Frankreich) die erste schriftliche Verfassung Europas verabschiedete, eindeutig an die erste amerikanische Verfassung aus dem Jahre 1776 anknüpfte. Neben der republikanischen Gesetzgebung verband Polen und die jungen Vereinigten Staaten auch das Modell eines Bürgerpatriotismus', der im Polen des 18. Jahrhunderts in der sogenannten Konföderation von Bar seinen Ausdruck fand, mit der die Schlachta zu einer »allgemeinen Mobilmachung« gegen russische Ingerenz aufrief. Und es ist kein Zufall, dass zwei polnische Patrioten jener Zeit, Kazimierz Pulaski und Tadeusz Kościuszko, sich im amerikanischen Unabhängigkeitskrieg Verdienste erwarben.

Damit enden jedoch die polnisch-amerikanischen Analogien, auch wenn man sie noch – leicht bemüht – mit dem Verweis auf Ähnlichkeiten zwischen den polnischen »Wilden Feldern«, auf denen im 17. Jahrhundert ein permanenter »Kleinkrieg« gegen die Tataren, Moskau und die Türkei geführt wurde, und dem amerikanischen »Wilden Westen« fortspinnen könnte. Solche Analogien kennen allerdings viele andere europäische Länder, von Russland, das im 18. Jahrhundert Sibirien eroberte, bis zu Deutschland, in dessen nationaler Mythologie die Rolle der Indianer Pruzzen, Litauer und sogar Polen übernahmen. Letztere bezeichnete Friedrich II. boshaft als »Irokesen Europas« und stigmatisierte damit die rückständige polnische Wirtschaft und die polnische politische Ordnung als anarchisch und halbwild.

Im 19. Jahrhundert, als Polen als selbständiger Staat von der Europakarte verschwunden war, wurde Amerika in der polnischen nationalen Mythologie einerseits zum Ziel der Erwerbsemigration, andererseits recht bald auch zum Objekt polnischer politischer Sehnsüchte. Das Zentrum der polnischen Emigration war nach 1831 zwar Paris mit dem berühmten Hotel Lambert als Sitz der inoffiziellen polnischen »Regierung« im Exil, der Residenz von Fürst Adam Czartoryski. Dieser war in der napoleonischen Zeit Außenminister des russischen Zaren Alexanders II., während des Novemberaufstands 1830/31 Premierminister der polnischen Nationalregierung und später in der Emigration der einzige von den europäischen Höfen einigermaßen respektierte polnische Politiker. Doch schon seit der Mitte des 19. Jahrhunderts tauchten immer öfter auch die Vereinigten Staaten als Ziel politischer Pilgerfahrten von polnischen Emigranten auf.

Nach dem Ersten Weltkrieg fanden die Polen in den Vereinigten Staaten nicht nur politischen Rückhalt sondern auch eine Hoffnung: diese waren für sie der Inbegriff einer »schönen neuen Welt«. Im Unterschied zu den Deutschen konnte es in Polen damals keinen antiamerikanischen Affekt geben, denn die Landung amerikanischer Soldaten auf dem europäischen Kontinent hatte für Deutschland die Niederlage zur Folge, für Polen dagegen die staatliche Wiedergeburt. Unvorstellbar gewesen wäre in Polen eine giftige politische Parabel, in der polnische Missstände in Form einer amerikanischen Gangster-Geschichte wie in Brechts »Arturo Ui« dargestellt worden wären. Amerika stand für die Moderne. So belegte die Einrichtung einer polnischen Transatlantiklinie Gdingen-New York nicht nur die Verbundenheit mit der amerikanischen Polonia, sondern auch die Überwindung der polnischen Rückständigkeit.

Obwohl das große Trauma der Polen nach dem Ausbruch des Zweiten Weltkriegs der »Verrat« Polens durch die westlichen Alliierten war, kamen die USA immer noch glimpflich davon. Der eigentliche Groll vieler Polen galt vor allem England und Frankreich, die tatenlos zugesehen hatten, wie Hitler und Stalin im September 1939 Polen besetzten. Erst danach – und weit schwächer – kam die Verbitterung darüber, dass England und die USA in Teheran 1943 und in Jalta 1945 Stalin als Kriegsbeute nicht nur seine polnischen »Erwerbungen«, sondern auch die faktische Hegemonie über ganz Ostmitteleuropa überließen. Schließlich hatte man auch nicht vergessen, dass amerikanische und britische Piloten 1944 den Warschauer Aufstand von Süditalien aus mit Nachschub zu versorgen versucht hatten, während die Rote Armee auf dem anderen Ufer der Weichsel tatenlos zusah. Nach 1945 setzte man wiederum seine Hoffnungen vor allem auf Amerika im Hinblick auf eine Zurückdrängung des Kommunismus und sogar die Rückgewinnung der an die UdSSR verlorenen Regionen Ostpolens. Manchen – und da waren polnische Antikommunisten vielleicht gar nicht so weit von den deutschen entfernt – wäre sogar der Preis eines dritten Weltkrieges nicht zu hoch gewesen.

Amerika war nach 1945 für die Polen die einzige Macht, die imstande war, dem Vormarsch des Kommunismus, wenn auch nicht mit Atombomben, so doch mit Wirtschaftshilfe und Kulturprogrammen Einhalt zu gebieten. Wie manche anderen ostmitteleuropäischen Staaten wollte Polen zunächst das Angebot des »Marshall-Plans« annehmen, musste es dann aber auf Druck Stalins doch ablehnen. Nach dem »polnischen Herbst« 1956, der – anders als in Ungarn – ohne Blutvergießen verlief, drang wiederum die attraktive amerikanische Massenkultur durch den durchlöcherten »Eisernen Vorhang« nach Polen. Die »Stimme Amerikas« und »Freies Europa« spielten für die Polen eine ähnliche Rolle wie der RIAS für die Ostberliner.

Im Unterschied zu den meisten anderen »Volksdemokratien« war Polen bereits seit dem Oktober 1956 relativ offen gegenüber dem Westen, was die USA Polen übrigens mit der Erlaubnis vergalten, amerikanische Filme und Buchlizenzen für einen Spottpreis zu erwerben. Als Resultat war die amerikanische Kultur in Polen bekannter als in Ländern, die vom stalinistischen Dogmatismus verbarrikadiert waren, wie etwa die DDR. Zu dieser gewissen Liberalität der kommunistischen Behörden in der Kulturpolitik kamen – zumal seit 1970 – immer weiter verbreitete Möglichkeiten für private Reisen in den Westen. Erste Anlaufadressen waren dabei für junge Polen die zahlreichen Auslandspolen. Doch danach auch die amerikanischen Stiftungen und Universitäten, die zusammen mit den westlichen Regierungen ein ausgeklügeltes System großzügig vergebener Stipendien ausarbeiteten, von denen der Löwenanteil an Polen ging, insbesondere nach der Entstehung der »Solidarność« (1980). Diesem Umstand ist es zu verdanken, dass Polen als einziges Land Ostmitteleuropas nach dem Umbruch 1989 über nichtkommunistische Führungskräfte in Politik und Wirtschaft verfügte, die den Westen gut kannten.

Infolgedessen wurde in Polen 1989/90 nicht nur die von Jeffrey Sachs, einem entschiedenen Anhänger des monetären Neoliberalismus, anempfohlene »Schocktherapie« erfolgreich durchgeführt, sondern es entstand auch – wie die Soziologin Mirosława Marody geltend macht – ein sehr amerikanischer Karrierestil. Dazu gehören rasches Vorwärtskommen für junge Leute, eine – trotz der Aufstands- und Streiktradition – faktische Billigung großer sozialer Ungleichheiten und die weitgehende Demontage des Sozialstaats. Mitte der neunziger Jahre kamen Sozialwissenschaftler zu dem Schluss, dass die polnische Wirtschaftsmentalität sich eher in die Richtung eines deregulierten »angelsächsischen« als in die eines »rheinischen Kapitalismus« mit seiner sozialen Marktwirtschaft entwickelte. Und in dieser griffigen Feststellung steckte etwas Wahres. Der »Vater des polnischen Wirtschaftswunders«, Professor Leszek Balcerowicz, berief sich zwar hin und wieder auf Ludwig Erhard, tatsächlich aber standen ihm die neoliberalen »Jungs aus Chicago« näher.

Die Wurzeln der »amerikanischen« Wirtschaftsmentalität in Polen sind in der früher als in anderen Ländern des kommunistischen Blocks erfolgten Dekomposition der Planwirtschaft und dem – aus Gründen der politischen Dauerkrise seit 1976 – stärkeren Verfall des sozialistischen vormundschaftlichen Staates zu suchen. Aber auch in der polnischen republikanischen Politiktradition, die – ganz im Stile John F. Kennedys – den Aktivsten gebot, nicht auf den Staat zu setzen, sondern vielmehr die Initiative, auch die wirtschaftliche, selbst zu ergreifen, liegen Ansatzpunkte. Eben daher rührten die »amerikanischen Karrieren« in Polen nach 1989 – vom Verscherbeln jedweden Trödels auf dem »Polenmarkt« in Berlin über die Errichtung eigener Stände auf den »Märkten für Deutsche« entlang der deutsch-polnischen Grenze bis zur Gründung kleiner, aber dennoch gut prosperierender Unternehmen. Allerdings lässt sich nicht verheimlichen, dass sich am Beginn des 21. Jahrhunderts diese »amerikanische Ader« in der polnischen Gesellschaft unübersehbar im Konflikt nicht nur mit der hoffnungslos überregulierten Europäischen Union, sondern auch mit dem für Populismen anfälligen Teil der polnischen Gesellschaft befindet. Dieser hat sich an die sozialistische Sozialfürsorge gewöhnt, ist

Risiken abgeneigt und sehnt sich nach einer Wohlstandsgesellschaft, wie sie bis vor kurzem noch von der Bundesrepublik symbolisiert wurde, ehe diese unter der Last der Arbeitslosigkeit und des wirtschaftlichen Stillstands in die Knie zu gehen begann.

Im Grunde genommen sind die Polen zwischen Amerika und Europa hin- und hergerissen. In Spannungszeiten waren es die Vereinigten Staaten und nicht die Länder Europas, auf die sich die polnischen Hoffnungen konzentrierten. Präsident Ronald Reagan (allerdings auch die britische Premierministerin, die »eiserne Lady« Margaret Thatcher) waren für die »Solidarność«-Generation wegen ihres scharfen antikommunistischen Kurses glaubwürdiger als der französische Präsident François Mitterrand oder Bundeskanzler Helmut Kohl. So fiel es dem ersten Präsidenten der III. Republik Polen, Lech Wałesa, bei seinen ersten Auslandsreisen leichter, sich auf die amerikanische als auf die französische oder deutsche Öffentlichkeit einzustellen. Seine Rede im amerikanischen Kongress begann er mit den Worten der amerikanischen Verfassung »We, the people…«. Hierin steckt eine markante polnisch-amerikanische Analogie: Wir, die polnische Nation, haben uns dank des hartnäckigen Widerstands der »Solidarność« selbst vom Kommunismus befreit, so wie die amerikanischen Bundesstaaten sich selbst von der Kolonialmacht befreit haben.

Analogien dieser Art ließen sich weiterspinnen. Gewissermaßen sind die Polen trotz ihrer tausendjährigen Geschichte noch immer eine junge, aufsteigende Nation. Die Amerikaner dagegen, als Nation noch jünger, aber schon längst aufgestiegen, sind der Schild und das Bollwerk des Westens und der beste Beweis dafür, dass jeder seines eigenen Glückes Schmied sein kann, wenn er sich nur bei der Arbeit ins Zeug legt, gute Ideen und ein Quäntchen Glück hat. Deshalb verehren so viele Polen noch immer Amerika wie einen älteren Bruder oder die schöne neue Welt. Entsprechend kommt den Polen jener neue westeuropäische Antiamerikanismus völlig ungelegen, der in Frankreich wohl dem Komplex einer entthronten Großmacht, in Deutschland mehr der Emanzipation des Musterschülers von seinem einstigen Oberlehrer und Beschützer entspringt.

Autorinnen und Autoren

John Bendix, geb. 1956, lehrt zur Zeit an der Universität Bamberg Politik-wissenschaften. Sein Schwerpunkt ist die Forschung über Konflikte in liberalen Demokratien.

Jean-Pierre Chevènement, geb. 1939, Innenminister a.D., ist Bürgermei-ster von Belfort und Gründer des Mouvement des Citoyens (MDC).

Hannes Böhringer, geb. 1948, ist Professor für Philosophie an der Hoch-schule für Bildende Künste in Braunschweig. In seinem Buch »Auf dem Rücken Amerikas« (1998) beschäftigt er sich mit der Mythologie der neuen Welt im Western und im Gangsterfilm.

Pierre Guerlain, geb. 1952, Professor für amerikanische Landeskunde (civi-lisation américaine) an der Universität Le Mans und am Institut d'Études Politiques in Paris, veröffentlichte 1996 seine Studie über die gegenseitige Wahrnehmung Frankreichs und der USA »Miroirs transatlantiques. La France et les Etats-Unis entre passion et indifférences«. Sein Forschungs-schwerpunkt ist die Analyse zeitgenössischer sozio-politischer Diskurse, besonders im Bereich der amerikanischen Außenpolitik.

Thomas Haury, geb. 1959, lebt als Historiker und Soziologe in Freiburg im Breisgau. Er ist Autor der Studie »Antisemitismus von links. Kommu-nistische Ideologie, Nationalismus und Antizionismus in der frühen DDR.«, die in Hamburg 2002 erschien.

Georg Iggers, geb. 1926, emeritierter Professor für Neuere Geschichte der Universität Buffalo, arbeitete u.a. zur deutschen Historiographiegeschichte. Der Historiker lebt sowohl in Buffalo als auch in Göttingen.

Hartmut Kaelble, geb. 1940, ist Inhaber des Lehrstuhls für Sozialgeschichte am Institut für Geschichtswissenschaften an der Humboldt-Universität zu Berlin. Er ist unter anderem Autor der Studie »Europäer über Europa. Die Entstehung des europäischen Selbstverständnisses im 19. und 20. Jahr-hundert«, Frankfurt 2001.

Adam Krzemiński, geb. 1945, Publizist, Redakteur der Zeitschrift Polityka (Warschau), veröffentlicht regelmäßig auch in deutschen Tages- und Wo-chenzeitungen, Mitglied des Beirats des BBI Genshagen. Zuletzt in deut-scher Sprache erschien »Polen im 20. Jahrhundert«, München 1998.

Claus Leggewie, geb. 1950, Professor für Politische Wissenschaften und Direktor des Zentrums für Medien und Interaktivität an der Universität Gießen. Er beschäftigt sich u.a. mit den Reaktionen auf die Globalisierung (Die Globalisierung und ihre Gegner, München 2003) sowie mit dem Amerikabild in Europa (»Amerikas Welt. Die USA in unseren Köpfen«, Hamburg 2000).

Inge Marszolek, geb. 1947, lehrt als Professorin an der Universität Bremen Kulturwissenschaften mit dem Schwerpunkt Zeitgeschichte. Zuletzt erschien von ihr die, gemeinsam mit Olaf Stieglitz herausgegebene, Studie »Denunziation im 20. Jahrhundert. Zwischen Komparatistik und Interdisziplinarität«, Köln 2001.

Berndt Ostendorf, geb. 1940, ist Direktor des Amerika-Instituts der Universität München und Autor zahlreicher Veröffentlichungen zur Nordamerikanischen Kulturgeschichte und den transatlantischen Beziehungen, so erschien der von ihm herausgegebene Band »Transnational America: The Fading of the Borders in the Western Hemisphere« in Heidelberg, 2002.

Joachim Riecker, Journalist, geb. 1963. Seine Dissertation mit dem Titel »Novus ordo saeculorum. Antike Vorbilder in der amerikanischen Außenpolitik im 20. Jahrhundert« erscheint in diesem Jahr.

Pierre Rigoulot, geb. 1944, lehrt am Institut d'Histoire Sociale in Paris. Er ist Autor der Studie »L'antiaméricanisme: Critique d'un prêt-à-penser rétrograde et chauvin«, die 2004 in Paris erschien, sowie zahlreicher Veröffentlichungen zum Kommunismus und der Gewerkschaftsbewegung.

Philippe Roger, geb. 1949, lehrt an der Ecole des Hautes Etudes en Sciences Sociales (EHESS) in Paris. Er arbeitet zur Geschichte der Literatur und Philosophie, besonders auch der Aufklärung, und ist Autor des Buchs »L'Ennemi américain : Généalogie de l'antiaméricanisme français«, das 2003 in Paris erschien.

Die Tagung wurde ermöglicht durch die finanzielle Unterstützung der Robert Bosch Stiftung und die Drucklegung durch die Beauftragte der Bundesregierung für Kultur und Medien. Dafür sei an dieser Stelle herzlich gedankt.

Bibliografische Information Der Deutschen Bibliothek

Die Deutsche Bibliothek verzeichnet diese Publikation in der Deutschen Nationalbibliografie; detaillierte bibliografische Daten sind im Internet über http://dnb.ddb.de abrufbar.

© Wallstein Verlag, Göttingen 2004
www.wallstein-verlag.de
Vom Verlag gesetzt aus der Adobe Garamond
Umschlaggestaltung: Basta-Werbeagentur, Steffi Riemann
Druck: Hubert & Co, Göttingen

ISBN 3-89244-794-2